Stefan Esser

Zeitreise

Auf den Spuren des 1. Weltkriegs von Flandern bis über die Vogesen

Ein Radreiseführer

Inhalt

	Wenn einer eine Zeitreise tut... Die wichtigsten Tipps für eine gelungene Radtour		4
1	**Oostende- Diksmuide** Von der Strandpromenade bis zum Totengang	38 km	8
2	**Diksmuide-Ypern** Kanalradtour und der Frontbogens von Ypern	53 km	14
3	**Ypern – Armentieres** Durch das grüne Hügelland zu den Sch'tis	31 km	22
4	**Armentieres – Lens** Lenser Kohlebecken- flaches Land & hohe Abraumkegel	46 km	28
5	**Lens - Arras** Kohlenpott, Friedhöfe, Schlachtfelder und Barockstadt	30 km	34
6	**Arras- Albert** ländliche Hügellandschaft & die Schlacht an der Somme	67 km	42
7	**Albert- Peronne** Lochnagar Mine und das liebliche Sommetal	35 km	50
8	**Peronne- Noyon** Entlang des Canal du Nord	50 km	56
9	**Noyon- Compiegne** Wälder und malerische Orte auf dem Weg in die Residenzstadt	41 km	62
10	**Compiegne-Longpont** Waldreiche Tour von der Residenzstadt ins Klosterdorf	48 km	68
11	**Longpont – Margival** Über das Aisnetal zu Hitlers „Wolfsschlucht"	32 km	74
12	**Margival – Lac de Ailette** Von der Wolfsschlucht ins idyllische Tal der Ailette	37 km	78
13	**Lac de Ailette – Reims** Vom Damenweg in die Krönungs- und Champagnerstadt	57 km	84
14	**Reims - Montagne de Reims** Rundtour durch das Weinbaubaugebiet	53 km	92
15	**Reims Sommepy-Tahure** Riesige Felder und verschwundene Orte	53 km	98

16	**Sommepy - Varennes-En-Argonne** Aus der weiten Champagne in den dichten Argonnerwald	61 km	102
17	**Varennes-En-Argonne – Verdun** Geballte Geschichte zwischen Argonnerwald & Maas	67 km	110
18	**Verdun- Watronville** Kreuz und quer über das Schlachtfeld von Verdun	45 km	118
19	**Watronville – Saint Mihiel** verkehrsarmer Weg ins lothringische Florenz	43 km	126
20	**Saint-Mihiel – Nonsard-Lamarche** Zwischen Maas und Lac Madine	32 km	132
21	**Nonsard-Lamarche – Pont-À-Mousson** Vom Parc naturel régional de Lorraine an die Mosel	42 km	136
22	**Pont-À-Mousson– Dieuze** Der herbe Charme der lothringischen Hügellandschaft	71km	142
23	**Dieuze-Saarebourg** Gemütliche Fahrt mit Seeblick, Wiesen und Wäldern	40 km	148
24	**Saarebourg – Schirmeck** Die Saar und der Col du Donon	59 km	154
25	**Schirmeck – Sainte-Marie-Aux-Mines** Die Hölle, die Heilige und das Silbertal	63 km	160
26	**Sainte-Marie – Col de Calvaire** Aufstieg zur Vogesenhöhenstraße und der Lingenkopf	48 km	166
27	**Col de Calvaire – Markstein** Radeln auf hohem Niveau – Route Des Crêtes	35 km	172
	1387 km – Darf es etwas weniger sein? Tourenvorschläge von Wochenende bis Kurzurlaub		175
28	**Le Markstein – Mühlhausen** Die lange Abfahrt - vom Vogesengipfel in die Rheinebene	53 km	176
29	**Mühlhausen – Weil am Rhein** Kanalradtour ins Dreiländereck und an den Rhein	35 km	182
	Was bleibt? Spuren der Vergangenheit & Gedanken der Gegenwart		187

Wenn einer eine Zeitreise tut…..

Die wichtigsten Tipps für eine gelungene Radtour

Radtour oder Geschichte – Weshalb nicht BEIDES?

Rund hundert Jahre nach dem ersten Weltkrieg sind die Grenzen in Mitteleuropa gefallen. Dem deutschen Trauma, der Nazizeit und dem Zweiten Weltkrieg, werden immer noch täglich Berichte und Dokumentationen gewidmet. Doch über den Ersten Weltkrieg wusste ich persönlich – FAST NICHTS.

2008 entdeckte ich die Faszination von Radtouren auf den Spuren unserer bewegten Geschichte, bei der Planung eines Staffellaufs entlang des Grünen Bandes, der ehemaligen innerdeutschen Grenze. Das Thema ließ mich nicht mehr los, bis 2011 der Radreiseführer „Radtouren am Grünen Band" fertig war.

Die Kilometer vergehen wie im Flug, denn die Geschichte nimmt jeden während der Fahrt gefangen. Neben dem Farbbild der Gegenwart, erscheint vor dem geistigen Auge, immer wieder ein Schwarzweissfoto aus der Vergangenheit.

Spurensuche – weites Land, nette Orte und tiefe Narben

Die Idee mit dem Rad den Spuren des ersten Weltkriegs zu folgen, kam spontan. Immer noch sind die Hinterlassenschaften dieses Krieges sehr präsent. Die Gedanken wandern wieder und wieder hundert Jahre in die Vergangenheit. Es macht selbst heute noch tief betroffen, dass Leid Soldaten von damals zu erahnen.

Britischer Friedhof

Belgien und Frankreich sind fahrradverrückte Länder, die Landschaft ideal zum radeln. Es geht über schmale Nebenstraßen, Feld- und Radwege. In der weitläufigen Landschaft schweift der Blick oft in die Ferne. Zumeist geht es durch ursprüngliche kleine Ortschaften, aber auch einige faszinierende Städte liegen entlang des Weges.

Man sollte sich nicht wundern, dass man kaum einem anderen Radfahrer begegnet, denn man bewegt sich weit abseits der ausgetretenen Pfade. Geschichtliche Highlights dagegen bietet die Strecke jeden Tag. Nicht nur Museen, auch Gräben, Bunker, teils riesige Minenkrater und immer wieder Friedhöfe legen Zeugnis vom Grauen ab. An den Feldrändern stehen ab und zu Blindgänger, die die Erde immer noch Jahr für Jahr freigibt.

Wie kommt man hin und weg? – Anreise und Rücktransport

Mit dem Auto ist die Anreise am einfachsten. Gut zu erreichende Startpunkte sind beispielsweise Oostende, Lens, Reims oder Saarebourg.

Die Anreise mit der Bahn ist möglich, kann aber umständlich werden. Wer von Deutschland aus startet, braucht eine internationale

Radweg zwischen Nieuwpoort und Diksmuide

Fahrradkarte, die mit 10€ zu Buche schlägt. Im ICE und TGV ist die Mitnahme des Fahrrads verboten, und im Intercity muss das Fahrrad angemeldet werden.

In Belgien ist die Fahrradmitnahme erlaubt, kostet allerdings 5€. Die Gepäckabteile sind für schwer bepackte Reiseräder oft schlecht geeignet.

Kostenlos können die Räder in Frankreich in den Regionalzügen (TER) transportiert werden. Diese verfügen meist über ausreichend dimensionierte Fahrradabteile.

In allen Fällen müssen die Räder selber verladen werden.

Will man den TGV oder den ICE nutzen, so kann das Fahrrad als kostenfreies Handgepäck eine interessante Alternative sein. Durch eine Teildemontage muss es allerdings auf das handliche Format von maximal 120cmx90cm gebracht und in eine Fahrradtasche verpackt werden.

 Um eine möglichst flexible Reiseplanung zu ermöglichen, wurden die Etappenstart und –endpunkte, wenn möglich, an einen Bahnhof gelegt. Die Dauer der Rückfahrt zum Etappenstartpunkt ist über alle Verbindungen des Tages grob gemittelt. Die Verbindungen sollte man allerdings gerade in Frankreich immer vorher checken, da die Strecken teilweise sehr unregelmäßig bedient werden. Das gilt auch für TGV Verbindungen.

ⓘ www.bahn.de, www.belgianrail.be/de,
www.velo.sncf.com, http://de.voyages-sncf.com/de

Wenn einer eine Zeitreise tut...

Orientierung– Abseits der ausgetretenen Pfade

Anders als auf einem offiziellen Fernradweg, gibt es keine durchgängige Beschilderung des Weges.

Die Streckenbeschreibung ist zwar detailliert, doch sollte man zusätzlich immer eine Landkarte oder ein Navigationsgerät dabei haben. Für Belgien gibt es eine spezielle Karte zum Militärerbe Flanderns im Maßstab 1:100000, in Frankreich sind die IGN Karten des gleichen Maßstabs gut geeignet.

Um die Planung zu erleichtern sind für jede Etappe die Länge, und die Höhenmeter für Anstiege und Abfahrten angegeben.

Der Schwierigkeitsgrad der Etappen ist mit einfach (+) bis schwierig (+++) klassifiziert.

Landschaft und Orte entlang des Wegs sind mit unauffällig? (+) bis sehr schön (+++) bewertet.

Die Bewertung der geschichtlich interessanten Sehenswürdigkeiten reicht von wenig (+) bis sehr interessant (+++).

Um verkehrsreiche Straßen zu umgehen, oder interessante Punkte zu erreichen, sind ab und zu Feldwege zu fahren, die auf den Landkarten nicht zu finden sind. In der Regel sind diese mit einem Trekkingrad gut zu fahren.

Wie in Deutschland, besteht auch in Belgien und Frankreich eine Benutzungspflicht für Radwege. Eine rein französische Besonderheit ist die Pflicht zum Tragen einer gelben Warnweste in der Dunkelheit, bei Nebel und Starkregen.

GPS-Navigation - Orientierung de Luxe

GPS Tracks und Routen stehen für alle Etappen und auch für viele Abstecher oder Alternativrouten im GPX Format zur Verfügung. Es ist mit allen gängigen Navigationsgeräten kompatibel.

Smartphones sind mittlerweile eine gute Alternative. Durch den GPS Sensor leidet allerdings die Akkulaufzeit. Auf den ländlichen Etappen kann man nicht immer auf eine gute Internetverbindung hoffen. Aus diesem Grunde sollte man ein Navigationsprogramm installieren, bei dem man die Karten auch ohne Internetzugriff offline zur verfügbar hat, beispielsweise Oruxmaps. Hierbei kann man kostenlos auf umfangreiches und kostenloses Kartenmaterial zurückgreifen. Gute Erfahrungen habe ich mit der „OpenStreetMap Cyclemap" gemacht, da diese Radwege speziell ausweist.

Die GPX-Dateien können per Mail an esserstefan69(at)aol.com angefordert werden. Feedback zum Buch oder den GPS-Daten, Anregungen oder Verbesserungsvorschläge, sind stets willkommen.

Essen und Schlafen – Reservierung hilft

 Das Angebot an Quartieren schwankt entlang der Strecke sehr stark. Von Flandern bis an die Somme, sorgt der britische Schlachtfeldtourismus meist für ein gutes Angebot. Auch in Compiegne, Reims, Verdun, am Lac de Madine und in den Vogesen gibt es keine Probleme ein Quartier zu bekommen. In anderen Landstrichen dagegen, sollte man die Unterkünfte vorher reservieren. Telefonische Reservierungen sind in der Regel möglich, allerdings sollte man nicht auf die englischen oder deutschen Sprachkenntnisse der Gesprächspartner vertrauen. Hotels, die sich im Verbund der Logis Hotels befinden sind zu empfehlen. Chambre d'hotes, Gästezimmer, sind ein wichtiges Schlagwort bei der Reisevorbereitung. Da auch Restaurants in den ländlichen Gegenden Seltenheitswert haben, sollte man unbedingt fragen, ob Frühstück oder Abendessen angeboten wird. Wobei man vom französischen Frühstück nicht zu viel erwarten sollte. In Minimalausführung besteht es aus 2 Stücken Baguette, Marmelade, einem großen Kaffee und vielleicht einem Orangensaft und einem Joghurt.

 www.logishotels.com/de; www.tripadvisor.de; www.booking.com
www.gites-de-france.com; www.chambresdhotes.org

 Die Touristinformationen der größeren Städte helfen dabei gerne weiter.

Einkaufen und Reparieren – Nutze jede Gelegenheit

Die eindeutige Botschaft an alle, die sich auf den Weg machen, lautet – volle Proviantaschen. Das Angebot an Geschäften ist zwar regional unterschiedlich, doch es gibt Tagesetappen, auf denen weder Supermarkt, noch Bäckerei oder Tante-Emma-Laden zu finden sind. Das ist der Preis für die schönen und einsamen Strecken.

Bei Pannen droht ein ähnliches Schicksal. Fahrradläden sind ebenfalls Mangelware. Die gängigsten Ersatzteile und Werkzeuge, machen leider das Gepäck schwer, sind aber sinnvoll.

Zweites Frühstück vor der Boulangerie

1 Oostende- Diksmuide

Von der Strandpromenade bis zum Totengang

	38 km		30 m		25 m
	+		+++		++
	65 min	Umsteigen	Lichtervelde & Brugge		
	IN FLANDERS FIELD - BELGIUM, NIG, ISBN: 9059340213				
i	Toerisme Diksmuide, Grote Markt 28, 8600 Diksmuide +32/51519146, www.diksmuide.be				
	Hotel Gemeente Huis, Sint-Jorisplein 11, 8620 Nieuwpoort +32/58236335, www.hotelgemeentehuis.be Hotel Polderbloem, Grote Markt 8, 8600 Diksmuide +32/51502905, www.polderbloem.be Hotel De Vrede, Grote Markt 35, 8600 Diksmuide +32/51500038, de.vrede@skynet.be B&B Laurestes, Albert I-laan 1, 8620 Nieuwpoort +32/58236062058238862, www.laurestes.be B&B Thaene, De Breyne Peelaertstraat 51, 8600 Diksmuide, +32/472313492, www.thaene.be B&B De Tapperij, Ijzerlaan 91, 8600 Diksmuide +32/51505916, detapperij@scarlet.be Camping De Ijzerhoeve, Kapellestr. 4, St.-Jacobskapelle +32/51500432, www.ijzerhoeve.be				

Ein verkehrstechnisch gut gelegener Startpunkt für unsere Fahrt durch die Geschichte ist Oostende. Die „Königin der Seebäder" ist sowohl mit der Bahn, als auch mit dem Auto hervorragend zu erreichen. Eine quicklebendige Stadt, wobei belgische Seebäder einen sehr eigenen Stil haben.

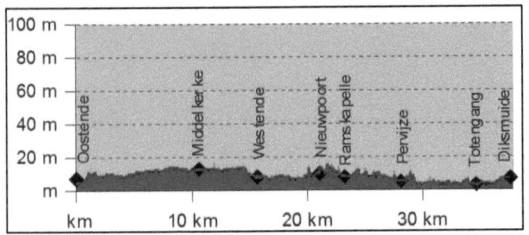

Bis Nieuwpoort folgt man überwiegend der breiten Strandpromenade und kann sich die Seeluft um die Nase wehen lassen. Hier ist immer was los. An schönen Tagen ist der breite Sandstrand und die Flaniermeile dicht bevölkert. Der Blick nach links ist allerdings gewöhnungsbedürftig. Meist wird man begleitet von einer geschlossenen Front aus zehnstöckigen Apartmentblocks. Das hat

1 Oostende- Diksmuide

den heimeligen Charakter von sozialem Wohnungsbau am Meer. Nieuwpoort dagegen, etwas im Hinterland gelegen, ist eine pittoreske Stadt mit schönen Backsteinhäusern und Stufengiebeln. Ab hier wenden wir uns südwärts ins Landesinnere auf einem herrlichen Radweg bis zum Totengang, einem Grabensystem im Yzerdamm. Nur wenig weiter, an unserem Etappenziel Diksmuide, einer kleinen Stadt mit einem schönen Marktplatz, fühlt man sich auf Anhieb wohl.

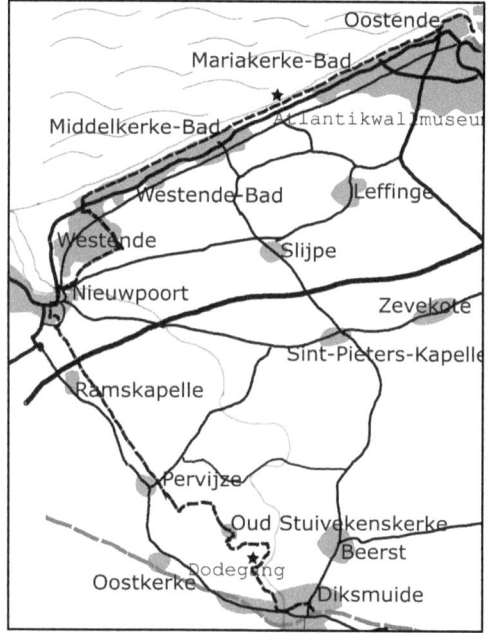

Der Kopfbahnhof von Oostende liegt zwi-schen Hafen und Yachthafen am Rande des Stadtzentrums. Wir überqueren den Kanal zum Yachthafen, halten uns rechts und folgen dem „Visserskaai", entlang des Yacht- und dem sich anschließenden Fischereihafen. Hier gibt es fangfrischen Fisch, um sich für die vor uns liegende Fahrt zu stärken. Wir radeln über die Promenade weiter, die auch als „Kust Fietsroute" beschildert ist, und rollen gemächlich durch das muntere Treiben.

Radfahren ist erlaubt, aber an schönen Wochenenden gibt es kaum ein Vorankommen. Zum Glück muss man sich nicht auch noch damit beschäftigen, den richtigen Weg zu finden. Im Stadtzentrum zur Linken finden sich Hotels, Restaurants und Geschäfte im Überfluss. Für die nächsten 13km folgt man immer der Strandpromenade.

⚠ **Oostende - „Königin der Seebäder"**
Wer nach der Anreise nicht nur darauf brennt direkt in die Pedale zu treten, sollte die Stadt erst einmal auf sich wirken lassen. Hinter den Bausünden entlang der Uferpromenade findet man lebhafte Fußgängerzonen und Plätze gesäumt von Cafes und Restaurants. Villenviertel bieten einen wohltuenden Kontrast zu den Apartmentkomplexen. Am Fischmarkt, bzw. am Fischereihafen bekommt man hervorragenden, wie sollte es anders sein, frittierten Fisch. Zum Abkühlen bietet sich ein erfrischendes Bad im Meer an. Der Strand ist ja nie weit entfernt.

1 Oostende- Diksmuide

Entlang der Promenade fallen besonders das riesige Casino, das altehrwürdige Thermae Palace Hotel und die königlichen Galerien auf. Oostende, Mariakerke und Raversijde gehen nahtlos ineinander über. Erst am Prinz Karell Park tut sich eine größere Lücke in der Bebauung auf. Der Strand ist hier nur ein schmales Band, und Promenade, Tram und Küstenstraße gehen auf Tuchfühlung. Die Küstentram ist übrigens mit 60km die längste Straßenbahnlinie der Welt. Sie erschließt die gesamte belgische Küste. Die Dünen auf der anderen Straßenseite sind alles andere als unberührte Natur. Hier befindet sich das Atlantikwallmuseum

Das Atlantikwallmuseum – Deutsche Küstenbefestigung

Es zeigt die waffenstarrenden Befestigungen der Küstenbatterie „Aachen" von 1915 und „Salzwedel" von 1941. Die unterirdischen Laufgräben, Bunker, Beobachtungsposten und Geschützstellungen sind gut erhalten und teils authentisch eingerichtet.

> 01.04 – 11.11: Mo-Fr 14:00-17:00, Sa., So.& F.-tag, Belgische Schulferien 10:30 - 18:00
>
> www.west-vlaanderen.be/raversijde

Wir „promenieren" weiter durch Middelkerke und Westende-Bad. Kurz darauf ist tatsächlich das Westende unserer Küstentour erreicht. Die Straße macht einen Linksknick am Hotel St Laureins, und wir überqueren kurz darauf die breite Küstenstraße. Für Radler ist die Strecke bis Nieuwpoort als „Kust Fietsroute" und „Flanderen Fietsroute" ausgeschildert.

Flanderen Fietsroute – Rundtour durchs Radlerparadies

Flandern ist ein Paradies für Radler. Die Infrastruktur ist perfekt, und es gibt eine Unmenge gut beschilderter Wege. Auf der Flanderen Fietroute zum Beispiel kann man eine 800km lange Runde durch Flandern drehen. Dabei lernt man historische Städte wie Brügge, Löwen, Gent und Tongeren kennen.

Am ersten Abzweig nach links folgt man dem Hinweis „Kust Fietsroute" in die „Dornstraat". An der T-Kreuzung mit der „Henri Jasparlaan" führt die Radroute rechts über einen sehr schönen Radweg durch Westende. Vorbei an der Kirche und dem Dorfplatz geht es weiter über eine ruhige Wohnstraße aus dem Dorf hinaus. „Nieuwpoort 4,8km" steht auf dem Wegweiser nach rechts an der nächsten T-Kreuzung. Danach geht es immer geradeaus, über eine schmale Straße, bis an einen Kanal. Hier weiter der „Kust Fietsroute" nach rechts folgen. Kurz darauf an der Hauptstraße noch einmal rechts abbiegen, obwohl die „Kust Fietsroute" nach links

1 Oostende- Diksmuide

Auf der Strandpromenade bei Oostende

ausgeschildert ist. Man sieht schon den großen Säulenkranz des Albert I Denkmals. Ein britisches Denkmal davor erinnert an die vermissten Commonwealth-Soldaten. Wir müssen jetzt nach links und überqueren die Ijzer. Ein interessanter Blick tut sich auf, der Achterhaven, ein fast rundes Becken in das mehrere Kanäle und die Ijzer münden. Auf der anderen Seite der Brücke halten wir uns zweimal links und unterqueren die Brücke auf einem Holzsteg. Die markante Tramstation, über die sich ein Zeltdach spannt, liegt jetzt vor uns. Direkt hinter der Straßenbahnhaltestelle, an den vier großen roten Lichtmasten, überqueren wir die Schienen und fahren geradeaus durch die „Oostendestraat". Sie ist von schönen Backsteinhäusern gesäumt. Der Rathausplatz und besonders das Rathaus sind echte Blickfänge.

⚠ **Marktplatz Nieuwoort – Pause gefällig?**

Bei schönem Wetter am Marktplatz vor einem der Cafes einen Tisch ergattern und das entspannte Treiben auf sich wirken lassen.

Wir radeln weiter geradeaus bis zur T-Kreuzung mit der „Emiel Coppietersstraat". Hier weist uns ein Radweghinweis rechts Richtung „Diksmuide". Ein weiteres Schild steht am nächsten Abzweig nach links, hinein in die „Rijkswachtstraat", die wir nach

1 Oostende- Diksmuide

nicht einmal 200m wieder nach links verlassen. Ab jetzt geht es erst mal verkehrsfrei über einen fein geschotterten Radweg auf einem alten Bahndamm weiter Richtung „Diksmuide via Frontzate" weiter. Die grüne Weidelandschaft ist aufgelockert durch Büsche, Hecken, Wasserläufe und kleine Orte. Der belgische Soldatenfriedhof von Ramskapelle erinnert uns an die wenig friedliche Zeit vor 100 Jahren.

Der Schlieffenplan

Um einen Zweifrontenkrieg zu vermeiden, sah der deutsche Schlieffenplan vor Frankreich innerhalb von wenigen Wochen zu überrennen, bevor das riesige russische Zarenreich richtig mobil gemacht hatte. Dies wollte man erreichen, indem man durch das neutrale Belgien marschierte, um die französischen Grenzfestungen zu umgehen. Man hatte aber die Rechnung ohne die Belgier gemacht, die das riesige deutsche Heer nicht kampflos durchziehen ließen. Darüber hinaus trat England, als Verbündeter der Belgier, in den Krieg ein. Das deutsche Kaiserreich galt fortan als der Aggressor in diesem Kampf. Um den deutschen Vormarsch aufzu-halten wurden Deiche gesprengt und Schleusen geöffnet. Die Polder zwischen Ijzer und dem Bahndamm, über den wir radeln, wurden geflutet. Die Reste der zahlreichen Unterstände und Bunker hinter dem Bahndamm, sind heute noch gut zu erkennen. Die Versorgung der Front erfolgte über Stege und die Stellungen konnten nicht in den Boden gegraben werden, sondern wurden aus Sandsäcken aufgetürmt. So klammerten sich die Belgier über 4 Jahre an einen kaum 20km breiten Rest ihres Landes.

Der Totengang

Neben den Resten eines zum Bunker ausgebauten Hauses steht eine ausdruckstarke Gruppe von 3 „feindlichen" Skulpturen, die gemeinsam trinkend hinter einem Weihnachtsbaum aus Stacheldraht sitzen. 1,3km nachdem wir die Hauptstraße bei Pervijze überquert haben, verlassen wir den Radweg links in die „Viconiastraat" und sind wieder auf der „Flanderen Fietsroute". Deren Beschilderung weist an den nächsten 2 Abzweigen nach rechts. Dann verlassen wir die „Viconiastraat" und fahren geradeaus in die „Oude Stuivekens". Jetzt gilt es aufzupassen, denn der Radweg geht nach knapp 200m rechts über einen schmalen Feldweg weiter. So kommen wir an die Ijzer und

1 Oostende- Diksmuide

fahren rechts am kanalisierten Fluss entlang. Ein zerschossener deutscher Bunker ist nur wenige Meter von der vordersten belgischen Stellung, dem Totengang, entfernt. Hier steht einer der Gedenksteine des belgischen Touringclubs, welche die Punkte des weitesten deutschen Vordringens markieren.

⚠ **Der Totengang – früher eingegraben, heute aussichtsreich**
Der Totengang war die am weitesten vorgeschobene belgische Stellung. Sie war in den Ijzerdeich gegraben und zusätzlich aus Sandsäcken aufgetürmt. Seinen Namen bekam er durch den großen Blutzoll, den der permanente Beschuss und die vielen deutschen Angriffe forderten. Der Besuch ist kostenlos, und das kleine Museum gibt einen Einblick in das Grauen, welches sich hier abgespielt hat. Von der Aussichtsplattform bietet sich ein weiter Blick über die Ijzer und die grüne Landschaft. Das rekonstruierte Grabensystem wirkt allerdings recht steril. Interessant sind die perspektivisch stimmig aufgestellten Originalbilder.

🕐 31.03: Di.-Fr. 9:30-16:00,  25.12-3.1   frei

Wir folgen weiter dem Fluss bis zur Ampelkreuzung an der Hauptstraße. Vor uns liegt der wuchtige Ijzerturm, und auf der anderen Flussseite der modern gestaltete Hafen. Man überquert den Fluss. Nach knapp 300m zweigen links zwei Straßen ab. Halblinks geht es über die „Generaal Baron Jacquesstraat" zum Marktplatz. Auch Diksmuide hat ein sehr schönes Rathaus, hinter dem sich die große Backsteinkirche erhebt. Es gibt einige Möglichkeiten einzukehren und Frittiertes zu bestellen. Muss man zum Bahnhof, so geht es auf der rechten Seite des Marktplatzes immer geradeaus weiter in die „Stationsstraat", die direkt zum Bahnhof führt.

Marktplatz von Diksmuide

2 Diksmuide-Ypern

Kanalradtour und der Frontbogens von Ypern

⛰ 53 km	⛰ 145 m	⛰ 134 m
🌲 +	🏠 +++	📕 History +++
🚂 125 min	Umsteigen Nach Oostende!!, Kortrijk	

🗺	IN FLANDERS FIELD - BELGIUM, NIG, ISBN: 9059340213
ℹ	Toerisme Diksmuide, Grote Markt 28, 8600 Diksmuide +32/51519146, www.diksmuide.be
🛏	Hotel Gemeente Huis, Sint-Jorisplein 11, Nieuwpoort +32/58236335, www.hotelgemeentehuis.be Hotel Polderbloem, Grote Markt 8, Diksmuide +32/51502905, www.polderbloem.be Hotel De Vrede, Grote Markt 35, Diksmuide +32/51500038, de.vrede@skynet.be B&B Laurestes, Albert I-laan 1, Nieuwpoort +32/58236062058238862, www.laurestes.be B&B Thaene, De Breyne Peelaertstraat 51, Diksmuide +32/472313492, www.thaene.be B&B De Tapperij, Ijzerlaan 91, Diksmuide +32/51505916, detapperij@scarlet.be Camping De Ijzerhoeve, Kapellestr. 4, St.-Jacobskapelle +32/51500432, www.ijzerhoeve.be

Der Besuch von Ypern ist einer der Höhepunkte auf der Reise. Eine herrliche Stadt, deren Umland eines der blutigsten Schlachtfelder des Krieges war. Den Bogen, den die Front um die Stadt beschrieb, hätten die Deutschen gerne begradigt, während sich die Alliierten aus dem Klammergriff zu befreien versuchten. Davon zeugen dutzende Soldatenfriedhöfe. Noch heute gedenkt man täglich der Vermissten mit dem Last Post Appell am Menin Gate. Für diese Etappe sind zwei Varianten beschrieben. Der direkte Weg entlang des Yper-Ijser-Kanals und eine längere Alternativroute, die einen Bogen um die Stadt schlägt und uns tiefer in die Geschichte des Frontbogens von Ypern eintauchen lässt.

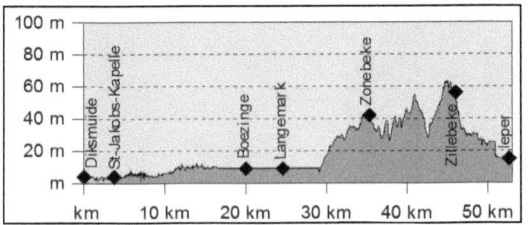

2 Diksmuide-Ypern

Am Bahnhof von Diksmuide beginnt die Tour. Zum Marktplatz kommt man, nimmt man geradeaus die „Stationsstraat" und ihre Fortsetzung. Das schöne Rathaus und die Kirche ziehen die Blicke auf sich, und wir folgen der Einbahnstraße um den Platz. Auf der gegenüber liegenden Seite fahren wir über die „Generaal Baron Jacquesstraat" zur Hauptstraße. Hier rechts halten und die Ijzer überqueren. Hinter der Brücke biegt man links ab und folgt 500m dem Fluss. Dabei kommt man am wuchtigen Ijzerturm vorbei.

⚠ **Der Ijzerturm –**
Fernblick und flämisches Denkmal

Der Ijzerturm

Der Besuch des Ijzertoren lohnt schon für die Aussicht von dem 84m hohen Turm, in dem sich ein 22-stöckiges Museum befindet, dass sich nicht nur mit Krieg und Frieden, sondern auch mit der flämischen Entmündigung beschäftigt. So erklären sich auch die riesigen Lettern AVV - VVK, alles für Flandern – Flandern für den König.

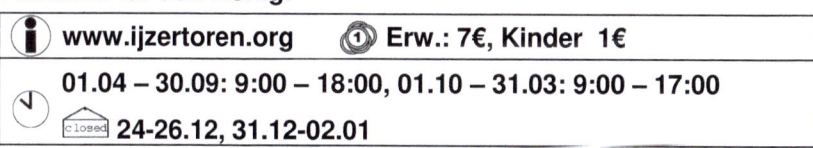

Kurz darauf, nach der Eisenbahnbrücke am Knotenpunkt 50, biegt man rechts ab und folgt der „LF1-Flanderen Fietsroute".

⚠ **Die belgische Knotenpunkttechnik- Papiernavi für Radler**
Die Knotenpunkte bieten in Flandern ein tolles Orientierungssystem für Radfahrer. An den Schnittpunkten der Radrouten sind jeweils die Knotenpunktnummer und die Richtung der nächsten Knotenpunkte ausgeschildert. Mit den, kostenlos in den Touristinformationen erhältlichen, Übersichtskarten kann man sehr flexibel seine Touren planen.

Eine schmale Nebenstraße, die sich durch die topfebene, grüne Landschaft schlängelt.

2 Diksmuide-Ypern

> **Alternativ** kann man dem Fluss bis zur Knokkebrug folgen. Ebenfalls eine wenig befahrene Strecke.

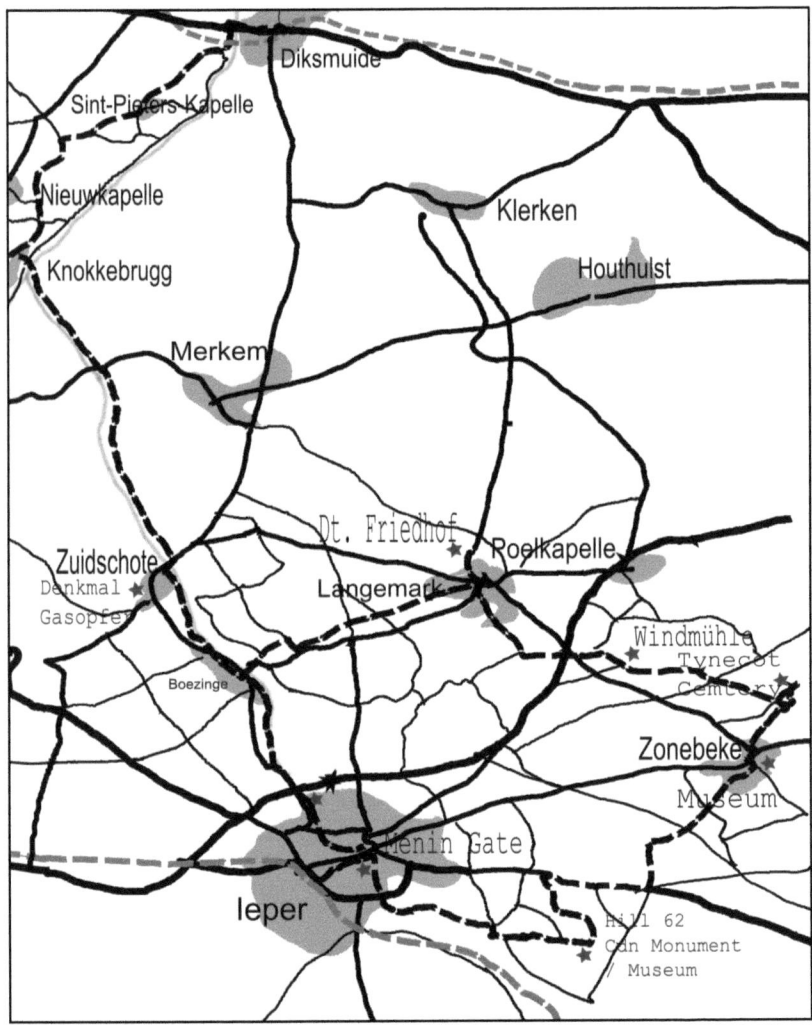

Neben der kleinen Pilgerkirche in Sint-Jakobs-Kapelle steht eine sehenswerte Pilgerfigur aus Blech. Daneben liegt „de gevallen Engel", ein kleines Cafe mit einer sehr einladenden Gartenterrasse. Kurz darauf gabelt sich die Straße, und die „LF1" folgt rechts weiter einem einspurigen Weg. Am Knotenpunkt 57 sind es nach links noch 0,5 km bis „Olifant". Der Knotenpunkt 58 ist unser Ziel, dem sich die ruhige Straße entgegenschlängelt. Hier links abbiegen nach „Ieper 16,2 km" und die Zugbrücke, die Knokkebrug, überqueren. Auf der anderen Seite bietet sich eine kleine Schutzhütte mit einigen Infotafeln als Rastplatz an. Ab hier folgt man im Schatten der großen Bäume dem Ieper-Yser-Kanal. „De Boot", ein Cafe auf einem alten

2 Diksmuide-Ypern

Frachtkahn, liegt am Kanalufer. Wir unterqueren eine Hauptstraße und kurz darauf ist für Autos Schluss. Der Radweg kommt kurz nach dem Denkmal für die Brüder van Remdoenk an eine Hauptstraße und den Knotenpunkt 8. Hier dem Hinweis „Ieper" unter der Brücke hindurch folgen und diese auf der anderen Seite überqueren. Einem herrlichen, von Bäumen gesäumten Radweg, folgt man auf der anderen Kanalseite Richtung „Ieper".

Gas – Die Terrorwaffe des ersten Weltkriegs

Folgt man nach der Brücke über den Ieper-Yser-Kanal noch ein paar hundert Meter der Landstraße, so kommt man an ein Denkmal für die Gasopfer. Nachdem die Franzosen im August 1914 ohne sichtbare Wirkung Tränengasgranaten eingesetzt hatten, setzen die Deutschen in diesem Frontabschnitt am 22 April 1915 140t Chlorgas frei.

Nach verheerenden Verlusten auf französischer Seite, war schon der folgende Gasangriff zwei Tage später nicht mehr so erfolgreich, da sich die Soldaten mit feuchten Tüchern vor Mund und Nase schützten. Es begann ein Wettrüsten. Auf verbesserte Gasmasken folgen neue Kampfgase. Obwohl Gas eins der größten Schreckgespenste des Krieges war, machten die Gasopfer nur vier Prozent der Kriegstoten aus. Verheerend war dagegen seine terrorisierende Wirkung. Neben dem tödlichen Senfgas, dass die Gebiete auf Tage für Freund und Feind verseuchte, wurde von allen Kriegsparteien auch Gase eingesetzt, die die Kampffähigkeit der Truppen herabsetzen sollten oder Soldaten nur verletzen anstatt sie zu töten, z.B. Tränengas.

Bei Boezinge kommen wir an eine Ampelkreuzung und haben die Qual der Wahl.

Alternativ: Geradeaus sind es nur noch gute 5 Kanalkilometer bis ins Zentrum von Ieper. Kurz vor einer Straßenbrücke sieht man den Essex-Farm-Cemetary und einige Bunker. Hier entstand das Gedicht „In Flanders Fields". An der T-Kreuzung, am Ende des Kanals, hält man sich links. Nach einem Rechts-Links-Schlenker biegt man rechts in die „Arthur Stoffelstraat" ab. Dieser folgt man bis zum großen Markt und der imposanten Tuchhalle, in der auch das sehenswerte „In Flanders Fields"-Museum und die Touristinfo untergebracht sind.

⚠️ In Flanders Fields – Museum

Das Museum, benannt nach dem Titel eines der bekanntesten englischsprachigen Gedichte über den Ersten Weltkrieg, findet man in der beeindruckenden Tuchhalle am Großen Markt. Es ist 2012 vergrößert und komplett neu aufgebaut worden. Eins der besten Museen über diesen Krieg. Im Vordergrund steht nicht die Sammlung von Waffen oder Uniformen, sondern eher persönliche Geschichten und die Vermittlung von Emotionen. So wie die des kanadischen Sanitätsoffiziers John McCrae, der seine Trauer um einen am Vortag gefallenen Freund im Gedicht „In Flanders Fields" zu Papier bringt. Der rote Klatschmohn auf den frischen Gräbern, den McCrae beschreibt, ist heute noch das Symbol des Gedenkens an die Kriegsopfer. Wer noch die Museen in Albert, Arras, am Chemin des Dames oder in Peronne besuchen möchte, der kann einen Flyer mitnehmen, um dort ermäßigten Eintritt zu bekommen.

ℹ️ www.inflandersfields.be	💲 Erw. 9€, Jug. Bis 25 4€
⏰ 1.4. – 15.11: 10:00 – 18:00, 16.11. – 31.3.: 10:00 – 17:00	
🚫 25.12. & 1.1.	

Die Alternativstrecke beschreibt einen Bogen nach Osten rund um Ypern, zu einigen geschichtsträchtigen Plätzen. Dazu überquert man bei Boezinge den Kanal Richtung „Langemark", und man hält sich an der nächsten Weggabelung geradeaus. Die Wohnstraße endet an einer T-Kreuzung. Rechts sieht man den Artillery Wood Cementery, nur einer von dutzenden Commonwealth Soldatenfriedhöfen in der Gegend. Blendend weiße Grabsteine, englischer Rasen und aufwendiger Blumenschmuck zeigen, wie wichtig den Briten das Gedenken an ihre Kriegstoten ist. Ein fein geschotterter, schmaler Radweg zweigt kurz hinter dem Friedhof links Richtung Langemark ab. Abseits der Straßen, auf einer alten Bahntrasse, erreicht man Langemark. Mitten im Ort, kurz hinter dem Dorfteich, am Knotenpunkt 22, machen wir einen kurzen Abstecher nach links zum deutschen Soldatenfriedhof, einer von 4 „Konzentrationsfriedhöfen" in Belgien. Kurz hinter dem Ortsausgang ruhen hier über vierzigtausend Tote in Einzel- und Massengräbern. Wir wenden, und es geht am Knotenpunkt 22 weiter geradeaus durch das Dorf. Am Marktplatz

2 Diksmuide-Ypern

fährt man rechts Richtung Knotenpunkt 30. Neben der Kirche steht eine Frittenbude. Hier links zum Punkt 30 in die „Korte Ieperstraat" einbiegen. Als einspuriges Sträßchen verlässt diese den Ort und endet an einer T-Kreuzung. Wir verlassen die markierte Strecke zur „30" und halten uns links. Nach kurzer Fahrt müssen wir eine Hauptstraße überqueren und fahren weiter geradeaus. Man folgt dabei der „Vredesroute" in entgegen gesetzter Richtung

Radlerparadies Flandern

und fährt an einer schönen Bockwindmühle vorbei. Auf der abwechslungsreichen Straße erreicht man ein neuseeländisches Denkmal, an dem nach links der „Tynecot Cemetery" ausgeschildert ist. Dieser ist zwar unser Ziel, doch wir halten uns weiter geradeaus. Den größten Commonwealth Soldatenfriedhof an der Westfront sehen wir nach ein paar Minuten zur Linken auf dem Hügel. Über die „Vijfwegestraat" kommen wir direkt dort hin. Von den heftigen Kämpfen in der Gegend zeugt, dass rund 70% der 11983 Toten unbekannt sind. 3 deutsche Bunker befinden sich zwischen den Grabstätten. Seine erhabene Lage mit einem weiten Blick über die Gegend und ein Besucherzentrum machen ihn über seine besondere Geschichte hinaus sehenswert. Die Namen von 34800 Vermissten sind auf der Mauer oberhalb des Friedhofs eingraviert.

Wir fahren vom Friedhofseingang über die „Tynecotstraat" zurück, vorbei am Abzweig der „Vijfwegestraat". Knapp 300m danach, am Knotenpunkt 36, nehmen wir den Radweg nach rechts. Auf Hinweistafeln entlang des Weges wird die Geschichte beleuchtet. Am Ortseingang von Zonebeke wechseln wir auf die parallel verlaufende Straße und folgen dem Hinweis zum Knoten 31. An der Polizeiwache muss man zu diesem Zweck links und kurz darauf rechts abbiegen. Ein schöner Park neben der Kirche lädt zur Rast ein. Hier befindet sich auch ein Museum. Nachdem wir den Park passiert haben, weist das Schild zum Knoten 31 nach links. Hier rechts weiter Richtung 56 radeln. In dem kleinen Dorf auf der anderen Seite der Autobahn verlassen wir den beschilderten Radweg und halten uns links. Die „Frezenbergstraat" führt direkt zu einem Freizeitpark, und am Ende der Straße geht es rechts ab. Wir kommen an eine Durchgangsstraße und rollen geradeaus weiter. Kurz hinter dem Vergnügungspark kommt man am kleinen Hotel „Kasteelhof 't Hooghe" vorbei. Der „Park" am Hotel ist interessanter als manches Museum. Ein Bunker, mehrere Minenkrater, Reste von Schützengräben und allerhand Weltkriegsschrott, sowie eine interessante Informationstafel mit alten Fotos wirken nicht arrangiert.

⚠ **Oft steht Museum drauf, nicht immer ist Museum drin!**

Der Schlachtfeldtourismus ist ein einträgliches Geschäft. Von den vielen Museen sind einige allerdings kaum mehr als eine Sammlung von Kriegsschrott. Das „In Flanders Fields" Museum oder die Ausstellung von Zonebeke lohnen einen Besuch. Das Museum am Hill 62 ist, wegen der Außenanlagen mit den umfangreichen Gräben und Unterständen im Wald und den 3D-Diabetrachtern, sehenswert. Einige der Bilder sind allerdings äußerst grausam.

Last Post Apell am Meningate

Vorbei am Hoodge Crater Cemetery und Museum rollt man entlang der breiten Hauptstraße auf Ieper zu, bis die „Canadalaan" links abzweigt. Hier sind auch die „Hill 62 Trenches", ein Museum, und der „Hill 62" ausgeschildert. Die anfangs zweispurige Allee führt bergan zum großzügig angelegten kanadischen Ehrenmal auf dem Hügel, das den kanadischen Opfern der Kämpfe zwischen April und August 1916 gewidmet ist. Kurz vor dem Denkmal geht es links zum Knotenpunkt 42. Der schmale betonierte Weg umrundet das Denkmal und stößt auf eine Hauszufahrt. Man fährt zur Straße und rechts zum Knotenpunkt 42. Von dort weiter geradeaus auf der zwar zweispurigen, aber doch ruhigen Straße. „Zillebeke" ist unser nächstes Ziel. Zu diesem Zweck biegt man an der nächsten Gabelung rechts ab. Im Ort fährt man auf die Kirche zu und biegt nach einer Linkskurve rechts ab. Die Straße trägt zwar keinen Namen, ist aber leicht zu erkennen durch den Parkplatz in der Straßenmitte. Ein schöner Radweg zweigt nach 200m am Punkt 40 rechts ab. Wieder auf der „Flanderen Fietsroute" umfahren wir gegen den Uhrzeigersinn einen kleinen See. An seinem Ende weiter geradeaus. Der Radweg macht einen links-rechts Schlenker, und nach kurzer Fahrt kommt man am Stadtrand von Ypern an einen großen Kreisel. Eine Unterführung bringt uns sicher auf die andere Seite. Der weitere Weg zum Punkt 38 führt nach links und rechts an der Stadtmauer entlang. Wir könnten schon hier über eine luftige Fußgängerbrücke in die Innenstadt fahren, folgen aber der Stadtbefestigung bis zum wuchtigen Menin Gate, auf dem die 54.332 bis zum 16. August 1917 im Frontbogen vermissten Soldaten des Empire verewigt sind. Der restlichen 34.800 wird auf dem Tyne Cot Friedhof gedacht.

Menin Gate und der Frontbogen von Ypern

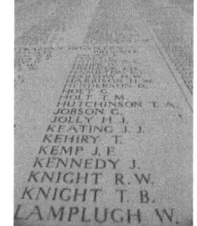

Unter dem monumentalen Torbogen findet jeden Abend um 20:00 Uhr der Last Post Appell statt. Bei dieser feierlichen Zeremonie sind es oft Schüler von englischen Colleges, die zum Andenken Kränze niederlegen. Nach dem Krieg wurde erwogen, die Ruinen von Ieper als Mahnmal zu belassen und nicht wieder aufzubauen. Für die Briten war die Verteidigung von Ieper ein nationales Symbol. 1914 kurzzeitig von den Deutschen Truppen besetzt, setzten sie bis 1918 keinen Fuß mehr in die Stadt. Am 22. April 1915 begann mit dem deutschen Giftgaseinsatz die zweite Schlacht um Ypern, mit dem Ziel den Frontbogen rund um die Stadt zu beseitigen. Die blutigste Schlacht dauerte 100 Tage und wurde im Sommer 1917 von den britischen Truppen begonnen. Erst Ende August 1918 konnten sich die Briten aus die Umklammerung der Deutschen lösen. Die jeweils bescheidenen Geländegewinne wurden mit dem Blut von hunderttausenden Verwundeten, Toten und Vermissten bezahlt.

Hat man das Menin Gate durchquert, befindet man sich in der tollen Innenstadt, nur einen Katzensprung vom Marktplatz und der beeindruckenden Tuchhalle entfernt. Hier sollte man diese Etappe auf der Terrasse einer der Bars und Restaurants ausklingen lassen. Hotels und Übernachtungsmöglichkeiten gibt es reichlich, und in der Tourist-Information, in der Tuchhalle, bekommt man kompetente Hilfe bei der Suche nach einer Unterkunft.

3 Ypern – Armentieres

Durch das grüne Hügelland zu den Sch'tis

◮	**31 km**	◮	**195 m**	◮	**189 m**	
☘	**+**	⛪	**++**	📖	**++**	
🚂	**115 min**	Umsteigen	Lille-Flandres, Kortrijk			
🗺	IN FLANDERS FIELD - BELGIUM, NIG, ISBN: 9059340213					
🛏	B&B, Le Cloître St Joseph, rue de l'ancien cimetière, 11, B-8957 Messines, +32/57.46.69.90 Mme Chantal Desreux, 47 rue Carnot, F-59280 Armentières, 33(0)3.20.88.05.80 La Cour Du Roy, 44 rue du Pilori, F- 59116 Houplines 33(0)3.20.35.05.79, www.lacourduroy.fr L'Hancarderie, 300 rue de Fleurbaix, F-59280 Bois Grenier 33(0)3.20.77.76.86, vincent.thoret@wanadoo.fr					

Eine abwechslungsreiche, leicht hügelige Tour in die lebhafte französische Grenzstadt Armentieres liegt vor uns. Meist geht es über wenig befahrene und schmale Nebenstraßen, mit verstreut liegenden Gehöften und kleinen Dörfern, in einer offenen Landschaft. Für eine Rast bietet sich das kleine Städtchen Mesen an. Der Round Tower im Irish Peace Park versetzt uns auf die Grüne Insel, und im Wald von Ploegsteert, am Hyde Park Corner Cemetery, erinnert ein monumentales Denkmal an die vermissten Commonwealth Soldaten in Flandern und Nordfrankreich.

Die Beschreibung startet am Bahnhof in Ypern, vor dem man nach rechts für einige Meter der verkehrsreichen Durchgangsstraße folgt. Zum Glück können wir den ersten Abzweig nach rechts nehmen und befinden uns für ein kurzes Stück auf der „Flanderen Fietsroute", der „LF6". Nachdem wir den Bahnübergang und einen Kanal überquert haben, biegt man links ab auf einen schnurgeraden Radweg, der „Vredesroute", entlang eines Wassergrabens. Bis an eine Hauptstraße rollt man immer geradeaus. Nach einem kleinen Links-Rechts-Schlenker, geht es tendenziell

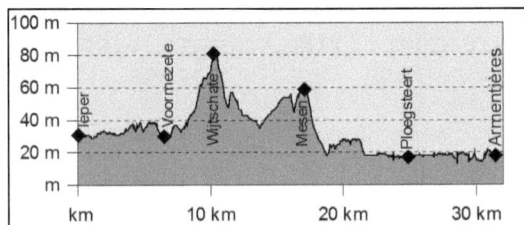

3 Ypern – Armentieres

geradeaus weiter bis zum kleinen Spoil Bank Cemetery und Knotenpunkt 47. Hier halbrechts Richtung 46 halten. Ein schmaler

Blick zurück nach Ypern

Schotterweg schlängelt sich durch die Weiden und vorbei an zwei kleinen Minenkratern, an denen Infotafeln die Geschichte erklären. An der schmalen Straße lässt man den Radweghinweis links liegen und rollt rechts bergab bis an die T-Kreuzung. Hier nach links leicht bergan radeln und die folgende Hauptstraße geradeaus in die „Vaartstraat" überqueren. Am Ende an der T-Kreuzung geht es rechts auf einer zweispurigen Straße nach „Voormezele" weiter. Ein typisch flandrischer Ort. Die letzte Ausfahrt am Kreisel hinter der Kirche ist die „Wjtschaatsestraat". Der Ort ist unser nächstes Ziel. Kurz nach dem Ortsausgang gabelt sich die schmale Straße an einer Kapelle und dem Punkt 49. Hier links leicht bergan zum Knoten 50. In den Feldern zur Rechten kann man den kleinen „Cooneart Chapel Cementery" erkennen. Kurz vor der Anhöhe liegt links die deutsche Stellung Bayernwald. Der herrliche weite Blick zurück nach Ypern mag ihre strategische Bedeutung erklären.

 **Stellung Bayernwald –
Bunker, Gräben und der Blick zurück nach Ypern**

Da man sich für den Besuch vorher telefonisch anmelden muss, trifft man hier nur wenige Touristen. Gerade das macht den Reiz des Ortes aus. Die Gräben, zwei bis zu 17m tiefe Schächte und 4 Bunker, sind rekonstruiert und die Informationen und Bilder auf den Infotafeln gut aufbereitet. Die Höhe der Bunker beträgt übrigens nur 1,2m, damit die Soldaten ihre offensive Ausrichtung nicht vergessen konnten und der Unterstand nicht zu gemütlich wurde.

ⓘ	**www.heuvelland.be, +32/57450455** **VVV Heuvelland, Reningelsststraat 11, 8950 Heuvelland**
	Nach vorheriger Anmeldung

3 Ypern – Armentieres

Auf der anderen Seite des folgenden Waldgebietes erwartet uns ebenfalls ein weiter Blick über die grünen Hügel. Nach links ist es nicht mehr weit bis zum Knoten 50, am großzügigen Dorfplatz von Wijschate. An dessen Ende folgen wir dem Wegweiser zum Knotenpunkt 9 nach rechts. Bergab rollen wir an einem deutschen Bunker und der Hinweistafel vorbei, die dessen Rolle bei der Schlacht um Messines schildert. Eine kleine Marienstatue, eingebettet in die Ecke eines Hauses, wacht am Punkt 9 über uns. Von hier machen wir entweder einen kurzen Abstecher geradeaus zu zwei großen, mit Wasser voll gelaufenen Minenkratern, oder radeln direkt links zum Punkt 52 weiter.

> **History** **Minen-**
> **Gefährliches Erbe der Schlacht von Messines**

Nach dem Ende des Wettlaufs zum Meer erstarrte die Front im Herbst 1914. Über der Erde konnten ohne große Verluste kaum Geländegewinne erzielt werden.

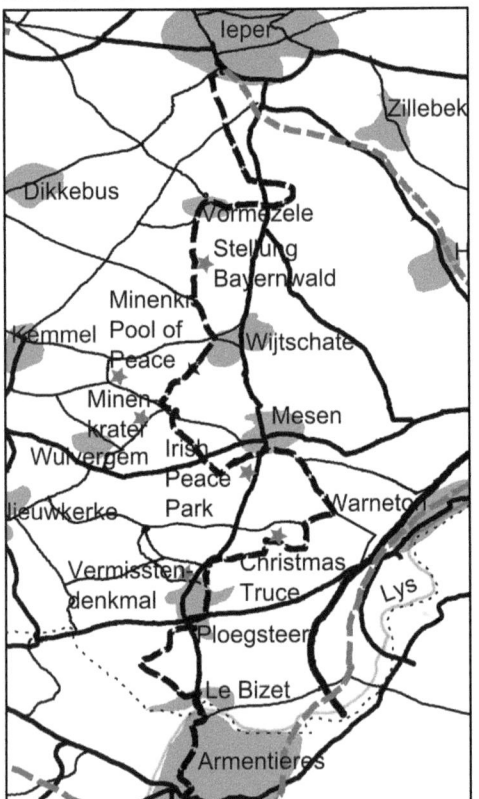

Deshalb ging man in den Untergrund, trieb Tunnel unter die feindlichen Linien, und füllte sie mit großen Mengen Sprengstoff. Zu Beginn der Schlacht um Mesen, am 7. Juni 1917, detonierten auf einer Länge von rund 9km innerhalb von 19 Sekunden 19 Minen. 7 Tage später waren die Deutschen von dem strategisch wichtigen Höhenzug zwischen Mesen und Wijschate vertrieben, und die Engländer hatten einen ihrer klarsten Erfolge an der Westfront errungen. Heute zeugen Denkmäler und Friedhöfe vom hohen Blutzoll, den die Schlacht forderte. Die Krater der Minen, die größte enthielt gut 45 Tonnen

Sprengstoff, sind noch immer sichtbare Zeichen der Kämpfe. Diese Maulwurftätigkeit war ein gefährliches Unterfangen. Wurde ein Tunnel entdeckt, flutete oder sprengte der Gegner die Gänge. Andere Sprengladungen wurden aus taktischen Gründen nicht gezündet. So befinden sich nördlich vom Ploegsteerter Wald noch 3 scharfe Minen im Boden, von denen auch heute noch eine Gefahr ausgeht. Im Juli 1955 detonierte hier beispielsweise eine der vergessenen Sprengladungen.

Es geht zwar immer wieder moderat auf und ab, doch radeln ist auf den fast verkehrsfreien, gewundenen, schmalen Sträßchen ein echtes Vergnügen. Der Weg zum Knoten 52 zweigt nach 400m links von der Straße ab und kreuzt später die Hauptstraße. Es geht wieder bergauf Richtung Mesen. Vorher passiert man noch das New Zealand Memorial.

⚠ Der Irish Peace Park

In Mesen, an der Einmündung in die Hauptstraße, kann man einen kurzen Abstecher scharf nach rechts zum Irish Peace Park unternehmen. Der Anblick des typisch irischen Round Towers in der grünen Landschaft versetzt uns augenblicklich auf die grüne Insel.

Auf dem Rückweg geht es auf der Hauptstraße in den Ort hinein, und wir folgen dem Hinweis zur 52 auf die Kirche zu. Hier links zum hübschen Dorfplatz, der zu einer Rast einlädt. Dort befindet sich auch der Knotenpunkt 52, von dem es zweimal rechts Richtung „Hem Farm Cemetery" geht. Wir können rollen lassen und kommen zurück in die Ebene. Beiderseits der Straße liegen kleine Soldatenfriedhöfe. An deren Ende biegen wir rechts ab und blicken zurück auf Mesen. An der nächsten Kreuzung geht es links in den schmalen „Chemin de Saint-Yvon" und einen Abzweig später rechts in den „Chemin Du Mont de la Hutte" ab. In dem kleinen ländlichen Weiler passiert man erst eine Hinweistafel auf Bruce Bairnsfather und kurz danach ein kleines Kreuz, um das etliche Fußbälle drapiert sind. Es erinnert an das Weihnachtsfußballspiel im No-Mans-Land an Weihnachten 1914.

Fußballspiel im Niemandsland

3 Ypern – Armentieres

📖 History

Weihnachten 1914– Fußballspiel im Niemandsland

Geduldet von ihren Offizieren, kam es an dieser Stelle Weihnachten 1914 zu einem inoffiziellen Waffenstillstand. Deutsche und britische Soldaten kamen aus ihren Gräben, tauschten Geschenke aus und feierten gemeinsam Weihnachten im Niemandsland. Dabei wurde hier angeblich auch ein gemeinsames Fußballmatch ausgetragen. Der Krieg wäre ganz unspektakulär zu Ende gegangen, hätten die Befehlshaber nicht nach einer Woche durchgegriffen. So gingen die Kämpfe noch fast 4 Jahre weiter. Die schöne Vision konnte sich nicht durchsetzen: Stell dir vor es ist Krieg, und keiner geht hin!

Einer der zahlreichen britischen Friedhöfe

Kurz vor dem nächsten britischen Soldatenfriedhof biegen wir links ab, auf einen Feldweg Richtung „Mud Corner Cemetery". Dieser liegt an der Wegbiegung. Bis kurz vor die Straße und den Hyde-Park-Corner-Cemetery folgen wir dem Feldweg. Die Hinweise auf die anderen, im Wald verstreuten, britischen Friedhöfe lassen wir dabei links liegen. Die Hinweistafeln entlang des Weges lohnen einen kurzen Stopp, denn die Bilder und Texte sind informativ und gut gemacht. Kurz vor der Straße geht es nach links in einen Waldweg, der in Ploegsteert in eine Wohnstraße mündet.

⚠ Hyde-Park-Corner-Cemetery

Den kurzen Abstecher zum Hyde-Park-Corner-Cemetery sollte man nicht auslassen. Das monumentale Denkmal erinnert an 11447 vermisste Commonwealth-Soldaten in Südflandern und Nordfrankreich.

An der Hauptstraße geht es rechts bis zum Kreisel an der Kirche, im Zentrum von Ploegsteert. Hier biegen wir links ab. Nach ein paar Metern auf der Hauptstraße Richtung „Armentieres" zweigt rechts die schmale „Rue Sainte-Marie" ab. Sie windet sich über die Wiesen und Felder auf Armentieres zu und gabelt sich zweimal. Beide Male hält man sich links, zum Ersten um nicht in eine Sackgasse zu fahren.

Beim zweiten Mal, um vorbei an einem Denkmal für einen abgeschossenen Flieger Richtung Stadt zu fahren. Am Ortsrand des belgischen Grenzdorfes „Le Bizet" biegt man links in eine Hauptstraße ein. Eine kleine Kirche wird hier von einem Kreisverkehr „umkreist", und es geht rechts in den Ort hinein. Er sieht ein wenig heruntergekommen aus ist aber äußerst lebhaft. Geschäft reiht sich an Geschäft, und fast überall gibt es Zigaretten. Anscheinend ein lukrativer kleiner Grenzverkehr. Die Grenze ist nur noch am Ortschild von Armentieres zu erkennen. Wir biegen rechts ab und könnten auf der Grenze balancieren. Die Straße gabelt sich, und es geht nicht weiter geradeaus in die Sackgasse, sondern links in die „Rue Albert 1er". Sie mündet in eine stärker befahrene Straße, die uns ins Stadtzentrum bringt. Nachdem man die Lys überquert hat, fährt man an der Ampelkreuzung weiter geradeaus und folgt immer dem Hinweis zum „Grand Place". Wir kommen dabei an eine der Hauptverkehrsstraßen ins Zentrum, fahren rechts und direkt wieder links. Schon sehen wir den großen zentralen Platz auf der anderen Straßenseite. Beherrscht wird das Bild von dem beeindruckenden neogotischen Rathaus und seinem alles überragenden Glockenturm.

⚠ **Armentieres- lebhafte Grenzstadt am Ende der Landpartie**
Nach den ruhigen Dörfern in Flandern, wird man hier vom Leben fast erschlagen. Ein Cafe oder eine Brasserie bieten sich an, um das lebhafte Treiben zu beobachten.

Man folgt der Straße weiter geradeaus. Vor dem Bahnübergang geht es links zum Bahnhof. Will man in die nächste Etappe durchstarten, dann geht es weiter geradeaus über den Bahnübergang, auf der D22 Richtung „Bois Grenier".

Armentieres

4 Armentieres – Lens

Lenser Kohlebecken- flaches Land & hohe Abraumkegel

◿	46 km	⍍	185 m	⍔	147 m
🚵	+	🏠	++	History	++
🚂	100 min	Umsteigen	Lille-Flandres		
🗺	Lille – Boulogne-sur-Mer, IGN, ISBN: 978-2-7585-1500-5				
ⓘ	Lens-Liévin Tourist Information and Cultural Heritage Office, 58 rue de la gare, 62300 Lens, +33/3 21 67 66 66, http://www.tourism-lenslievin.co.uk				
🛏	Camping Le Camp des Roses, rue Basse 60, 59249 Aubers, +33/320502429, mobil: +33/608101724 Artois Hotel, Rond Point d'Eleu, 62300 Lens, +33/321134646, contact@artoishotel.com La Ferme Auberge du Pré Molaine, 9 rue Lancino, 62153 Ablain St Nazaire, +33/321450001, lafermeaubergedupremolaine@orange.fr Le Goût des Hôtes, 68 rue Lancino, Ablain St Nazaire, +33/677134843, contact@legoutdeshotes.fr Hôtel de France, 2 place du Général de Gaulle, 62300 Lens, +33/321281810, hoteldefrancelens@laposte.fr				

Unser heutiges Ziel liegt mitten im Kohlebecken von Lens. Aber wie im Ruhrgebiet ist auch hier der Bergbau mittlerweile Geschichte. Als stumme Zeugen dieser Epoche prägen Bergarbeitersiedlungen, Fördertürme und vor allem die markanten Abraumkegel die Landschaft. Sie sind die einzigen nennenswerten Erhebungen entlang der Route und liegen eingebettet in Felder und Wiesen. Zu Beginn radelt man auf ruhigen Nebenstraßen über eine landwirtschaftlich genutzte Ebene, die durch eine lockere Bebauung mit kleinen Ortschaften, einzelnen Häusern und Gehöften nie langweilig wird. Verstreut liegen etliche Soldatenfriedhöfe des Empire, aber auch alte Bunker. Ab Salome folgt man dem Treidelweg entlang des Canal d'Aire und einem

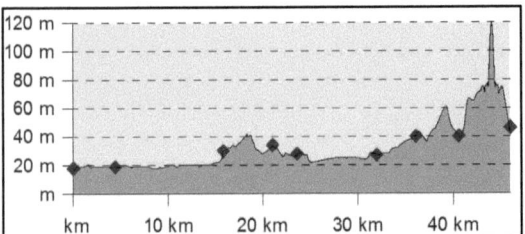

4 Armentieres – Lens

Wanderweg auf einer alten Grubenbahntrasse nach Noyelles. Ziel sind die zwei markanten Abraumkegel und die Schächte 11 und 19 des Bergwerks „Pierre Destombes", einem Unesco-Welterbe.

Vor dem Bahnhof in Armentieres wenden wir uns nach links und überqueren die Schienen auf der D22 nach „Bois-Grenier". Kurz darauf geht es abermals nach links und man folgt weiter der Hauptstraße, die nach einem knappen Kilometer die Autobahn quert. Die Landstraße gabelt sich und wir folgen halblinks dem Hinweis „Bois-Grenier", einem netten und ruhigen Ort. Hier, an der Kreuzung, geradeaus Richtung „Fromelles" fahren. Der Verkehr nimmt weiter ab, nachdem man kurz hinter dem White City Cemetery rechts in die D22 nach „Fromelles" abgebogen ist. Einen knappen Kilometer später geht es noch einmal rechts in die schmale „Rue de la Guennerie". Hier liegt rechter Hand das Restaurant „Les Table des Jardins" und links der „Y-Farm Military Cemetery", an dem wir links fahren. Leider endet die schmale Straße nach nicht einmal einem Kilometer an der D176, und wir biegen rechts ab. Viele Autos begegnen uns auf der Landstraße nicht, zumal wir in Fleurbaix die abknickende Vorfahrtsstraße verlassen, um links in die ruhige „Rue Des Lombards" einzubiegen. Einige sehr ansehnliche Häuser stehen entlang der Straße, die wieder an einer T-Kreuzung endet. Nach rechts geht es zum „Camping Les Peupliers", unsere Route führt aber links und direkt wieder rechts Richtung „Sailly sur la Lys 7,1km".

⚠️ **Commonwealth Friedhöfe- Gedenkstätte und Ziergarten**
Die Commonwealth War Grave Commission pflegt die Friedhöfe nicht nur als gelte es einen Preis für Gartengestaltung und –pflege zu gewinnen, sondern hat an allen Friedhöfen Informationstafeln zur Geschichte der Ruhestätten und Infos zum Verlauf der Kämpfe aufgestellt. Für Deutsche eine sehr fremde, aber auch beeindruckende Art des Andenkens.

Direkt nach dem Abzweig kommen wir am „Rue Pétillon Military Cemetery" und kurz vor der nächsten T-Kreuzung am „Troux Aid Post Cemetery" vorbei. Hier dann links abbiegen. Es sind nur 700m bis zum „VC Corner Australien Cemetery", und nur noch einen Katzensprung bis zu „Fromelles Memorial Park". Zwischen den Resten zweier deutscher Bunker steht eine überlebensgroße Statue eines australischen Soldaten, der einen Verwundeten auf dem Rücken trägt.

```
History
```
`Der Schlacht um Fromelles`
`Das Denkmal im Memorial Park zeigt Sergeant Simon Fraser, der unter deutschem Feuer mehrere Tage Verletzte aus dem Niemandsland barg. Unter anderem hier am VC Corner lagen am 20. Juli 1916`

29

hunderte verletzte Australier zwischen den Fronten. Am 19. Juli hatten britische und australische Truppen in diesem ruhigen Frontabschnitt eine Offensive begonnen. Sie wollten verhindern, dass deutsche Truppen zur Verteidigung an der Somme abgezogen wurden. Die Deutschen Maschinengewehrstellungen hatten den Artilleriebeschuss gut überstanden und mähten die Australier im Niemandsland nieder. Ein erschreckendes Beispiel für den geringen Wert eines Menschenlebens zeigt das 60th Battalion. Beim Appell nach der Schlacht, oder eher dem Schlachten, antworteten von ehemals 886 Soldaten nur noch 106. Insgesamt beliefen sich die Verluste der Australier alleine am ersten Tag auf 5533 Verwundete, Tote und Vermisste.

Hinter dem Memorial Park biegen wir rechts ab in die „Rue de Deval", deren Verlauf wir bis ins Zentrum von Aubers folgen. Etliche Bunker liegen verstreut auf den Feldern oder im Ort. Entlang der schmalen und ruhigen Straße reihen sich hübsche Häuser mit großzügigen Gärten aneinander. Mitten im Ort, gut 3 km nach dem Beginn der „Rue de Deval", kommen wir an eine T-Kreuzung. Wir fahren links und kurz darauf rechts in die „Rue Du Plouich". Nach gut 100 m überquert man eine stark befahrene Hauptstraße. Weiter geht es geradeaus über eine für Anlieger freie Straße durch den kleinen Ort. Immer geradeaus, bzw. halbrechts, kommen wir an die nächste Landstraße. Nach links erreicht man den „Aubers Ridge Cemetery". Dann rechts in den „Chemin des Croix Rouge" abbiegen, der in einen schlecht zu fahrenden Feldweg übergeht. Zum Glück nur für gut 600m. Er führt zu einer Apfelplantage und macht einen Rechtsknick, hinüber zu den Wirtschaftsgebäuden. Ab hier geht der Weg asphaltiert weiter bis an eine T-Kreuzung mit einer Landstraße. Man radelt nach rechts und muss nach 200m links, auf eine stärker befahrene Straße Richtung „Illies 2,5 Salome 5", abbiegen.

Durch Ligny-le-Grand lässt man bergab rollen und folgt der Vorfahrtsstraße durch Illies nach „Salome". Diese beschreibt einen Links-Rechts-Schwenk und ein Radweg beginnt. Hier ist auch ein deutscher Soldatenfriedhof ausgeschildert. Ein Abstecher von gut 250m. An einem Kreisel müssen wir die vierspurige Nationalstraße überqueren, was bei den rasenden Autos und der Verkehrsdichte nicht einfach ist. Auf der anderen Seite geht es geradeaus weiter. Die Straße ist kopfsteingepflastert und für die Durchfahrt gesperrt. Den Wegweiser zum Dt. Soldatenfriedhof „La Bassée" lassen wir links liegen. Das anfänglich holprige Kopfsteinpflaster geht bald in Asphalt über, so dass man die Fahrt durch die Felder genießen kann. Die schmale Straße mündet in eine Landstraße und es geht nach rechts weiter. Kurz darauf, am Kreisel, nehmen wir die zweite Ausfahrt

4 Armentieres – Lens

Richtung „Salome" und überqueren einen Bahnübergang mit

Haltepunkt. Salome ist ein typischer Arbeiterort mit einfachen Backsteinhäusern. Wir folgen immer der Vorfahrtsstraße. Mitten im Ort gibt es einen Wegweiser nach rechts, zum deutschen Soldatenfriedhof, der den kurzen Abstecher von 500m wert ist. Danach radeln wir weiter durch den Ort Richtung „Jardin des Poets", vorbei an der Mairie. Am Stoppschild halten wir uns links und direkt rechts in die „Rue Émile Zola", die am Kanal endet. Anfangs ist sein Randweg, auf den wir nach rechts einbiegen, noch recht holprig.

⚠️ **Rastplatz im Poetenpark**
Braucht man eine Rast, so sei der Poetenpark, der direkt an den Kanal grenzt, empfohlen. Allerdings sind die Versorgungsmöglichkeiten bis hierher mehr als dürftig. Einen größeren Supermarkt findet man 2,5km weiter in La Bassée. Hier vor der ersten Straßenbrücke im Ort die Treppe hochsteigen, und man steht direkt vor einem Intermarche.

Im weiteren Verlauf wird der Schotterweg immer besser. Zwei lange, ziemlich baufällig wirkende Betonbrücken überspannen ein paar Hafenbecken am Rand von La Bassée. Dem deutschen Sicherheitsdenken würden schon die nur andeutungsweise vorhandenen Geländer spanisch, pardon französisch, vorkommen. Den Ort haben wir schnell hinter uns gelassen und es geht weitere 2,3km entlang des von Bäumen gesäumten Kanals. Vor einer Bogenbrücke muss man leider das Rad über eine Treppe zur Straße hoch tragen, um die Wasserstraße dann zu überqueren. Bis zur Einmündung in die dicht befahrene D941 folgt man dieser Straße. Links sehen wir den Ortseingang von Auchy-Les-Mines. Es sind genau 200m auf der Hauptstraße zu fahren, bis wir rechts in den Fußweg „Vaux du Calvaire" einbiegen. Dieser folgt der Trasse einer alten Grubenbahn durch die dichte Vegetation. 4 Kilometer folgen wir dem Pfad immer geradeaus durch einen grünen Tunnel. Zu beiden Seiten wird dieses grüne Band von großen Getreidefeldern gesäumt. Halblinks sehen wir zwei riesige Abraumkegel, die unser Tagesziel markieren. Am Ortseingang von Vermelles überqueren wir eine Straße und es geht weiter geradeaus durch einen Park. Hier folgt man dem Hauptweg bis zur nächsten Straße, in die man links einbiegt und ihr bis zur nächsten Kreuzung folgt. Wir müssen eine Entscheidung zwischen viel Verkehr oder 500m teils sehr schlechtem Feldweg treffen.

▷ Alternativ *Entscheiden wir uns für den Feldweg, dann fahren wir geradeaus in den anfangs noch asphaltierten Weg. Später wird er immer schlechter ist aber auf der Anhöhe wieder asphaltiert. Wir rollen immer geradeaus, nach und durch Loos-en-Gohelle, bis zum Kreisel in der Ortsmitte. Hier ebenfalls geradeaus.*

Will man sich die schlechte Wegstrecke ersparen, biegt man an der Kreuzung nach dem Verlassen von Noyelles rechts ab und fährt bis zur D943. Hier links fahren. Für 1,7 km, bis zum Friedhof an der Hauptstraße, folgen wir ihr. Dann links in den Wirtschaftsweg einbiegen. Wir kommen an einen parallel zur Landstraße verlaufenden Weg, und halten uns rechts auf den Ort zu. Am

4 Armentieres – Lens

Ortsrand links abbiegen und an der nächsten Kreuzung rechts durch Loos fahren bis zum Kreisel in der Ortsmitte. Wir unterqueren die Autobahn, und knapp 500m danach biegen wir links in die „Rue Du Grand Mont" ab. Vor uns erheben sich die Fördertürme der Schächte 11 und 19 des Bergwerk „Pierre Destombes", welche zum Unesco Welterbe gehören. Die D943 wird überquert und am Ende der Straße fahren wir über Schotterwege durch einen Park auf die Grubengebäude zu. Der filigrane alte Förderturm und die Zechengebäude mit den riesigen Abraumkegeln im Hintergrund sind sehenswert. Man sollte die Anlage auf sich wirken lassen und ggf. die Ausstellung besuchen, die in einem Teil der Räume untergebracht ist.

⚠ **Die Abraumkegel von Loos-en-Gohelle**

Wer noch Zeit und Puste hat, der sollte sich die Besteigung des linken Schuttkegels nicht entgehen lassen. Einen großen Teil der Steigung kann man mit dem Fahrrad über einen asphaltierten Weg bewältigen. Doch das letzte Stück ist ein steiler Fußpfad. Von oben hat man einen überwältigenden Ausblick über das gesamte Lenser Becken, zum Denkmal von Vimy Ridge und zur Necropole National de Lorette.

Rast am Bergwerk

Dazu muss man auf der Fußgängerbrücke die Autobahn überqueren und sich danach links halten. Die Rampe hinauf auf die Schuttkegel ist dann nicht zu übersehen.

Nach der Besichtigungstour rollen wir links durch das Haupttor der Anlage und geradeaus die Straße, durch die ehemalige Bergarbeitersiedlung, bergab. Am Ende stößt diese auf eine Durchgangsstraße, in die wir rechts einbiegen und unser heutiges Tagesziel erreichen. Den Bahnhaltepunkt von Loos-En-Gohelle.

⚠ **Lens – Kohlestadt im Umbruch**

Zum Übernachten bieten sich die Hotels in der Innenstadt von Lens an. Wer dem Stadtverkehr aus dem Weg gehen möchte, der kann die Bahn nehmen. Es ist eine Station bis ins Zentrum der Stadt, welcher das Ende des Bergbaus 1986 große Probleme bescherte. Heute ist Lens bekannt für Fußball und Kunst, seit 2012 eine Zweigstelle des Pariser Louvre seine Pforten öffnete.

 www.louvrelens.fr   Mo. – Fr.: 10:00 – 18:00   1.Mai

5 Lens - Arras

Kohlenpott, Friedhöfe, Schlachtfelder und Barockstadt

	30 km		305 m		279 m
	++		+++	History	+++
	120 min	Umsteigen	Bully-les-Mines & Grenay		
	Lille – Boulogne-sur-Mer, IGN, ISBN: 978-2-7585-1500-5				
ⓘ	Arras Tourist Information Office, place des Héros, 62000 Arras, +33/321512695, contact@explorearras.com, www.explorearras.com				
	Hôtel d'Angelterre, 7 place du Maréchal Foch, 62000 Arras, +33/321515116, info@hotelangleterre.info, http://www.hotelangleterre.info Hôtel Ibis, 11 rue de Justice, 62000 Arras, +33/321236161, h1567@accord.com, http://www.ibishotel.com Hôtel Diamant, 5 place des Héros, 62000 Arras, +33/321712323, http://www.arras-hotel-diamant.com Hôtel Les Trois Luppars, 49 Grand Place, 62000 Arras, +33/321600203, contact.3luppars@wanadoo.fr, www.hotel-les3luppars.com B&B La Corne d'Or, 1 place Guy Mollet, 62000 Arras, +33/321588594, mobil +33/678795928, contact@lamaisondhotes.com, http://www.lamaisondhotes.com B&B La Cour des Carmes, 23 rue Gambetta, 62000 Arras, +33/3210787, bastien.lamoril@sfr.fr				

Wir lassen das Lenser Becken, die Schächte, Abraumkegel und Bergarbeitersiedlungen hinter uns. Der alte Förderturm des Schachts 3 von "St Amé" verabschiedet uns. Ein Relikt aus der Zeit als das schwarze Gold hier noch das Leben bestimmte. Dies war wohl auch der Grund, dass im Artois so erbittert gekämpft wurde, wie die riesige Necropole National de la Lorette und das kanadische Monument auf der Vimy Ridge

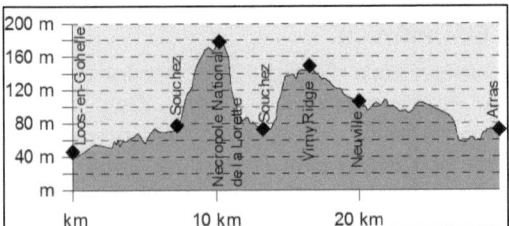

5 Lens - Arras

eindrucksvoll dokumentieren. Beide sind echte „Höhepunkte", zu denen es steil bergan geht. Der weitere Weg nach Arras radelt sich wieder einfacher. Im Herzen der Barockstadt, einem lohnenswerten Tagesziel, erwarten uns unter anderem die großen barocken Plätze, der Grand Place und der Place Des Héros. Ein Must-Do ist die Führung durch den Carriere de Wellington, einen der Kalksteinbrüche unter der Stadt, in denen 20.000 Soldaten des britischen Empire 14 Tage auf den Beginn der Somme-Offensive warteten. Es ist eines der beeindruckensten Museen zum ersten Weltkrieg.

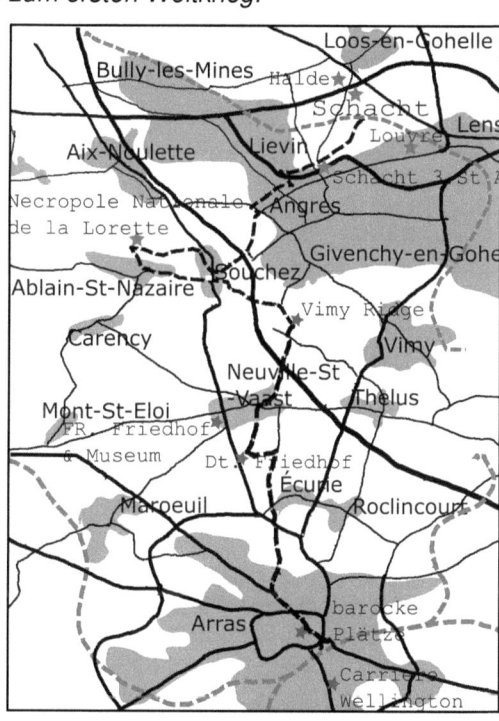

Am Bahnhaltepunkt Loos-en-Gohelle beginnt diese Etappe. Von den Schächten 11/19 kommend überquert man den Bahnübergang und folgt weiter der „Rue Léon Blum". Kommt man mit dem Zug, so hält man sich am Bahnübergang rechts. Nach gut anderthalb Kilometern erinnert das filigrane Tragwerk des Förderturms 3 von "St Amé" an goldene, bzw. schwarze Zeiten. Heute findet man hier eine bunte Mischung aus Gewerbe und Geschäften. Wir kommen an einen Riesenkreisel, den wir fast umrunden und am letzten Abzweig Richtung „Centre Ville" und „Rollencourt" ausfahren. Kurz nachdem man die Nationalstraße überquert hat, geht es rechts zur „Info Rollencourt". Wir folgen der Nebenstraße durch ein Wohngebiet bis zu einem kleinen Park mit einem Denkmal. An dessen Ende rollt man links die D51 400m bergab bis zum Kreisel an der Mairie von Angres. Hier geht es rechts nach „Souchez".

Wir verlassen den Ballungsraum von Lens / Lievin, der mit den umliegenden Gemeinden verwachsen ist, und unterqueren die Autobahn. In Souchez biegt man an der T-Kreuzung mit der D937 rechts, Richtung „Béthune" und „Aix-Noulette", ab. Direkt danach fahren wir links in die „Rue Du Général Barbot". Diese schmale Straße verlässt den Ort bergan und wird immer steiler hinauf zur Necropole National de la Lorette. Oben angekommen stockt einem kurz der Atem, denn wir sehen ein riesiges Gräberfeld, in dessen

Mitte sich eine blendend weiße Kirche und der Laternenturm des Beinhauses erheben. Eine kleine Wallfahrtskirche, die hier vor dem Krieg stand, war der Namensgeber für den größten französischen Weltkriegsfriedhof, auf dem rund 40.000 Tote beigesetzt sind. Die Aussicht über das Artois ist von hier oben grandios. Wir fahren am Friedhof entlang und können dann links auf die Straße nach „Ablain-Saint-Nazaire" abbiegen. Vorher unternehmen wir noch einen Abstecher nach rechts zum Museum.

⚠️ **Necropole National de la Lorette – Friedhof & Museum**

Man sollte sich Zeit nehmen für einen Besuch des größten französischen Weltkriegsfriedhof und des kostenlosen Museums. Auf den 3 ha Außenfläche sind unter anderem rund 1000m Gräben und Befestigungswerke zu besichtigen. Der Blick über die 19000 Kreuze der Einzelgräber macht das Grauen ein wenig greifbarer als die Daten und Fakten auf den Informationstafeln, die man an vielen Stellen entlang unseres Weges findet. So ist dieser Platz einer der eindrücklichsten auf dem Weg von Flandern ins Elsass.

Necropole de la Lorette

ℹ️ Tel. : +33/321451580	① kostenlos
🕐 01.02 – 15.12: tgl. 9:00 – 20:00	

Steil geht es über die schmale Strasse nach „Ablain-Saint-Nazaire" hinab, vorbei an der Ruine der zerschossenen Kirche.

📖 **Schlachten im Artois- Evolution eines Krieges**

Nachdem bayrische Truppen den strategisch wichtigen Höhenzug im Oktober 1914 ohne nennenswerte Verluste besetzt hatten, dauerte es ein Jahr bis er wieder in französischer Hand war. Auch den Deutschen war die Bedeutung dieser Höhenstellung bewusst, so dass sie extrem gut befestigt und sehr hartnäckig verteidigt wurde. 3 große Schlachten wurden hier im Artois geschlagen, an denen man gut die Veränderung der Taktik im ersten Weltkrieg nachvollziehen kann. Die erste noch als Frontalangriff. Durch das wilde Anrennen ins Granat- und Maschinengewehrfeuer erlitten die Franzosen in den ersten Kriegsmonaten ein Viertel der Verluste des gesamten Krieges. Bei der zweiten Schlacht im Artois, im Mai 1915, setzte man zum ersten Mal auf ein massives Trommelfeuer der Artillerie als Vorbereitung. Im Vergleich zu späteren Offensiven nahm es sich aber noch bescheiden aus, und so wurden auch wegen fehlender Feuerkraft und Reserven die gesetzten Ziele nicht erreicht. Die logische Schlussfolgerung aller Kriegparteien lautete danach: Mehr Artillerie & mehr Männer. Das führte letztendlich zu den menschenverachtenden Gemetzeln in Verdun oder an der Somme.

Achtung! Blindgänger

An der T-Kreuzung biegt man links ab und kommt im Tal abermals nach Souchez. Erst rechts Richtung „Arras" und dann direkt links in die „Rue Raoul Briquet" zur Eglise Saint Nicolas abbiegen. Rechts an der Kirche vorbei fahren in Richtung der Commonwealth Soldatenfriedhöfe. Zum „Giveny-en-Gohelle Cemetery" geht es nach 200m rechts ab, in die „Rue Victor Hugo". Kaum 100m Meter danach folgen wir dem Wegweiser nach links und am Ortsrand, an einem Pumpenhaus, halten wir uns rechts. Ein schlecht asphaltierter Weg geht, immer steiler werdend, den Berg hinauf und unterquert die Autobahn. Auf der anderen Seite erreichen wir die Anhöhe und den kleinen Friedhof. Über einen Feldweg geht es weiter bis zur Einmündung in die D55. Von hier ist es nach rechts nur ein Katzensprung bis wir den zweiten „Höhepunkt" des heutigen Tages erreichen. Auf dem höchsten Punkt der Vimy Ridge steht das beeindruckende, schneeweiße kanadische Denkmal. Auf einem breiten Sockel, in dem die Namen der vermissten Kanadier eingemeißelt sind, recken sich zwei schlanke Pfeiler in den Himmel. Sie repräsentieren Kanada und Frankreich, die Seite an Seite stehen. Mit diesem beeindruckenden Monument gedenken die Kanadier ihrem Sieg über die Deutschen Truppen im April 1917. Die Aussicht über die Ebene von Douai ist toll und nach links sehen wir zum letzten Mal zurück auf die zwei großen Abraumkegel und die Schächte 11/19 des Bergwerk „Pierre Destombes".

Kanadisches Denkmal Vimy Ridge

Die Schlacht von Vimy Ridge – Planung ist alles

History

Die Verteidigung des Frontabschnittes von Vimy Ridge ging im Laufe des Krieges von Frankreich ans britische Empire. 1917 hatten kanadische Truppen den Abschnitt übernommen. Seit Monaten hatten die Kanadier in einem ähnlichen Gelände für den Angriff trainiert. Insgesamt 5 km Tunnel wurden gegraben, um die Truppen zu schützen und direkt vor die Deutschen Linien zu bringen. 700 leichte Kanonen und 350 schwere Geschütze verschossen ab dem 20. März mehr als eine Million Granaten, um Stacheldrahthindernisse zu beseitigen und die befestigten Stellungen zu zerstören.

Am 9. April 1917, um 5:30 Uhr, griffen alle vier kanadischen Divisionen auf einer Breite von 7km an. 120.000 kanadische Soldaten standen gut 40.000 Verteidigern gegenüber. Die Artillerie nahm eine Linie unter Feuer, die alle 3 Minuten um 100 Yards weiter rückte. Dahinter rückten die Angreifer vor. So erzielten die Kanadier am ersten Tag sehr schnelle Erfolge und konnten den Höhenzug sichern. Weitere Angriffe scheiterten und beide Seiten gruben sich wieder ein. Für die Kanadier war und ist dieser Sieg ein Symbol der nationalen Einheit. Zur Einweihung des Denkmals im Jahr 1936 brachten 5 Dampfer 6400 Besucher aus Kanada. Weitere 1500 Kanadier kamen aus England zu den Feierlichkeiten.

Der größte Teil des Hügels ist immer noch eine mit Blindgängern verseuchte Kraterlandschaft, die nicht betreten werden darf. Wir befinden uns im Übrigen auf kanadischem Staatsgebiet und fahren vom Denkmal bergab Richtung „Neuville-Saint-Vaast" und zum Besucherzentrum.

Rekonstruierte Schützengräben

Neuville ist schnell erreicht, denn es geht immer leicht bergab. Wir rollen durch den lang gezogenen Ort. An der Marie geht es links Richtung „Thélus, Ecurie, Vimy", dann direkt rechts Richtung „Stade" abbiegen. Auf einem asphaltierten Wirtschaftsweg verlassen wir den

Ort und fahren bis zum deutschen Soldatenfriedhof von Neuville. Es ist der Größte in Frankreich mit fast 45000 Gefallenen,

Vimy Ridge- Visitor Center & Grange Tunnels
Die Führung durch den Grange Tunnel ist empfehlenswert. **Falls man warten muss, kann man sich die rekonstruierten Gräben ansehen, das Visitorcenter besuchen oder auf dem schönen Picknickplatz eine Pause einlegen.**

(i) +33/322767086, www.veterans.gc.ca

 Mo.: 10:00 – 17:00, Di. – So.: 9:00 – 17:00 closed 25.12 & 1.1.

die aus 110 Gemeinden in den Jahren 1919 bis 1923 hierher umgebettet wurden. Auch Gebeine, die beim Rekultivieren der Schlachtfelder gefunden wurden, sind hier beigesetzt. Nach dem Besuch wenden wir und fahren zur letzten Weggabelung zurück. Dort rechts fahren. Der Asphalt endet, und wir fahren über einen Wiesenweg weiter. Dieser macht einen Linksknick, und wir kommen zurück an die Straße, der wir nach rechts folgen.

`Alternativ` Wer keine Lust auf Feldwege hat und wessen Bedarf an Gräbern für einen Tag gedeckt ist, der biegt in Neuville nicht Richtung „Stade" ab, sondern fährt bis zum Abzweig nach „Ecurie" weiter.

Es ist wenig Verkehr auf der zweispurigen D49e1. Kurz vor Arras kreuzen wir die N425. Eine Fahrradspur führt geradeaus an einer Neubausiedlung entlang. Wir rollen hinab in die Stadt. Man kommt an eine T-Kreuzung und nimmt den Radweg nach rechts. Am nächsten Kreisverkehr hört dieser auf und es geht weiter bergab nach „Arras". An einem großen Kreisel mit blauen Säulen folgen wir nicht der Beschilderung „Centre Ville" und „Places", sondern geradeaus dem unscheinbaren Wegweiser Richtung „Kathedrale". Wir überqueren einen Kanal, und biegen dahinter rechts in die Altstadt ab, in die „Rue Saint-Maurice". Bei der zweiten Möglichkeit fahren wir links in die „Rue Du Bloc", einen schmalen Sträßchen, dem wir bis zum Ende folgen. Nachdem wir links abgebogen sind, passieren wir die breite Freitreppe der wuchtigen, barocken Kathedrale. Sie ist, wie die von Vabaun gebaute Zitadelle und das Rathaus, in die UNESCO-Weltkulturerbeliste aufgenommen. Hier rechts bergauf an der Kathedrale vorbei Richtung „Les Places" fahren. An der Gabelung der Straße rechts die „Rue Des Trois Visages" nehmen, und ihr bis zum reich verzierten Rathaus folgen. Links entlang des Platzes der Helden fahren, der durch seine geschlossene Front barocker Fassaden beeindruckt. Wir fahren die Längsseite entlang und dann links zum „Grand Place". Ein weiteres barockes Kleinod.

⚠ Großer Marktag am Samstag

Samstag ist Markttag. Dann gibt es hier vormittags alles was man braucht und vieles was kein Mensch benötigt.

Markttag in Arras

Nach links geht es, entlang der Schmalseite des Grand Place und weiter in die „Rue Paul Périn", zum breiten „Boulevard Faidherbe". Rechter Hand ist der Bahnhof schon in Reichweite. Der Boulevard macht einen Rechtsknick, doch wir fahren geradeaus zum Bahnhof.

⚠ Carriere Wellington- die Unruhe vor dem Sturm

Zum Carriere Wellington, dem Museum in einem der Kalksteinbrüche unter der Stadt, muss man geradeaus am Bahnhof vorbei fahren. Dann links die Bahnanlagen überqueren und weiter 600m der Straße folgen. Hier hatten sich 14 Tage vor dem Start der Nivelle-Offensive 20.000 Briten gesammelt, um am 9. April 1917 wie aus dem Nichts die deutschen Linien anzugreifen. Neben der eindrucksvollen geführten Tour in den Untergrund, gibt es hier einen gut gemachten Film zu sehen. Für beides gibt es ein Headset mit Kommentaren und Ton in Deutsch. Eines der besten Museen zum ersten Weltkrieg.

ⓘ Tel. : +33/321451580
www.explorearras.com

💶 6:80 €, ermäßigt 3:10 €

🕐 tgl. 10:00 – 12:30, 13:30 – 18:00 closed 1.1., 27-29.6, 25.12, 3 Wochen nach den Weihnachtsferien

6 Arras- Albert

ländliche Hügellandschaft & die Schlacht an der Somme

◿	67 km	⟋◣	442 m	◿◣	446 m
🌲	+++	🏘	++	📜	+++
🚂	25 min	Umsteigen	nein		
🗺	Amiens - Albert, IGN, ISBN: 978-2-7585-2465-6				
ⓘ	Tourist Office of Poppy Country 9, rue Gambetta, 80300 Albert, +33/322751642 officedetourisme@paysducoquelicot.com www.tourisme-paysducoquelicot.com				
🛏	Hôtel de la Paix, 43 rue Victor Hugo, 80300 Albert, +33/322750164, hoteldelapaix-albert@voila.fr, www.hoteldelapaix-albert.fr, Hôtel de la Basilique, 3-5 rue Léon Gambetta, 80300 Albert, +33/322750471, contact@hoteldelabasilique.fr, http://www.hoteldelabasilique.fr B&B Les Galets, Route de Beaumont, Auchonvillers, +33/322762879, jlrenshaw@hotmail.com B&B Au Vintage, 19 rue de Corbie, 80300 Albert, +33/3 22 75 63 28, mobil +33/6 83 03 45 26, ej.weg@wanadoo.fr, http://www.chambres-dhotes-albert.com Camping Le Vélodrome, Avenue Henri Dunant, 80300 Albert, +33/364622253, mobil +33642587164, campingalbert@laposte.net, www.camping-albert.com				

Der Weg von Arras nach Albert ist eine abwechslungsreiche Landpartie. Bei der Fahrt, auf ruhigen Straßen und Wirtschaftswegen, kann man die Blicke und Gedanken schweifen lassen. Die vielen britischen Soldatenfriedhöfe erinnern an weniger friedliche Zeiten. Zum Ende der Tour sollte für den Besuch des Newfoundland Memorial und dem Denkmal bei Thiepval ausreichend Zeit einplant werden. Hier wird an das blutige Gemetzel während der Schlacht an der Somme erinnert. Mit mehr als 60 km ist diese Etappe eine der längsten.

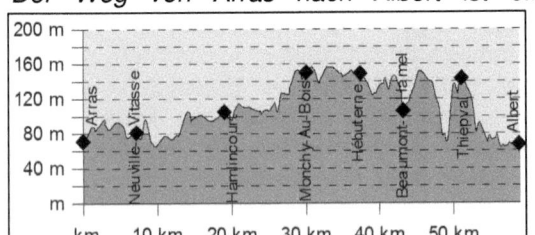

Nivelle Offensive 1917—Angriff aus dem Nichts

In der Vorbreitung der Nivelle-Offensive wurden viele der alten Kalksteinbrüche unter der Stadt durch neuseeländische Pioniere miteinander verbunden und Ausstiegstunnel direkt vor den Deutschen Linien vorbereitet. Mehr als 20 km Gänge wurden in den Fels geschlagen und unter anderem mit elektrischem Licht, Frischwasser und einer Grubenbahn ausgestattet. Über 14 Tage wurden 20.000 Soldaten im Untergrund zusammengezogen, um dann wie aus dem nichts heraus anzugreifen. Die Deutschen wurden total überrascht. Im Raum Arras war der Beginn der Nivelle-Offensive am 7. April 1917 ein großer Erfolg. Die Deutschen konnten 11 km zurück gedrängt werden. Eine technische und organisatorische

Carrière Wellington © Cituation et Ensemble - libre de droit

Meisterleistung, genau wie die gelungene Präsentation im Museum. Während des Rundgangs gehen nicht nur fachkundige Guides auf die Fragen der Besucher ein. Bildprojektionen auf den nackten Steinwänden und Toneinspielungen schaffen eine dichte Atmosphäre. Sie machen die Geschichte durch den Blick auf Details, statt durch Zahlen und Fakten, lebendig. Mir besonders in Erinnerung geblieben ist die kleine Anekdote über das Wannenbad unter Tage, dem die reinlichen Briten, trotz der widrigen Bedingungen hier unten, im eiskalten Quellwasser, frönten. Erfahrene Kämpfer versuchten als fünfter bis zehnter in die Wanne zu kommen. Das Wasser war durch die Vorgänger schon etwas angewärmt, hatte aber trotzdem noch einen gewissen Reinigungseffekt.

Tel.: +33/321451580   6:80 €, ermäßigt 3:10 €

tgl. 10:00 - 12:30, 13:30 - 18:00 1.1., 27-29.6, 25.12, 3 Wochen nach den Weihnachtsferien

6 Arras- Albert

Vor dem Bahnhof in Arras starten wir links in die „Rue Du Docteur Brassart". Man fährt eine Rampe zur Brücke über die Bahnanlagen hinauf. Wir überqueren die Schienen und folgen ein Stück der lebhaft befahrenen Hauptstraße. Nach 600 m auf der D917 liegt linker Hand das Museum im Carriere Wellington, das man sich nicht entgehen lassen sollte. Wieder aus dem Untergrund aufgetaucht, biegt man am nächsten Abzweig links, in die „Rue Du Temple", ab. Man kommt an eine doppelte Ampelkreuzung und fährt am zweiten Abzweig, hinter dem Park, rechts gegen die Einbahnstraße, was für Radler erlaubt ist. Die „Rue Bocquet Flochel" führt am Rugby-Stadion vorbei, und wir folgen ihr bis zum Ende an einem Kreisverkehr. Hier führt ein Feldweg geradeaus. Vor einem abgezäunten Bauplatz für ein Wohngebiet macht dieser einen Rechts- und 100m später einen Linksknick, hinab zur Landstraße.

Die Überquerung der D60 erfordert etwas Geduld, da hier eine Menge los ist. Anstatt nach „Tilloy-Lès-Mofflaines" hinein zu fahren, nehmen wir geradeaus den asphaltierten Feldweg. Gute 3 km radelt man durch die sanft gewellten Felder, bevor man am Ortsrand von „Neuville-Vitasse" an eine zweispurige Straße kommt. Wir halten uns rechts in die „Rue de Wancourt". Der „Neuville-Vitasse Road Cemetery" ist am nächsten Abzweig ausgeschildert. Das schmale Sträßchen schlängelt sich durch die Felder, vorbei am Friedhof und an einer kleinen Kapelle. Geradeaus rollen wir bergab in den Ort, wo man weiter geradeaus auf die Landstraße fährt. Diese knickt nach rechts ab, und man verlässt „Saint-Martin-Sur-Cojeul" auf der D33. An deren Ende biegen wir links ab auf die zweispurige Landstraße Richtung „Saint-Léger". Die D5 gabelt sich direkt, und rechts führt die D12e eine lang gezogene Steigung hinauf nach „Saint-Léger". Am Ortseingang geht es scharf rechts Richtung „Hamelincourt".

Über die aussichtsreiche Höhenroute sind es 4,5 km dorthin. An der Kirche weiter geradeaus nach „Moyenneville" radeln. Dort an einer T-Kreuzung links, Richtung „Courcelles-le-Comte", abbiegen. In den Orten entlang des Wegs geht das Leben gemächlich seinen Gang, und wir verlassen am Linksknick der Vorfahrtsstraße die D32 und radeln geradeaus in die „Rue D'Ablainzevelle". Nach nur 200m folgen wir der Radroute „Les Great Plains" halbrechts nach „Ayette 3.2km". Geradeaus ist der „Two Tree Cemetery" ausgewiesen. Der ständige Wechsel aus Feldern und beschaulichen Orten lässt keine Langeweile aufkommen. Nach schöner Fahrt zwischen den Äckern und Wiesen, kommt man in Ayette wieder an eine Landstraße. Der Radwegweiser weist nach links und am nächsten Abzweig rechts, Richtung „Ayette British Cementery". Dieser ist etwas abseits der Straße zu finden. Kurz darauf mündet unsere Straße wieder in die D7, und wir halten uns rechts. In Douchy-Les-Ayette macht die Vorfahrtsstraße einen Rechtsknick, doch wir fahren an der Mairie links auf die futuristische Kirche zu.

6 Arras- Albert

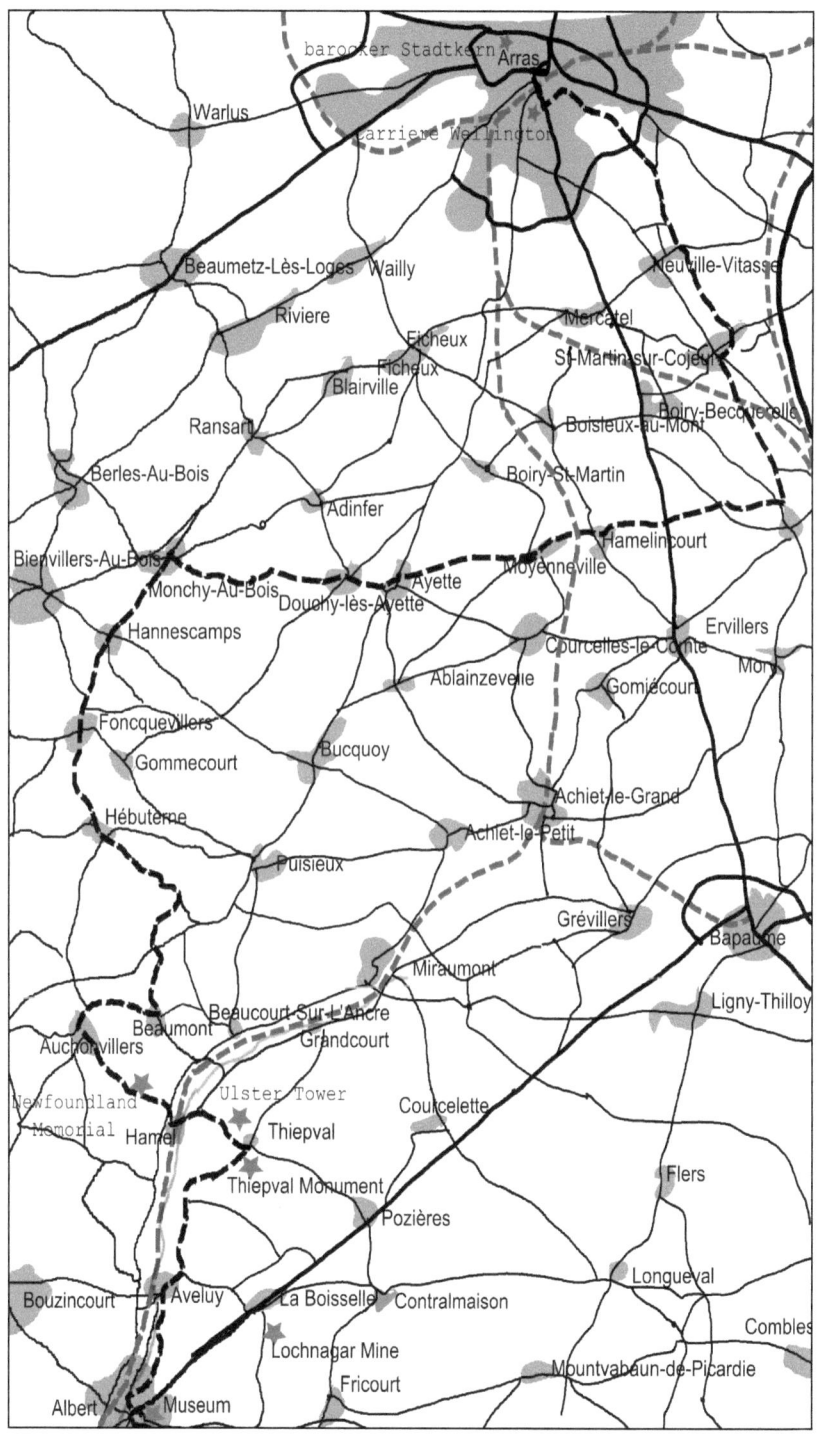

6 Arras- Albert

Rue des Serre-, schöne Ausblicke inklusive

In Douchy-Les-Ayette macht die Vorfahrtsstraße einen Rechtsknick, doch wir fahren an der Mairie links, Am nächsten Abzweig geht es nach rechts, und wir verlassen auf einem Wirtschaftsweg den Ort. Zwei gesperrte Privatstraßen lassen wir links liegen. Der asphaltierte Weg durch die Felder ist gut zu fahren. Nach 500 m gabelt sich dieser. Hier links halten. Der Weg bietet schöne Ausblicke und endet an einer T-Kreuzung am Ortsrand von Monchy-Au-Bois. Es geht nach links und am Ortsrand entlang nach „Foncquevillers 4,5km". Den Abzweig nach „Gommecourt" lassen wir in Foncquevillers links liegen. Am nächsten Abzweig dann links nach „Hébuterne" abbiegen. Hier verlassen wir an der Kirche die D28 und fahren geradeaus in die D27 nach „Puisieux". Die Landstraße beschreibt einen leichten Linksknick, und wir radeln rechts in die toll zu fahrende, schmale „Rue des Serre". Nach 2,5km sieht man am Ortseingang von „Serre" rechts zwei kleine Soldatenfriedhöfe. An einer Streuobstwiese biegen wir hier rechts in einen Feldweg ein, der am Luke Corpse Britisch Cementery vorbei führt. Kurz darauf erreicht man ein kleines Waldstück, in dem das Sheffield Memorial, der Railway Hollow Cementery und der von Granatenkratern zernarbte Wald an die Schlacht an der Somme von 1916 erinnern. Der Feldweg endet an einer T-Kreuzung und wir halten uns links bis zur Landstraße.

> ▶ Altemativ *Wem der Sinn nicht nach Feldwegen steht, der folgt der „Rue des Serre" bis zum Ende und biegt dann rechts ab. Die Landstraße führt dann zu den 3 großen Friedhöfen.*

Nachdem wir rechts auf die Landstraße gefahren sind, sehen wir 3 weitere große Soldatenfriedhöfe, zwei britische und eine französische

Necropole National. Wir nehmen die schmale Straße, die links an der Kirche vorbei den Hügel hinauf führt. In den weiten Getreidefeldern kommen weitere kleine Friedhöfe ins Blickfeld, während man über die Hügel radelt. Im nächsten Tal liegt das kleine Dorf Beaumont-Hamel, und wir biegen scharf rechts ab Richtung „Auchonvillers". Nach gut 400m zweigt rechts ein Pfad zum „Hawthorne Mine Crater" ab. Man sollte zu Fuß einen kurzen Abstecher zu dem riesigen Krater machen, den die Hawthorne Mine am ersten Juli 1916 hier gerissen hat. Sie läutete den Sturm auf die deutschen Stellungen während der Somme Offensive ein. Wir folgen weiter der Straße nach „Auchonvillers", das oben auf dem Hügel liegt. An der Kreuzung mitten im Ort halten wir uns links nach „Hamel" und „Memorial Terre Neuvien". Der Besuch des Newfoundland Memorials ist wie in Vimy Ridge ein Ausflug auf kanadisches Staatsgebiet

History — Tödlicher 1.Juli 1916 bei Beaumont-Hamel

Das neufundländische Regiment musste an dieser Stelle in den ersten Stunden der Somme-Offensive, am 1. Juli 1916, einen unermesslich hohen Blutzoll entrichten. Die Deutschen Truppen kamen überwiegend aus einer Bergbaugegend in Lothringen. Seit Ende 1914 hatten sie die Zeit gut genutzt und sich, mit Ihren Bunkern und Unterständen, tief eingegraben. So hatte Ihnen das siebentätige Trommelfeuer, das dem Sturm voraus ging, nur geringe Verluste zugefügt. Die Angriffswelle der kanadischen Infanterie brach im deutschen Maschinengewehrfeuer zusammen. Von den 801 neufundländischen Angreifern kamen am 1. Juli nur 68 zurück.

⚠ **Newfoundland Memorial:**

Ein kleines Museum erzählt die Geschichte der kanadischen Einheit und vom Denkmal mit dem bronzenen Karibu überblickt man den gesamten Park, auf dem noch die Zickzacklinien der Schützengräben und die Narben der Granateinschläge deutlich zu sehen sind.

Newfoundland Memorial

ⓘ +33/322767086,
newfoundland.memorial@vac-acc.gc.ca   ① **kostenlos**

⏱ Mo.: 11:00 – 12:30, 13:30 – 18:00, Mär. – Okt.: Di. – So.: 10:00 – 18:00, Nov. – Feb.: Di. – So.: 9:00 – 17:00 closed 1.1., 27-29.6, 25.12, 3 Wochen nach den Weihnachtsferien

6 Arras- Albert

Nicht zum ersten Mal fahren wir nachdenklich weiter. Bis Hamel, im Tal der Ancre kann man rollen lassen. Hier links Richtung „Beaucourt-Sur-L'Ancre" und „Ulster Memorial" fahren. Wir verlassen den Ort und biegen an der nächsten Möglichkeit rechts ab, Richtung „Thiepval". Nachdem wir die Bahnschienen und den kleinen Fluss überquert haben, bringt die folgende Steigung das Blut ganz schön in Wallung. Doch wir halluzinieren nicht, wenn eine irische Burg auf der Anhöhe vor uns auftaucht.

⚠ Tea Time am Ulster Tower

Es gibt nicht viele Orte in Frankreich an denen Tee und Scones angeboten werden. Der schlanke Turm ist dem Helen's Tower nachempfunden, der auf dem Trainingsgelände der nordirischen Ulster – Division, auf dem Clandeboye Estate, steht. Auch die Entstehung dieser Gedenkstätte ist eng mit dem 1. Juli 1916 verknüpft. Allein an diesem Tag betrugen die Verluste bei den Kämpfen um die „Schwabenfeste" 5000 Mann. Ein krasser Gegensatz zu dem idyllischen Bild, das dieser Platz heute abgibt.

Ulster Tower

+33/322748714	 Kostenlos
🕐 Feb. & Mai - Sep.: Di. – So. 10:00 – 18:00, Nov. & Mär. & Apr.: Di. – So. 10:00 – 17.00	

Folgt man weiter der Straße, erreicht man Thiepval. Hier biegen wir rechts zum „Cementiere de Militaire de Thiepval" ab und am nächsten Abzweig geht es links Richtung „Thiepval Memorial". Rechter Hand sieht man das großzügige und moderne Besucherzentrum.

Monument von Thiepval

⚠ Thiepval Besucherzentrum

Durch den Besuch ist man einer von jährlich mehr als 150.000 Besuchern, die seit seiner Eröffnung 2004 hierher gekommen sind. Ein Bild, zusammengesetzt aus den Fotografien von 600 der 73000 an der Somme vermissten Briten und Südafrikaner, gibt den schieren Zahlen ein Gesicht. Der zehnminütige Film und die Schautafeln auf Deutsch, Französisch und Englisch beschäftigen sich mit den dramatischen Ereignissen während der verlustreichsten Schlacht des ersten Weltkriegs.

 www.thiepval.org.uk, +33/322746047   Kostenlos

 tgl. 10:00 – 18:00 closed 15 Tage um Weihnachten & 1.1

Kurz darauf kommt man ans Thiepval Memorial, einem wahren Koloss aus Backsteinen, das die Namen der mehr als 73.000 Vermissten britischen und südafrikanischen Soldaten an der Somme trägt. Es wurde an der Stelle der deutschen „Leipzig Feste" errichtet. Wir fahren rechts hinunter zur Landstraße und können erst mal bergab laufen lassen. Wieder im Tal der Ancre angekommen, geht es wellig weiter. Nach 3,5km geht es rechts ab Richtung Albert und wir radeln durch „Aveluy". Mitten im Ort, an dem Platz mit einem Kriegerdenkmal, 150m vor dem Bahnüberführung, nehmen wir die Straße nach links, die „Rue Du Vélodrome". Die Sackgasse endet an einen schönen Park mit See, den wir gegen den Uhrzeigersinn umrunden. Auf der gegenüber liegenden Seite geht es weiter durch ein gepflegtes Wohngebiet und vorbei an dem Campingplatz. Die markante Basilika von Albert liegt vor uns. Die vergoldete Marienstatue auf der Spitze leuchtet schon von weitem. Da unsere Weiterfahrt durch eine Einbahnstraße verhindert wird, biegen wir rechts und wieder links ab. An dem Kreisel im Stadtzentrum liegt zur Rechten der Bahnhof. Nach links kommt man in die Innenstadt und auf die nächste Etappe. Neben der Kirche befindet sich das hiesige Museum.

⚠ **Musée des Abris „Somme 1916"-
Museum im Luftschutzkeller**

Wer im „In Flanders Fields Museum" den entsprechenden Flyer mitgenommen hat, der bekommt ermäßigten Eintritt in den wichtigsten Museen entlang unseres Weges. Unter anderem in Arras, Peronne, in der Drachenhöhle und hier. Die in einem Luftschutzkeller aus dem zweiten Weltkrieg untergebrachte Sammlung steht allerdings in Authentizität und Qualität deutlich hinter den anderen genannten Ausstellungen zurück

 www.musee-somme-1916.eu, +33/322751617

 Feb & Nov.: tgl. 9:00 – 12:00 & 14:00 – 18:00,
Mär. - Okt.: tgl. 9:00 –18:00,
1. - 15.Dez..: tgl. 9:00 – 12:00 & 14:00 – 17:00   Erw.: 6,00 €
Jgdl.: 4,00 €

7 Albert- Peronne

Lochnagar Mine und das liebliche Sommetal

⛰️	35 km	〽️	321 m	⛰️	345 m
🌲	++	🏛️	+++	📖 History	++
🗺️					

🗺️	Amiens - Albert, IGN, ISBN: 978-2-7585-2465-6
ℹ️	Office de Tourisme, 16 place André Audimot, 80200 Peronne, +33/322844238, accueil@hautesomme-tourisme.com, www. hautesomme-tourisme.com
🛏️	Hôtel Le Saint Claude, 42 place Louis Daudré, 80200 Peronne, +33/322794949, hotel.saintclaude@orange.fr, www.hotelsaintclaude.com Hostel Auberge des Remparts, 17 rue Beaubois, 80200 Peronne, +33/322884110, aubergedesremparts@orange.fr, www.aubergedesremparts.fr B&B Noir Lion, 16 rue Noir Lion, 80200 Peronne, +33/687221833, sophie.legros@yahoo.fr, www.noirlionperonne80.fr Camping du Port de Plaisance, Route de Paris, 80200 Peronne, +33/0322841931, contact@camping-plaisance.com, www.camping-plaisance.com

Die Strecke von Albert nach Peronne ist zweigeteilt. Die ersten 18km sind hügelig und ländlich, geprägt von Feldern und kleinen, verschlafenen Ortschaften. Das Radeln auf den wenig befahrenen Nebensträßchen ist kurzweilig. Der riesige Krater der Lochnagar Mine und etliche kleine Soldatenfriedhöfe entlang des Wegs rufen in Erinnerung, dass hier einer der Brennpunkte der Sommeoffensive lag.

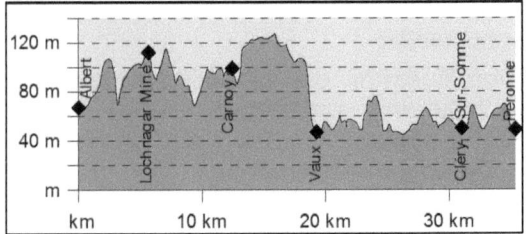

Nach einem umwerfenden Blick über das Sommetal, mit seinem verschlungenen Netz aus Wasserläufen und Teichen, folgt man dem Fluss bis kurz vor Peronne. Ein nettes kleines Städtchen mit einem der wichtigsten Museen zum Ersten Weltkrieg, dem „Historial de la Grande Guerre".

Die Beschreibung startet wie immer am Bahnhof. Geradeaus geht es über die „Avenue Georges Clemenceau" bis zur Kirche und dem

7 Albert- Peronne

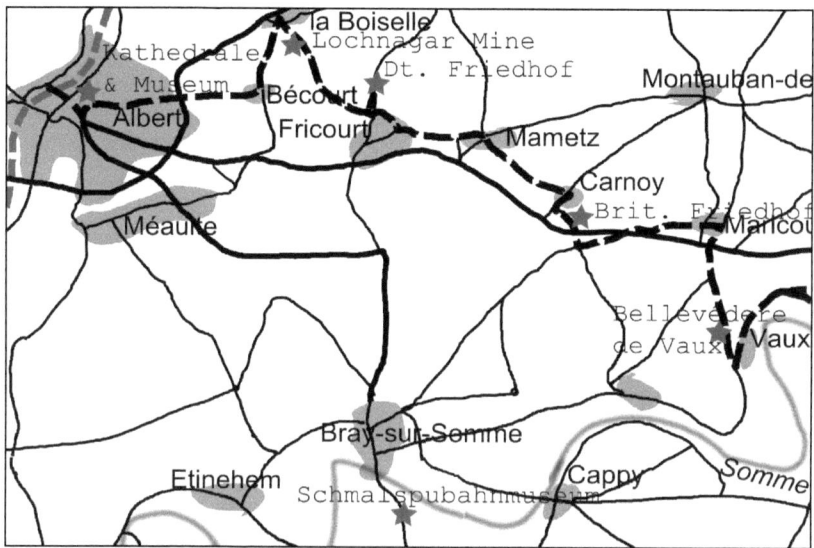

„Musee des Abri". Fährt man geradeaus in die „Rue de Birmingham", so kommt ein Kreisverkehr. Die zweite Ausfahrt ist die „Rue Philippe Carette", der man bis zum nächsten Abzweig nach links durch das Wohngebiet folgt. Dort links weiter in die „Rue Roger Salengro" fahren. Vor einer Schule geht es noch einmal links in die „Rue de Bécourt", auf der man die Stadt Richtung „Chateau Bécourt" verlässt. Es geht bergan, und beim Blick zurück glänzt die vergoldete Kirchturmspitze mit der Marienstatue im Sonnenschein. Sie war als „hängende Madonna von Albert" bekannt, da sie durch einen Granattreffer im Januar 1915 umstürzte und waagerecht auf der Kirchturmspitze hängen blieb. Kurz vor Bécourt liegt ein britischer Soldatenfriedhof. In dem kleinen Dorf hält man sich halblinks und lässt das nett renovierte Schloss rechts liegen. Es geht bergan aus dem Dorf hinaus. Große Getreidefelder überziehen die Hügel. Kurz hinter dem Ortseingangsschild von „La Boiselle" folgen wir scharf rechts dem Hinweis „La Grand Mines". Die Explosion, die diesen riesigen Krater hinterließ, war im Juli 1916 bis nach London zu hören.

 Völkerschlacht an der Somme beginnt mit großem Knall

Seit November 1915 hatten sich Walisische Pioniere bis unter die Deutschen Stellungen gegraben und zündeten am ersten Juli 1916 25-30t Sprengstoff. 1200m soll das Erdreich in die Höhe geschleudert worden sein. Die Explosion hinterließ einen Krater mit 90m Durchmesser und 20m Tiefe. Bei der folgenden Bodenoffensive fanden hier zeitweise viele Verwundete Schutz, denn wieder einmal hatten die Strategen die Lage falsch eingeschätzt. Sie waren davon ausgegangen, dass die deutschen Stellungen durch das siebentägige Trommelfeuer, bei dem 1,5 Millionen Granaten auf den 40 km langen Frontabschnitt verschossen worden waren, zerstört wären oder die Soldaten unter einen „shell shock" ständen.

Doch viele der Maschinengewehrstellungen waren noch intakt und rissen in dem offenen Gelände große Löcher in die Reihen der Angreifer, sobald sie ihre Gräben verließen, um das offene Niemandsland zu überqueren. So wurde der 1. Juli der blutigste Tag in der britischen Geschichte. Seine schreckliche Bilanz waren 20000 Tote und 40000 Verwundete. Gedacht als Entlastung der Franzosen bei Verdun, und als Versuch die Deutschen Linien zu durchbrechen, standen sich hier drei Millionen Soldaten aus 20 Nationen gegenüber.

Bis zum Ende der Offensive im November war ein Geländegewinn von 12km zu verzeichnen, der eine Million Menschen das Leben kostete oder sie verwundete. Im Haferbrei der Somme, dem hellen Schlamm der Picardie, blieb die Offensive buchstäblich stecken. Es war die blutigste Schlacht des ersten Weltkrieges, wenn nicht gar in der Menschheitsgeschichte. Am Rand des größten Minenkraters des Krieges steht heute ein hölzernes Kreuz, und jährlich am 1. Juli um 7:28 Uhr gedenkt man der Opfer.

Feldweg zwischen La Boiselle und Fricourt

7 Albert- Peronne

Blick vom Belvédère de Vaux

Der Asphalt des Weges endet kurz darauf, doch auch auf der Schotterdecke lässt es sich gut fahren, und es bieten sich schöne Ausblicke. In Fricourt, an der Einmündung in die D147, können wir einen kurzen Abstecher nach links zum Deutschen Friedhof machen. Wie alle Deutschen Soldatenfriedhöfe ist er sehr zurückhaltend

angelegt. Bäume beschatten das Gräberfeld mit den unscheinbaren Stahlkreuzen. Allein in den 4 Gemeinschaftsgräbern ruhen fast 12000 Soldaten, davon blieben knapp 6500 unbekannt. Wir rollen zurück ins Dorf und biegen kurz nach dem Punkt, an dem wir auf die Straße eingebogen sind, links ab in die „Rue Du Haut Bois". An deren Ende halten wir uns wieder links und verlassen den Ort auf der D264. Kurz darauf muss man die Vorfahrt achten und links nach „Mametz" abbiegen. Dort nehmen wir den Abzweig nach rechts Richtung

7 Albert- Peronne

„Carnoy". Ein weiteres idyllisches Dorf. An der T-Kreuzung geht es nach rechts und an der Gabelung vor der Mairie halblinks. Schon hat man es wieder hinter sich gelassen und biegt an einem kleinen, stählernen Wegkreuz links ab. Hinter dem britischen „Gordon Cemetery" führt die schmale Straße ein kurzes Stück steil bergauf. Man überquert die breite D938, Richtung „Suzanne 3,5km". Nach nur 300m halten wir an dem Stoppschild und setzen unsere Fahrt über die Anhöhe nach links auf einer schmalen Straße fort. Diese mündet in die uns schon bekannte D938. Wir folgen ihr gut 200m nach rechts, bevor wir links nach „Maricourt" hinein radeln können. Es geht geradeaus durch den beschaulichen Ort bis zur T-Kreuzung an seinem Ende. An einer Infotafel kann man seinen Wissensdurst stillen, bevor wir rechts abbiegen und die D938 abermals, diesmal Richtung „Eclusier-Vaux" und „Belvédère de Vaux", überqueren. Dieser Beschilderung folgt man auch an der nächsten Gabelung nach links. Am Ende des Plateaus wartet eine herrliche Abfahrt ins Tal der Somme auf uns, doch den Aussichtspunkt Belvédère de Vaux dürfen wir uns auf keinen Fall entgehen lassen.

⚠ **Belvédère de Vaux – grandioser Blick über die Somme**
Den spektakulärsten Blick über das Tal der Somme hat man vom Belvédère de Vaux. Der Parkstreifen auf der linken Seite, kurz nach Beginn der Abfahrt, ist nicht zu übersehen. Von hier oben kann man eine verwirrende Anzahl von Wasserläufen und Teichen sehen, die für den Fluss charakteristisch sind.

Im Tal angekommen geht es scharf nach links durch das Dörfchen Vaux, dessen Häuser sich am Fluss entlang aufreihen.

⚠ **Radeln im Sommetal – Stadt, Land, Meer**
Wer etwas Zeit erübrigen kann, für den ist das Sommetal und Amiens ein tolles Ziel. Die Teichlandschaft an der Somme ist ein Naturparadies. Gleiches gilt für den weiten Mündungsbereich am Meer. Zum Schmalspurbahnmuseum in Froissy sind es knapp 8km. Nur rund 50km fährt man bis Amiens, das unter anderem mit der größten Kathedrale Frankreichs und den Hortillonnages, die schwimmenden Gärten,

Entlang der Somme

aufwartet. Eine von kleinen Kanälen durchzogene, blühende Gartenlandschaft. Von hier hat man noch gut 70 km bis zur Kanalküste. Ein Fernradweg von Peronne bis ans Meer ist gerade im Bau, so dass man schon auf weiten Strecken dem Autoverkehr entgehen kann.

Die schmale Uferstraße ist ein Traum und bietet Natur pur. Bis zum Ortsausgang von Curlu geht es geradeaus. Dann macht die Vorfahrtsstraße einen Linksknick, und wir folgen ihr leicht bergan bis zur Einmündung in eine weitere schmale Straße, an der wir uns rechts Richtung „Hem-Monacu" halten. 700 m sind es bis zur nächsten, unmarkierten Kreuzung. Hier rechts fahren, und wir kommen in Hem-Monacu wieder ans Wasser. Wir folgen dem Fluss und radeln durch den Ort und weiter vorbei an einer Feriensiedlung. An der T-Kreuzung rechts halten und mehrere Wasserläufe der Somme überqueren. Auf der anderen Seite der Zugbrücke über den Seitenkanal kommen wir nach „Feuillères". Hier biegen wir ab Richtung „Buscourt". Wieder eine schmale und fast verkehrsfreie Straße. Der Treidelweg ist ebenfalls als Radweg ausgeschildert, allerdings meist Wiesen- oder Feldweg. Buscourt lassen wir links liegen, und an einer T-Kreuzung, nach 2,3 km geht es nach links. An der Schleuse von Sormont überquert man den Kanal, auf dem hauptsächlich Freizeitkapitäne unterwegs sind. Bei „Omiécourt" wird auch die Somme noch einmal überquert und wir kommen nach „Cléry-Sur-Somme". Hier halten wir uns rechts. Die Wiesen am Flussufer und der herrliche Ausblick über die weiten Wasserflächen laden noch einmal zu einer Rast ein. Nach knapp 400m biegen wir rechts in eine zweispurige, stärker befahrene Landstraße ein. Es sind jetzt nur noch 3 km bis nach Peronne. Als deutsches Logistikzentrum während der Sommeschlacht, beschoss und zerstörte die französische Artillerie die Stadt. Doch erst 1917, nach dem Rückzug der Deutschen auf die Hindenburglinie, konnte sie besetzt werden. Immer geradeaus kommt man direkt am Museum Historical des Grand Guerre vorbei. Die wuchtigen Türme der Burg, in der es untergebracht ist, sind nicht zu übersehen.

⚠️ **Historial de la Grande Guerre- Der Blick in den Kopf der Kriegsgegner**

Das Museum ist eins der renommiertesten zum ersten Weltkrieg. Keine reine Sammlung von Kriegsschrott und Militaria. Es wird vielmehr ein Blick in die Gesell-schaften der am Krieg beteiligten Nationen geworfen, um die Hintergründe und die Auswirkungen des Krieges besser verstehen zu können. Auch hier bekommt man, mit dem schon erwähnten Flyer aus dem Flanders Fields Museum, reduzierten Eintritt.

ⓘ +33/3228314, http://de.historial.org	
Okt. - Mär.: Do. – Di. 9:30 – 17:00 Apr. – Sep.: tgl. 9:30 – 18:00	Erw.: 7,50 €, Jgdl.: 4,00 €

8 Peronne- Noyon

Entlang des Canal du Nord

◿	52 km	⌇◿	265 m	◿◟	267 m
♣	+	🏠	+	📜 History	+

🗺	Reims – St-Quentin, IGN, ISBN: 978-2-7585-2466-3
ⓘ	L'Office de Tourisme Noyon, Place Bertrand Labarre, 60400 Noyon, +33/3 44 44 21 88, contact-tourisme@noyon.fr, www.noyon-tourisme.com
🛏	Hôtel Saint Eloi, 81 Boulevard Carnot, 60400 Noyon, +33/344440149, reception@hotelsainteloi.fr, www.hotelsainteloi.fr Hotel Le Cêdre, 8 rue de l' Evêché, Noyon, +33-03 44 44 23 24, www.le-cedre.com/fr Ibis Budget Hôtel, Zone commerciale du Mont Renaud, 60400 Noyon, +33/892700816, H7283@accor.com, www.accorhotels.com Le Manoir de Crisolles, 5 rue de Guiscard, 60400 Crisolles, +33/3 44 09 55 58 B&B Les Cosaques, 27 rue des Champs des Cosaques, 60400 Noyon, +33/03 44 09 75 04

Der gut 50 km lange Weg von Peronne nach Noyon ist eine einfache, aber auch unspektakuläre Etappe und folgt lange Zeit dem Canal du Nord durch eine offene hügelige Landschaft. So können wir uns auf Dörfer, Wiesen und Felder, sowie das ein oder andere Frachtschiff entlang des Weges einstellen. Proviant für den ganzen Tag sollte man dabei haben.

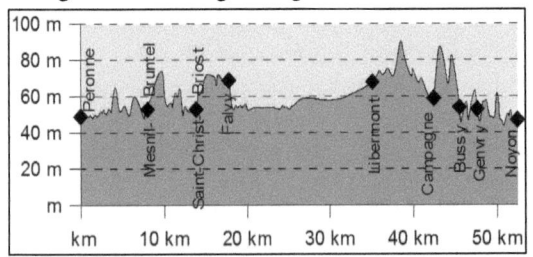

| 📜 History | **Die Siegfriedstellung – Strategischer Rückzug** |

Die Schlachten an der Somme und in Verdun hatten die deutsche Armee so stark ausgezehrt, dass sie kaum in der Lage gewesen wäre eine neue große Offensive der Alliierten abzuwehren. Die Lösung war eine Frontverkürzung durch eine neue Verteidigungs-

8 Peronne- Noyon

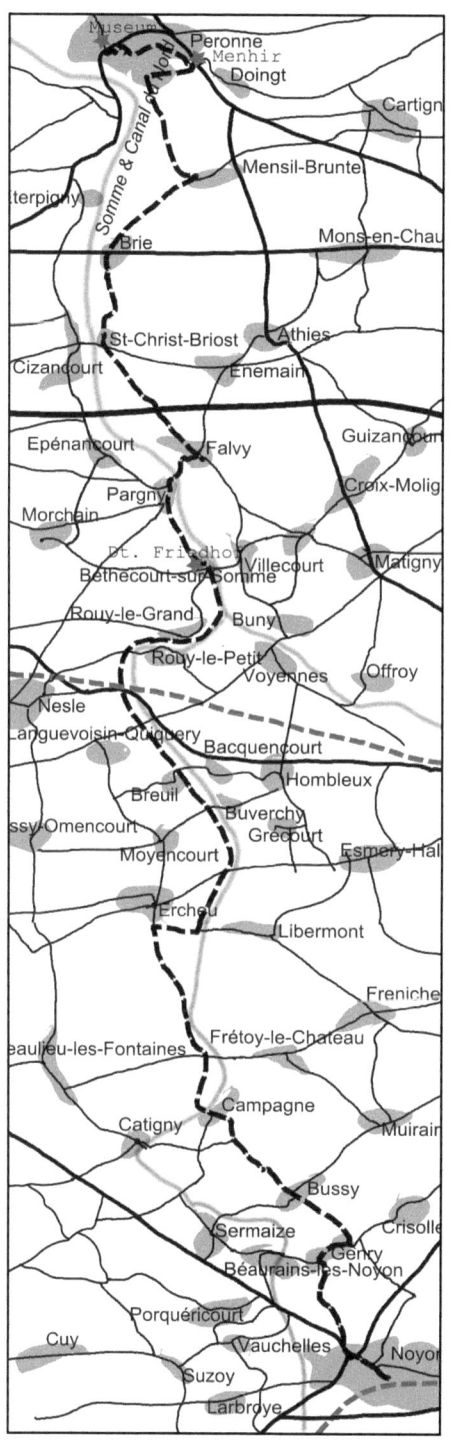

linie, die Siegfriedstellung oder Hindenburglinie. Sie verkürzte die Front um 50 km und war extrem gut befestigt. In nur 5 Monaten bauten rund eine halbe Million deutsche Zivilisten und russische Kriegsgefangene die neuen Stellungen. Anfang 1917 erfuhr die deutsche Führung von der geplanten Nivelle-Offensive und startete schnellstmöglich das Unternehmen „Alberich", den strategischen Rückzug. Eine logistische Meisterleistung, bei der die 125000 Bewohner des Gebiets quasi über Nacht zwangsumgesiedelt und Infrastruktur, Unterkünfte usw. zerstört wurden. Zurück blieben Minen und Sprengfallen, sowie in Peronne am Rathaus ein Holzschild mit der Aufschrift „nicht ärgern, nur wundern". Von den Alliierten als Zeichen der Schwäche gedeutet, war es für die Deutschen nur ein Rückzug auf Zeit.

Am Marktplatz in Peronne geht es los. Wir fahren an der Mairie vorbei. Kurz darauf biegt man rechts ab auf die D199 nach „Flamicourt" und „Doingt". Nachdem man in der Senke die Cologne

8 Peronne- Noyon

überquert hat, macht die Straße einen Linksknick. In der folgenden Rechtskurve fahren wir geradeaus in einen Wirtschaftsweg, der später einen Wald durchquert. Wir kommen nach 1,5 km wieder an eine Straße und unternehmen nach links einen Abstecher zum Menhir „Le Doigt de Gargantua". Auf dem Rückweg geht es rechts zum Ortseingang von „Flamicourt".

⚠ **Menhir „Le Doigt de Gargantua"**
Der mehr als 4m hohe stehende Stein ist beeindruckend. Man fragt sich, wie dieser Koloss hierher bewegt und aufgerichtet wurde. Eine Sehenswürdigkeit, für die man gerne 800 m Umweg in Kauf nimmt. Der Abstecher beginnt an der Einmündung des Feldwegs in die Straße. Links liegt ein Bahnübergang, der schon seit Jahrzehnten keinen Zug mehr gesehen hat. Wir überqueren ihn und biegen 100m danach scharf links ab, hinunter zum Bach. Auf der anderen Seite folgt man dem Feldweg bis zum Ende. Auf dem selben Weg kehren wir zurück und fahren weiter die Straße nach Flamicourt.

„Le Doigt de Gargantua"

Die Straße gabelt sich kurz darauf, und wir halten uns links, um nicht nach Peronne zurück zu fahren. Hinter dem Denkmal, das ans Aerodrome Gotrand Gonnet erinnert, nehmen wir die Landstraße nach links. Parallel der Somme führt sie nach Mesnil-Bruntel. Im Ort knickt sie links ab, und kurz darauf geht es rechts nach „Brie". Eine lang gezogene Steigung zieht sich den Hügel hoch zu einem Wasserhochbehälter inmitten von großen Feldern, auf denen noch ein alter Bunker steht. Kurz vor dem Ort passieren wir den britischen „Brie Military Cemetary" und kommen an die viel befahrene D1029. Hier kurz rechts und direkt wieder links nach „Saint-Christ-Briost" abbiegen. Dort müssen wir uns an der T-Kreuzung entscheiden.

▷ Alternativ *Rechts geht es hinunter zur Somme und auf der anderen Seite des Flusses und des Canal du Nord können wir den verkehrsfreien Randweg nehmen.*

8 Peronne- Noyon

Die andere Alternative führt nach links und 250m später, am zweiten Abzweig rechts, auf einen Wirtschaftsweg. Dieser verläuft oberhalb der Somme durch die Felder. Beide Varianten sind zwar weit entfernt von Flüsterasphalt, aber recht gut zu fahren und vor allem verkehrsfrei. Der Feldweg oberhalb des Flusses bietet einen weiten Blick über das Tal und kreuzt die Autobahn. In Falvy, einem kleinen Ort mit einer unscheinbaren romanischen Kirche, halten wir uns an der Landstraße links und überqueren die Somme, die hier wieder aus etlichen Wasserläufen besteht. Nachdem wir auch den Canal du Nord überquert haben, kommen wir nach Pragny.

Entlang des Canal du Nord

Hier an der Kirche links auf die D62 nach „Béthencourt" abbiegen. Nach 300m gabelt sich die Straße, und es geht links Richtung „Béthencourt". Die ruhige Landstraße führt durch das Sommetal, und wir passieren am Ortseingang einen deutschen Soldatenfriedhof. Die 1244 Gefallenen waren überwiegend Opfer der Sommeschlacht 1916. Im Ort kommen wir an eine T-Kreuzung. Hier links und vor der Kanalbrücke halbrechts zum Kanal hinunter fahren. Achtung! Wir nehmen den Randweg des Kanals nach rechts und nicht die parallel verlaufende Straße, die sich als Sackgasse entpuppt. Der alte Asphalt ist wellig und anfangs sehr holprig, doch er bessert sich im Laufe der Fahrt zunehmend. Die Wasserstraße ist für die Berufsschiffahrt ausgebaut und viel befahren. Leider sind die Ufer in weiten Teilen mit Betonplatten befestigt, was die Idylle stört.

Der Kanal verlässt nach anderthalb Kilometern den Lauf der Somme, und wir mit ihm. Wald säumt die Ufer und nach kurzer Fahrt ergibt sich ein schöner Blick auf Rouy-le-Petit am gegenüberliegenden Ufer. Vorbei an Getreidesilos und der Schleuse von Languevoisin geht unsere entspannte Fahrt. Dabei zieht sich der Kanal kilometerlang schnurgerade durch die Landschaft. 7,6km nach der Schleuse, auf der zweiten langen Geraden, verlassen wir den Kanal an einer Spannbetonbrücke und fahren zur Straße hinauf. Auf der anderen Kanalseite sieht man das Ortsschild von „Libremont".

8 Peronne- Noyon

⚠ Der Kanaltunnel bei Libremont
Fährt man weiter auf dem Kanalrandweg, dann erreicht man nach 1,4 km das Portal des Kanaltunnels. Hat man Glück, so kann man ein Frachtschiff in einem Hügel verschwinden sehen. Hier endet allerdings der Randweg, so dass man auf dem selben Weg zurück muss.

Straßencafe in Noyon

Unser weiterer Weg führt nach rechts bis zu einer Straßengabelung. Hier die Landstraße verlassen und geradeaus auf den für mehr als 10t gesperrten Wirtschaftsweg abbiegen. Er endet an der D154 am Eingang von „Ercheu". Die Straße verläuft nach links in sanften Wellen zwischen Feldern und Wiesen. Schon bald nähert sie sich wieder dem Kanal. Es geht immer geradeaus, bis zu einer Kreuzung am Kanalufer, an der wir die Wasserstraße überqueren und nach „Campagne" einfahren. Die D39 macht einen Linksknick. Kurz darauf, an der Kirche, biegen wir rechts ab nach „Bussy", auf die D103. Bis Genvry bleiben wir auf dieser Straße. Bergan verlassen wir den Ort und folgen der ruhigen Landstraße durch die weite Hügellandschaft. Im nächsten Tal durchqueren wir Bussy und es geht wellig nach „Genvry" weiter. „Noyon" ist ausgeschildert, und wir rollen durch den Ort. Über den Feldern und Wiesen tauchen die wuchtigen Türme der Kathedrale von Noyon vor uns auf. Kurz nachdem man in der Stadt angekommen ist, kommt man an eine T-Kreuzung und biegt links ab. Man fährt bis zur Kirche und umrundet diese im Uhrzeigersinn. Große Bürgerhäuser, umgeben von einer hohen Mauer und riesigen Toren, sind im Halbkreis um die Kathedrale gebaut. Wir kommen durch eine schmale Gasse und linker Hand sieht man einen an das Gotteshaus angebauten, auf hölzernen Säulen ruhenden, Fachwerkbau. Die Kapitelbibliothek gehört mit zum Kloster aus dem 13 Jahrhundert, dessen schöner Kreuzgang ebenfalls sehenswert ist. Den Bogen um die Kirche vollenden wir, indem wir rechts in die „Rue de L'Évêque Baudry" abbiegen. Danach noch mal rechts in die „Rue Du Général de Gaulle" fahren. Rollt man hier weiter, kommt man zum Rathausplatz und später zum Museum Jean Calvin, dem Reformator, der hier geboren wurde.

Kathedrale von Noyon

⚠ Musee Jean Calvin – Das Geburtshaus des Reformators

Der große Reformator wurde 1509, im Schatten der mächtigen katholischen Kathedrale, geboren. In der bewegten Zeit der Reformation musste er fliehen und lebte unter anderem in Paris, Basel und Straßburg. Während sich die Lehren Luthers im Wesentlichen in Deutschland und Skandinavien verbreiteten, beeinflusste der Calvinismus nach der Schweiz und den Niederlanden auch Schottland und England. Durch das Empire verbreitete sich die Lehre in den Kolonien und prägte viele Glaubensgemeinschaften wie Baptisten, Methodisten oder Quäker. In seinem, nach dem Krieg rekonstruierten, Geburtshaus sind unter anderem Flugblätter aus den Zeiten der Reformation und frühe Editionen der Schriften Calvins zu sehen. Beispielsweise die Olivetan Bibel aus dem Jahre 1535.

ℹ	+33/0344440359, assist.musees@noyon.fr	3,30 € inkl. Musee du Noyonnais
🕐	Nov. – Mär.: Di. – So. 10:00 – 12:00 & 14:00 – 17:00 Apr. – Okt.: Di. – So. 10:00 – 12:00 & 14:00 – 18:00	
	closed 11. Nov. & 1. Mai & 25. Dez. – 2. Jan	

9 Noyon- Compiegne

Wälder und malerische Orte auf dem Weg in die Residenzstadt

⛰→	41 km	⛰	290 m	⛰↓	304 m
〜	++	🏠	+++	📖 History	+++
🚂	25 min	Umsteigen	nein		

🗺	Reims – St-Quentin, IGN, ISBN: 978-2-7585-2466-3
ⓘ	Office de Tourisme Compiegne, Place de l'Hôtel de Ville - CS 10007 - 60321 Compiègne Cedex, +33/0344400100, www.compiegne-tourisme.fr
🛏	Best Western Hôtel Les Beaux Arts, 33 cours Guynemer, 60200 Compiègne, +33/344922626, hotellesbeauxarts@wanadoo.fr, www.hotel-compiegne.com Ibis Budget Compiegne Centre Ville, 1 rue Pierre Sauvage, 60200 Compiegne, H2571@accor.com, www.accorhotels.com FeWo Les Beaux Monts, Mme DESEINE,69 rue du Bataillon de France, 60200 Compiègne, +33/610456506, chlea@lesbeauxmonts.fr, www.lesbeauxmonts.fr Camp Municipal De L'Hippodrome, Avenue Du Baron Roger de Soultrait, 60200 Compiegne, +33/344202858 Camping les Araucarias, 870 rue du Général Leclerc, 60170 Carlepont, +33/344752739

In den großen Laubwäldern rund um die königliche Residenzstadt Compiegne findet man malerische Ortschaften und hübsche Schlösser. Tracy-le-Mont mit einem Themenwanderweg zum ersten Weltkrieg und der Waffenstillstandspunkt erinnern an die Geschichte

Vom Bahnhof im Art-Deco-Stil fahren wir links zum Kreisverkehr, an dem auch das mit Türmchen und Eckern verzierte Hotel Le Saint-Eloi steht. Man fährt an der letzten Ausfahrt aus, und wir überqueren die Bahnlinie. Auf der anderen Seite links abbiegen in die „Rue Du Moulin Saint-Blaise". Nach 400m, bevor die Straße die Schienen überquert, nimmt man den Abzweig nach links in den „Chemin Du Prieuré". Wir lassen den Ort hinter uns. An der T-Kreuzung, vor uns liegt die Umgehungsstraße, hält man sich rechts. Nach dem Rechtsknick der Straße geht es links ab. Die ruhige Nebenstraße unterquert die D1032 und endet in Pont-L'Évêque an einer

9 Noyon- Compiegne

Landstraße. Wir folgen dem Hinweis „Compiegne" nach links, und das Dorf mit den hübschen Ziegelhäusern geht nahtlos in die Ortschaft Sempigny über. Der Kanal Lateral d'Óise und die tief eingeschnittene Oise werden überquert. Es geht weiter durch den ehemals königlichen Wald. Weiße Wegweisersäulen zeigen seit royalen Zeiten die Richtung an. Am ersten asphaltierten Abzweig nach rechts, am Carrefour Luise, verlassen wir die Landstraße. An der nächsten Säule folgen wir links der schmalen Straße und dem Hinweis „Tracy-le-Val". Der Wald macht bald dem hübschen Weiler Cloyes Platz. Nach 800m liegt er hinter und die Landstraße vor uns. Es geht für uns links nach „Carlepont" weiter. Dort angekommen halten wir uns rechts Richtung „Tracy-le-Val". Dies ist an der folgenden Stoppstraße ebenfalls unsere Richtung.

Die Boulangerie bietet sich für einen kurzen Boxenstopp an. An der Kirche ignorieren wir den Abzweig nach „Tracy-le-Val" und biegen erst gegenüber der Schlossruine in eine kleine Straße ab, die rechts Richtung „Stade" führt. Geradeaus geht es am Sportplatz vorbei und auf einem Waldweg weiter. Dieser gabelt

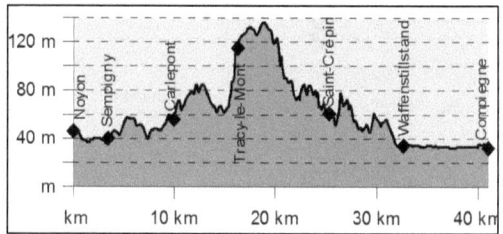

sich später. Der linke Abzweig ist teilweise recht sandig, doch nach einem guten Kilometer stößt man auf eine Straße. Hier links durch den Ort fahren, bis zur kleinen neoromanischen Dorfkirche, an der es links auf der Landstraße weiter geht. Auch wenn Compiegne an der abknickenden Vorfahrt schon ausgeschildert ist, radeln wir geradeaus nach „Tracy-le-Mont". Kurz nach dem Ortsausgang liegt links ein schönes Wasserschloss. Die „Bergwertung" hinauf nach „Tracy-le-Mont" bringt das Blut ganz schön in Wallung.

⚠ **Tracy-le-Mont und der Themenweg zum „Grand Guerre"**
Der schöne Ort mit den hellen Steinhäusern und der gedrungenen Kirche war ebenfalls ein Kriegsschauplatz. Da-ran erinnert ein rund 5km langer Rundweg, der an der Kirche beginnt und mit mehrsprachigen Infotafeln die lokale Historie aufarbeitet.

Im Ort steigt die Vorfahrtstraße weiter leicht an. Kurz vor dem Ortsausgang weist ein Schild nach rechts zum Soldatenfriedhof (700m). Unser weiterer Weg führt allerdings geradeaus, bis wir rechts nach „Saint-Crepin-Aux-Bois" abbiegen. Es folgt eine rasante Abfahrt ins Tal. Beim Weiler Offremont kann man auf den Wänden des ersten Hofes noch schwach das Wort „AMBULANCE" lesen. Rechts auf dem Hügel trohnt ein Schloss über dem Tal. Kurz darauf geht es rechts

63

9 Noyon- Compiegne

zur „Prieuré-Ste-Croix". Die Straße führt vorbei am Torwärterhaus des Schlosses und einem Teich. Danach weist ein Schild den Weg zur Klosterruine nach rechts in einen schlechten Waldweg. Es sind nur 300m bis zu den Mauerresten, die aber auf Privatgrund liegen und nicht besichtigt werden können. Wir bleiben auf der schmalen Straße. An einer Gabelung hält man sich links, und an der Stoppstraße geht es nach rechts ins pittoreske, aus hellem Stein errichtete, „Saint-Crepin-Aux-Bois". Am Ende des malerischen Dorfes

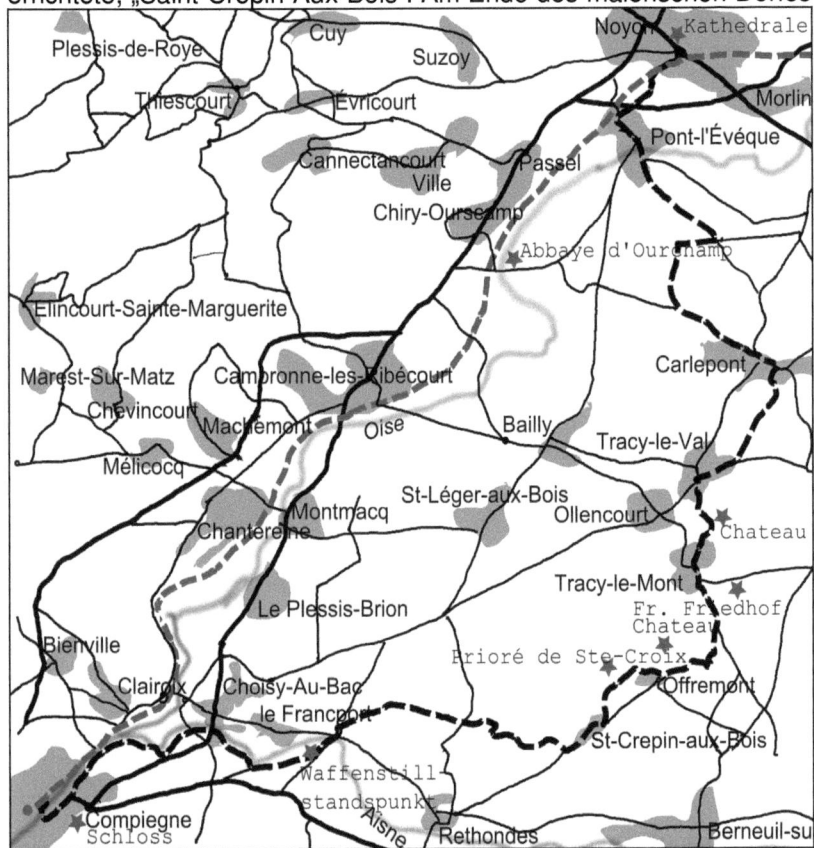

zweigt eine schmale Straße rechts ab und quert die Talsohle. Der Asphalt endet, nachdem wir an der T-Kreuzung am Waldrand links abgebogen sind. Auf einer gut zu fahrenden Forststraße geht es weiter. Immer auf dem Hauptweg bleibend, radeln wir durch den lichten Wald aus wuchtigen Eichen, bis dieser auf eine wenig befahrene Asphaltstraße trifft. Hier geht es nach rechts. An der nächsten weißen Hinweissäule und dem Abzweig der Straße „Fontaine Du Vivier Du Grès" biegen wir links ab. Durch den dichten Wald ist nach knapp 2km links das Chateau des Bonhommes zu sehen. Wir radeln bis zum Ende der Straße und biegen links in den kleinen Ort „Les Bonhommes" ab. Direkt danach geht es geradeaus

9 Noyon- Compiegne

Richtung „Compiegne" und „Rond-Point de L'Armistice" weiter. Von der Brücke über die stattliche Aisne können wir einen Blick zurück auf das idyllische Flusspanorama werfen. Am Ende der Geraden erreichen wir die Lichtung im Wald, auf der am 11. November 1918 in einem Eisenbahnwaggon das Waffenstillstandsabkommen unterzeichnet wurde.

Die Waffenstillstände von Rethondes

Nachdem die Frühjahrsoffensive des Kaiserreichs im Juli 1918 gescheitert war, und Franzosen, Briten und eine Million frische amerikanische Soldaten die Deutschen immer weiter zurückdrängen, ist der deutschen Führung klar, dass der Krieg nicht mehr zu gewinnen ist. Der Kaiser dankt ab, und in einem Eisenbahnwaggon auf einer Waldlichtung bei Rethondes wird am 11.November 1918 der Waffenstillstand unterzeichnet.

Waffenstillstandspunkt

Offiziell ist das Deutsche Reich nicht besiegt, aber die Bedingungen zu denen die Waffenruhe angenommen wird, sprechen eine andere Sprache. Knapp 22 Jahre später versuchen die Nazis diese Schmach zu tilgen, indem sie nach dem erfolgreichen Frankreichfeldzug, am

22. Juni 1940, am selben Ort den Franzosen die Waffenruhe diktieren. Als Kriegsbeute wird der Waggon nach Berlin gebracht und kurz vor Kriegsende zerstört. Der Wagen der heute im Museum steht, ist baugleich.

ⓘ +33/0344851418, www.musee-armistice-14-18.fr

Okt. - Mär.: Do. - Di. 10:00 - 17:30
Apr. - Sep.: Do. - Di. 10 :00 - 18:00
closed 25. Dez. - 1. Jan.;

9 Noyon- Compiegne

Nachdem man den Waffenstillstandspunkt und das kleine Museum besucht hat, geht es zurück zur Straße, und man kann scharf links abbiegen auf einen asphaltierten Radweg. Schon nach 300m führt der Radweg nach rechts und kommt kurz darauf zurück an die Straße, der man rund 600 m folgt. An einem auffälligen markierten Überweg überquert man diese. Der Radweg führt von der Straße weg zum Fluss. Seinem Verlauf folgen wir bis zur Mündung in die Oise und weiter bis Cómpiegne. Ab der Schleuse muss man bis Coissy-Au-Bac den Weg mit einigen Autos teilen. Im Ort, kurz vor der Brücke, zweigt ein Radweg rechts ab und unterquert diese. Das Flussufer verlässt der Radweg erst wieder im Industriegebiet von Compiegne. Hier kreuzt er eine Straße und verläuft dann neben der Uferstraße in die Stadt hinein. Wir erreichen die alte Residenzstadt

Auf guten Wegen durch die königlichen Wälder

und folgen dem von Bäumen gesäumten Radweg entlang der Uferstraße. An der Brücke über die Oise müssen wir uns entscheiden. Rathaus, Schloss und Altstadt liegen zu unserer Linken, zum Bahnhof müssen wir rechts über die Brücke und dann noch einmal rechts abbiegen.

⚠️ **Compiegne- ein ideales Standquartier**

Die alte Residenzstadt eignet sich gut als Standquartier. Eine geschichtsträchtige und authentische Stadt mit einem guten Radwegenetz durch die großen Wälder und einer TGV Direktverbindung nach Paris. Restaurants und Unterkünfte für jeden Geschmack und Geldbeutel gibt es reichlich.

ⓘ www.compiegne-tourisme.fr

9 Noyon- Compiegne

Compiegne – Stadt der Könige

Das Rathaus

Seit die Merowinger hier eine Pfalz errichteten, hat der Ort dutzende Könige und Kaiser kommen und gehen sehen. Die zwei in der Kirche Saint-Corneille Beigesetzten hatten den Namen Ludwig und die wenig schmeichelhaften Beinamen „der Stammler" und „der Faule". Die Jungfrau von Orleans fiel 1430 vor der Stadt den Burgundern in die Hände, und Ludwig XV. ließ 1751 bis 1788 das Schloss errichten. Kaiser Napoleon III. nutzte es als Residenz, bevor es nach dem Ende des Kaiserreiches Museum wurde und heute noch ist.

Im großen Schlosspark lustwandeln bei schönem Wetter hunderte Menschen. Musikinteressierte kommen im Théâtre Imperial auf ihre Kosten. Die Pferderennbahn ist ein weiterer Anziehungpunkt. In der kleinen, aber lebhaften Altstadt kann man ausgehen. Das reich verzierte Rathaus, und nicht zuletzt die Jakobskirche, runden das Bild der Stadt ab.

⚠ KZ-Gedenkstätte von Compiegne

Das „Mémorial de l'internement et de la déportation-Camp de Royallieu" erinnert an ein dunkles Kapitel der Geschichte aus der Zeit des Nationalsozialismus, in denen hier ein Sammellager für Transporte in die Vernichtungslager stand.

ⓘ www.memorial-compiegne.fr, +33/0344963700

🕐 Do. – Di. 10:00 - 18:00 [closed] 1.Mai & 14.Jul. & 25.Dez. & 1.Jan.

10 Compiegne-Longpont

Waldreiche Tour von der Residenzstadt ins Klosterdorf

◿	**48 km**	⟋◿	**491 m**	◿⟍	**435 m**
⋆	**++**	🏠	**+++**	📖 History	**+**
🚂	**160 min**	Umsteigen	Laon - Tegnier		
🗺	Reims – St-Quentin, IGN, ISBN: 978-2-7585-2466-3				
ⓘ	Office de tourisme de Soissons, 16 place Fernand Marquigny BP 216, 02205 Soissons, +33/0323531737, www.tourisme-soissons.fr Office de Tourisme de Pierrefonds, Place de l'Hôtel de Ville, 60350 Pierrefonds, +33/344428144, http://pierrefonds-tourisme.net				
🛏	Hôtel de l'Abbaye, 8 rue des Tourelles, 02600 Longpont, +33/323960244, contact@hotel-abbaye-longpont.fr, http://www.hotel-abbaye-longpont.fr Hôtel Restaurant Les Terrasses, 2 rue de la Glacières, 02600 Longpont, +33/323961749, hotel-restaurant.lesterrasses@wanadoo.fr, http://www.hotel-restaurant-les-terrasses-longpont.fr LE NID DANS L'ARBRE, Rue de Morienval, 60350 Pierrefonds, +33/344850865, mobil : +33/677831850, cecile@leniddanslarbre.fr, www.leniddanslarbre.fr PIERREFONDS - CAMPING LE CŒUR DE LA FORÊT, 34 rue de l'Armistice, 60350 Pierrefonds, +33/0344428083, camping-de-pierrefonds@orange.fr				

Einer der Höhepunkte der Tour ist die herrliche Fahrt von der königlichen Residenzstadt Compiegne ins beschauliche Dorf Longpont, das mit einem sehenswerten Stadttor und der wuchtigen Ruine seiner Abteikirche aufwartet. Weitere idyllische Zwischenstopps auf der waldreichen Etappe sind das Dörfchen Saint-Jean-Aux-Bois und Pierrefond, einer ehemaligen Sommerfrische der Reichen und Schönen, überragt von einer wuchtigen Burg.

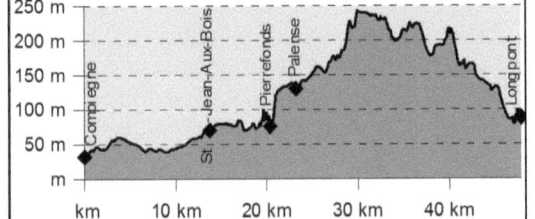

10 Compiegne- Longpont

⚠️ **Compiegnes Wälder- Jagdreviere für Kaiser und Könige**

Große zusammenhängende Waldgebiete sind selten in einem Land, in dem jedes Fleckchen landwirtschaftlich genutzt wird. Die hiesigen Wälder verdanken wir den Kaisern und Königen, welche hier der Jagd frönten. Schnurgerade Wege durchziehen den Wald von Compiegne wie ein Netz. An den Kreuzungen, von denen aus die Wege sternförmig auseinander laufen, stehen Säulen mit Schildern. Der kürzeste Weg zurück zum Schloss ist einfach zu finden. Man nimmt die Richtung mit der kleinen roten Markierung.

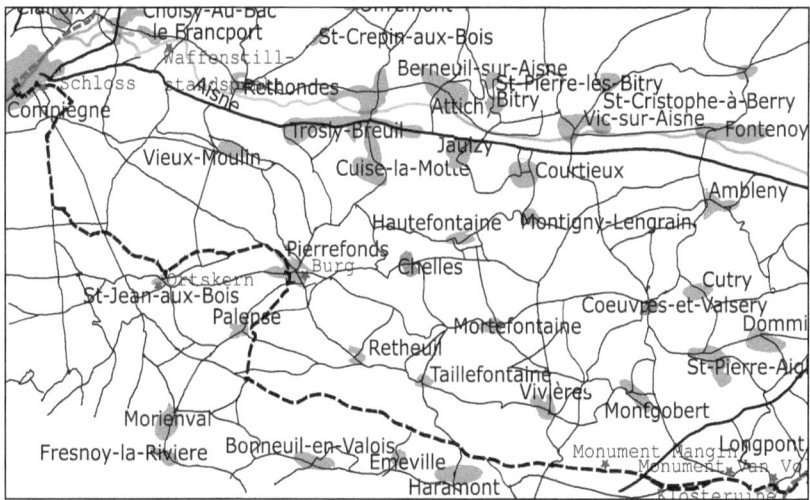

Vom Bahnhofsvorplatz in Compiegne fahren wir bis zur Uferstraße an der voll kanalisierten Oise und halten uns rechts. Die erste Brücke über den Fluss bringt uns mitten in die Innenstadt. Am reich verzierten Rathaus macht die Straße einen Schlenker um den üppig blühenden Platz. Kurz darauf passieren wir die Kirche und biegen 100 m dahinter links in die „Rue Fournier-Sarlovèze" ab. Diese endet direkt am königlichen Schloss, an der Ecke des Schlossparks. Auf der anderen Seite der breiten Prachtstraße halten wir uns halbrechts. Eine breite, für Fahrzeuge gesperrte Allee führt am Schlosspark entlang.

⚠️ **Der Schlosspark und die schönen Berge**

Bei schönem Wetter lässt es sich im großen Schlosspark herrlich relaxen. Auf der einen Seite fällt der Blick auf das Schloss, auf der anderen liegen am Ende der breiten Schneise durch den Wald „Les Beaux Monts", die „Aussichtsberge" von Compiegne.

Die breite Allee beschreibt eine Linkskurve, und man biegt rechts ab auf einen Waldweg, der dem Zaun um die Pferderennbahn folgt. Der

Weg ist zeitweise sandig, so dass man am besten am Rand fährt. An der nächsten Hinweissäule geht es nach rechts. Vorbei am Campingplatz kommen wir an einen großen Kreisel.

Mit schmalen Reifen kann der sandige Weg eine Qual werden. Alternativ fährt man nicht halbrechts in den Schlosspark, sondern folgt rechts der „Avenue Royale" immer geradeaus bis zum großen Kreisel am Campingplatz.

Auf der gegenüber liegenden Seite beginnt der Radweg nach „Pierrefonds vers Saint-Jean-aux-Bois". Der schmale asphaltierte Weg quert zwei Landstraßen, bevor man in die Dritte, eine ruhige Nebenstraße, nach links einbiegt. Knapp 3 km geht es schnurgeradeaus, bis man zum Wanderparkplatz am „Carrefour Du Vol" kommt. Die „Route l'Octogonete" ist gleichzeitig der Radweg nach Pierrefonds und verläuft halblinks tiefer in den Wald hinein. Tendenziell hält man sich geradeaus auf dem schmalen Asphaltband durch den dichten Wald. Nur an Kreuzungen ist dieses unterbrochen, so dass man ein wenig aufpassen muss, um den Weg nicht zu verlieren. Eine Landstraße ist auf dem Weg nach Saint-Jean-aux-Bois zu überqueren, und am Ortsrand kommen wir an einen Kreisverkehr.

Idyllisches Saint-Jean-aux-Bois

Ein kleiner Abstecher ins malerische Saint-Jean-aux-Bois, mit seinen alten Steinhäusern und dem mit Türmchen bewehrten Tor, durch das man zur Klosterkirche kommt, ist ein Muss. An schönen Fotomotiven mangelt es hier nicht. Ein echtes Kleinod mitten im Wald.

Klosterflecken Saint-Jean-aux-Bois

Ins Dorf hinein führt die erste Ausfahrt des Kreisels „La Tête Saint-Jean". Doch wir nehmen die Dritte, einen Feldweg, der als Radweg ausgeschildert ist. Kurz nach seinem Beginn ist er wieder asphaltiert und wird hügeliger. Der üppige Laubwald verschluckt uns, und spuckt uns erst in Pierrefond wieder aus. Bis dahin folgen wir immer halbrechts oder geradeaus den Markierungen des Radwegs. Er ist weiterhin herrlich zu fahren und nähert sich einer Landstraße. Von links mündet die zweite Variante des Radwegs von Compiegne ein. Hier geht es weiter geradeaus, bis der Weg in eine Rechtskurve geht und der Einkerbung einer alten Eisenbahntrasse folgt. Kurz darauf erreichen wir eine Straße, und rechts über uns thront ein reich verziertes kleines Schloss. Nach links sehen wir auf dem Berg die imposante, wuchtige Burg. Nur langsam rollen wir nach links den Hügel hinab, da das Dorf durchweg sehenswert ist. Der Ort ist sehr touristisch und die hiesige Boulangerie und der kleine Laden bieten für dutzende Kilometer die letzte Verpflegungsmöglichkeit.

⚠ **Pierrefonds – sehenswerter Ort im Schatten der Burg.**

Am Dorfteich auf der Terasse eines Restaurants mit Burgblick zu sitzen, ist die letzte Möglichkeit für eine Einkehr bis zum Ziel in Longpont. Die Besichtigung der Festung ist ebenfalls empfehlenswert. Die wuchtige Burg ist beliebte Filmkulisse, z.B. für den „Mann mit der eisernen Maske" mit Leonardo DiCaprio. Sein heutiges Aussehen verdankt sie Napoleon dem Dritten, der den Wiederaufbau der Burg in Auftrag gab. Mehr als 200 Jahre hatten die Gemäuer nach der Zerstörung durch die Truppen von Kardinal Richelieu 1617 im Dornröschenschlaf gelegen. Allerdings entspricht ihr heutiges Erscheinungsbild vorwiegend dem romantischen Bild des Mittelalters von Eugene Viollet-le-Duc, der den Auftrag zum Wiederaufbau erhielt.

ⓘ	http://pierrefonds.monuments-nationaux.fr	🛈	Erw. 7,50 €, Jgdl. 4,50 €
✓	2. Mai – 4. Sep. : 9 :30 – 18 :00 ; 5. Sep. - 30 Apr. : Di. – So 10 :00 – 13 :00 & 14 :30 – 17 :30	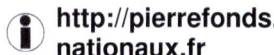	25. Dez. & 1. Jan

Nach dem Teich biegt man rechts ab Richtung „Crepy-en-Val" und „Morienval". Die Vorfahrtsstraße macht nach gut 250m einen 90°-Knick nach rechts. Kurz darauf, hinter der Kirche, links abbiegen und

Die imposante Burg von Pierrefonds

10 Compiegne- Longpont

die sehr steile Steigung bezwingen. Oben angekommen sieht man ein Wegkreuz. Wir werfen einen Blick zurück auf die Burg, um wieder zu Atem zu kommen. Nach links geht es ohne Steigung auf einer schlechten Straße oder einem guten Wirtschaftsweg – ganz nach belieben - aus dem Ort hinaus. Wir fahren über die Felder, und unser Weg mündet in eine Straße. Diesem folgt man geradeaus, bis wir in einer weiten Linkskurve einige große Gehöfte passiert haben. Von rechts führt eine Straße aus dem Tal hinauf, und wir fahren halbrechts einen satten Kilometer über einen guten Feldweg weiter. Ab dem großen Gehöft L'Essart L'Abbesse ist der Weg geradeaus wieder schön asphaltiert. Die schmale Straße, auf die wir nach 600m links einbiegen, ist als Sackgasse beschildert, doch mit dem Rad kann man der gut asphaltierten Forststraße auch darüber hinaus folgen.

Sie zieht sich über den Hügelkamm durch einen herrlichen Mischwald. In weiten Wellen geht es auf und ab. Den Abzweig nach „Eméville" lassen wir rechts liegen. Es geht weiter über die Höhenstraße, die später in die zweispurige D973 einmündet. Nach nicht einmal einem Kilometer können wir diese in einer leichten Rechtskurve verlassen und geradeaus in eine für LKW gesperrte Forststraße fahren. Kurz vor der nächsten Straßenkreuzung passieren wir ein Forsthaus, und es geht weiter geradeaus zum „Tour de Observation des General Mangin". Nahe eines Gedenksteins am rechten Wegesrand, zweigt links ein Pfad zum „Monument de General Mangin" ab. Der kurze Fußpfad führt zu einem weiteren Gedenkstein. Er steht an der Stelle, an dem der Beobachtungsturm des Generals stand, von dem aus er die erfolgreiche Offensive am Chemin de Dames 1917 befehligte.

General Mangin- Held oder Blutsäufer.
Der Gedenkstein feiert den General als Helden, dem die Rückeroberung des Damenweges gelang. Auf der gegenüberliegenden Seite der Aisne, an einer Gedenkstelle am Chemin des Dames, ist er dagegen im Zusammenhang mit Meutereien in der französischen Armee erwähnt. Die Soldaten wollten sich nicht mehr in immer neuen Angriffswellen zu Tausenden verheizen lassen. Ihr Offizierskorps bezeichneten sie als „Blutsäufer". In Folge dessen wurde der Oberbefehlshaber General Nivelle abgesetzt. Mit Zuckerbrot und Peitsche, besserer Verpflegung, sowie harten Strafen für die Rädelsführer, bekam der neue Oberkommandierende, Marschall Petain, die Lage wieder in den Griff. Monster oder Held liegen im Krieg sehr nahe beieinander.

10 Compiegne- Longpont

Longpont, Abteikirchenruine und romantisches Hotel

Wir rollen hinab zu Nationalstraße und müssen uns sputen diese sicher zu überqueren. Es geht nach einem Funkturm weitere gut 700 m auf dem asphaltierten Weg geradeaus, bis an eine Weggabelung. Halblinks legt man auf einem schnurgeraden geteerten Weg knapp 2,5 km zurück, bis ein Forsthaus und die Landstraße am Waldrand erreicht werden. Ein großes Relief, das Van Vollenhoven Denkmal, steht neben der Straße. Hier hält man sich rechts und kann die letzten 2km bis Longpont rollen lassen. Im Ort fahren wir in einer Rechtskurve nach links durch das schöne Stadttor. Kurz dahinter liegt das urige Hotel D'abbaye.

⚠ **Longpont- romatisches Etappenziel mit Abteiruine.**

Der alte Ortskern mit urigen Steinhäusern, einem Stadttor, dem Hotel und der Abtei geben ein sehr idyllisches Bild ab. Eine Übernachtung im originellen Hotel sollte man sich nicht entgehen lassen. Es fügt sich nahtlos in die Atmosphäre des Dorfes ein.

In den königlichen Wäldern

Vor uns sehen wir schon die hohen Ruinen der gotischen Abteikirche auftauchen. Wer weiter möchte, oder den Bahnhof sucht, der biegt an der T-Kreuzung vor der Kirchenruine rechts ab und fährt am Ende der Straße links, auf die D2 Richtung „Villers-Hélon". Nach gut 600m überquert die Straße die Bahnstrecke. Direkt danach biegt man links ab und rollt zum Bahnhof. Hier endet die bislang waldreichste und vielleicht auch malerischste Etappe.

11 Longpont - Margival

Über das Aisnetal zu Hitlers „Wolfsschlucht"

⛰️	32 km	〰️⛰️	401 m	⛰️〰️	408 m
🌲	++	🏘️	++	History	+
🚂	25 min	Umsteigen	nein		
🗺️	Reims – St-Quentin, IGN, ISBN: 978-2-7585-2466-3				
ℹ️	Office de tourisme de Soissons, 16 place Fernand Marquigny BP 216, 02205 Soissons, +33/0323531737, www.tourisme-soissons.fr				
🛏️	B&B Verdonne, Lieu-dit Verdonne, 02880 Chivres-Val, +33/323723857casa@verdonne.org, www.verdonne.org, Hôtel des Francs, 62 Boulevard Jeanne d'Arc, 02200 Soissons, +33/ 33 360714000, book.bestwestern.com Hotel le Rallye, 10 bd de Strasbourg, 02200 Soissons, +33/367840444, http://www.hotel-rallye-soissons.fr/				

Der Anfang und das Ende dieser Etappe könnten kaum gegensätzlicher sein. Auf der einen Seite die Ruhe und der Frieden

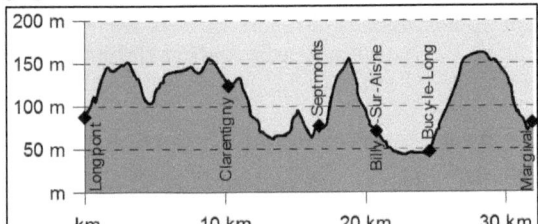

des kleinen Ortes mit der Abteiruine, auf der anderen ein Bahnhof im Schatten eines großen Bunkers, der zur „Wolfsschlucht", dem Führerhauptquartier Hitlers in Frankreich gehörte. Dieses Areal ist allerdings nicht zu besichtigen. Um in Richtung Chemin de Dames und Reims zu radeln, kann man die Strecke schon in Bucy-le-Long verlassen und in die nächste Etappe einsteigen. Eine Verbindungsetappe ohne die ganz großen Highlights.

Der Bahnhof von Longpont ist nur ein kleiner Haltepunkt im Wald außerhalb des malerischen Dorfes. Wenn man den Ort und seine Abteiruine noch nicht gesehen hat, sollte man die Landstraße erst einmal nach rechts hinunterrollen und den Ort in Ruhe auf sich wirken lassen. Wer direkt Richtung Margival starten möchte, der fährt links auf die zweispurige, aber sehr ruhige Landstraße. An der ersten Steigung kann man sich direkt austoben. Oben angekommen fahren wir an der Kreuzung links Richtung „Villers-Hélon". Kurz vor dem Ort

11 Longpont- Margival

zweigt links eine schmale Straße zum „Chateau Alexandre Dumas" ab. Das kleine, aber feine Schloss in einem von Bäumen umstandenen Park, sieht man leider nur durch den Zaun. Hier biegen wir an der T-Keuzung mit der „Grand Rue" links, auf die D805 Richtung „Villemontoire", „Soissons 17km", ab. Der entspannten Abfahrt ins bewaldete Tal folgt eine lang gezogene Steigung zurück aufs Plateau. Kaum ein Auto stört, während man den Blick weit über die Felder und Wälder schweifen lässt. An der T-Kreuzung mit der D178 geht es links Richtung „Vierzy" und „Chaudun". Nach nicht einmal 200m geht es rechts auf die schmale D1940 nach „Charentigny".

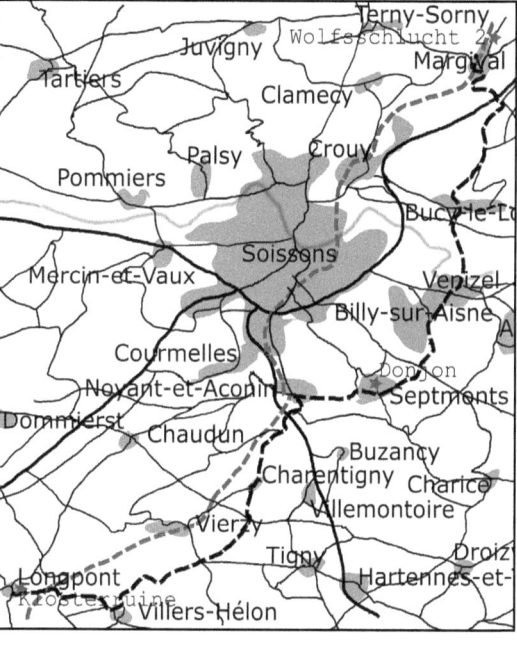

Aus der Entfernung ist von dem interessanten Weiler fast nichts zu sehen, denn die kleinen Steinhäuser ducken sich in den Schatten einer Klippe entlang des Berghangs. Teilweise sind hinter den Häusern Höhlen in den Fels getrieben. Wir halten uns am Ortseingang rechts, und die schmale Straße führt in einer lang gezogenen Abfahrt hinunter ins Tal der Crise. Bis zur breit ausgebauten D1 und dem auf der anderen Seite liegenden Kreisel bleiben wir auf dieser Straße. Ab hier ist bis „Noyant-Et-Aconin" mehr Verkehr zu erwarten. Im Ort zweigt rechts die D95 Richtung „Septmonts 2,6km" ab. Am Ortsausgang müssen wir noch einmal rechts abbiegen zum „Donjon-des-Septmonts" und nach „Venizel". Über eine schmale Landstraße kommen wir ins pittoreske Septmonts, das neben den vielen typischen Steinhäusern und einem netten kleinen Schloss auch noch mit den Resten des „Chateau de Septmonts" aufwarten kann. Dessen wuchtigen Donjon kann man kaum übersehen, nachdem man links in die D95 Richtung „Billy-Sur-Aisne" und „Venizel" eingebogen ist.

Septmonts- Rast im Schatten des Donjon

Der schöne Ort bietet sich für eine kleine Rast an. Man kann noch einmal verschnaufen, bevor eine lang gezogene Steigung ansteht.

11 Longpont- Margival

Um vom Tal der Crise ins Tal der Aisne zu gelangen, verlangt die Steigung der D95 ein paar Schweißtropfen als Tribut. Auf der Höhe angekommen, überquert man eine Landstraße und rollt wieder hinab ins Tal nach „Billy-Sur-Aisne" und „Venizel". Auf der Vorfahrtsstraße geht es einmal längs durch den Ort, welcher übergangs-los nach „Vernizel" führt. Am großen Kreisel mit der N31 müssen wir gut aufpassen, da hier viel Schwerverkehr unterwegs ist. Zum Glück müssen wir die Nationalstraße nur überqueren und radeln auf ein großes Getreidesilo zu. Kurz vor dem Ortsausgang biegt man links ab Richtung „Bucy-le-Long". Die großen Speicher liegen an der schiffbaren Aisne, die wir jetzt überqueren.

Die Aisne- eine alte Bekannte

Dem 353km langen Fluss begegnen wir während unserer Reise von seiner Mündung in die Oise bei Compiegne, bis zu seinem Oberlauf in den Argonnen immer wieder. Zum ersten Mal am Waffenstillstandspunkt bei Compiegne, der durch eine Flußschleife von drei Seiten eingeschlossen wird. Vom Chemin des Dames und der Drachenhöhle blickt man hinunter in sein Tal. Auf dem Weg nach Reims bei Guignicourt verab-schieden wir uns für längere Zeit von ihm, bis wir den schmalen, stark mäandernden Oberlauf bei Servon-Melzicourt in den Argonnen zum letzten Mal kreuzen.

Die Aisne bei Rethondes

Die zweispurige Straße kommt nach gut 2km am Ortsrand von Bucy-le-Long an einen Kreisverkehr. Es geht auf der D95 geradeaus weiter ins Zentrum und Richtung „Margival".

Alternativ: Wer nicht zum Bahnhof nach Margival muss, sondern weiter zum Fort Conde und dem Chemin-des-Dames radeln will, der biegt an der Boulangerie an der Ecke der „Rue Du General De Gaulle" rechts ab. Die ruhige D925 zieht sich durch den Ort bis nach „Le Petit Chivres". Hier gabelt sich die Straße, und man hält sich links auf eine noch schmalere Straße Richtung „Chivres-Val". An der Gabelung im Ort folgen wir weiter der Vorfahrtsstraße nach links und leicht bergan. Gut 200m später, bei der Hausnummer 7, geht es scharf nach rechts auf die Kirche zu. Wir fahren links am Gotteshaus vorbei Richtung „Cimetière" in die „Rue Du Capitaine Pestel". Immer steiler wird der schmale Weg, bis er auf der Höhe auf die schmale Straße zum Fort Conde trifft.

11 Longpont- Margival

Es ist eine weitere lange Steigung aus dem Tal der Aisne hinaus zu bewältigen. Oben angekommen ist man umgeben von Feldern. Ab dem Pont Rouge, an dem die N2 überquert wird, geht es wieder bergab nach Margival. Hier nach links auf die D53 Richtung „Terny-Sorny" fahren. Nach der Eisenbahnbrücke muss man rechts in den „Chemin de Gare" abbiegen. Schon stehen wir vor dem Bahnhof. Fährt man den Weg weiter, sieht man auf der anderen Seite der Bahnschienen einen riesigen Bunker. Er gehört zum mehr als 2 km² großen Areal der „Wolfsschlucht", Hitlers Führerhauptquartier in Frankreich. Der Komplex kann nicht besichtigt werden, aber allein die Außenansicht dieses düsteren Betonklotzes beeindruckt. Da es keine Übernachtungsmöglichkeiten gibt, ist dieser Abstecher nur sinnvoll, wenn man den Zug nehmen möchte.

Die Wolfsschlucht 2- Hitlers Hauptquartier

Der massige Betonklotz nahe des Bahnhofs Margival gehört zum Komplex der Wolfsschlucht 2, Hitlers Führerhauptquartier in Frankreich. Auf zwei Quadratkilometer verteilen sich etliche Verteidigungs- und Stabsbunker, inklusive dem Führerbunker, aber auch Teehaus, Kino und Schwimmbad. In einem Eisenbahntunnel konnte der Führerzug bombensicher abgestellt werden. Ob die Tatsache, dass Hitler nur wenige Kilometer von hier im ersten Weltkrieg im Einsatz war, bei der Standortentscheidung einen Einfluss hatte, kann man nicht sagen. Von hier aus sollte die Operation Seelöwe, die Invasion in England, koordiniert werden. Letztendlich war der Diktator nur einmal, am 17. Juni 1944, hier. Viele der Bauten sind offen, aber durch den schlechten Zustand ist ein Besuch verboten und auch gefährlich.

Bunker in der Wolfsschlucht

12 Margival – Lac de Ailette

Von der Wolfsschlucht ins idyllische Tal der Ailette

	37 km		450 m		447 m
	++		+++		++
	Reims – St-Quentin, IGN, ISBN: 978-2-7585-2466-3				
	Office de Tourisme du Pays de Laon - Hôtel Dieu, Place du Parvis Gautier de Mortagne, 02000 Laon, +33/323202862, www.tourisme-paysdelaon.com/				
	Hôtel du Golf de l'Ailette, 23 rue du Chemin des Dames, 02860 Chamouille, www.ailette.fr				
	L'Auberge de Vauclair, 26 Grande Rue, 02860 Bouconville Vaiclair, +33/323229968, aubergedevauclair@gmail.com, www.auberge-de-vauclair.fr,				
	Le Chateau de Pancy, 3 place de l'église, 02860 Pancy-Courtecon, +33/0899194101, www.charme-traditions.com/it/bed-and-breakfast/org/4473/le-chateau-de-pancy				
	camping de l'ailette, 2 rue du chemin des dames, 02860 chamouille, France, Tél. 0323246686, Fax 0323246687				
	Camping du Lac, Chemin du Moulinet 02000 Monampteuil,+33/323216073 contact@camping-lac-monampteuil.fr, http://camping-lac-monampteuil.fr/accueil				

Zu Beginn des 37km langen Teilstücks warten mehr Serpentinen als auf einer Vogesenetappe auf die Pedaleros. Es geht munter auf und ab, bis man den Chemin des Dames, einen heftig umkämpften Höhenzug, überquert hat. Auf einem herrlichen Radweg durch das Tal der Ailette klingt die Etappe ohne weitere Schwierigkeiten aus. Mit der Wolfsschlucht 2, Hitlers Hauptquartier in Frankreich, dem sehenswerten Fort Conde und dem Chemin de Dames, den wir am Fort Malmaison überqueren, kommen auch die geschichtlichen Aspekte nicht zu kurz.

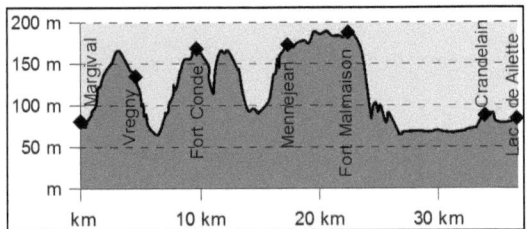

Vom Haltepunkt der Bahn in Margival fällt der Blick auf einen riesigen Bunker aus der Zeit des Dritten Reichs. Er ist ein kleiner Teil der

12 Margival – Lac de Ailette

Wolfsschlucht 2, des Führerhauptquartiers in Frankreich, das sich auf rund 2 km² verteilt. Wir nehmen vom Bahnhaltepunkt den Weg nach links hinunter zur Straße und noch einmal links unter der Eisenbahnbrücke hindurch. Im Ort, an der T-Kreuzung, geht es links nach „Bucy-le-Long" auf die D53. Der Kreislauf kommt an der Steigung, die uns aus dem Tal heraus bringt, in Wallung. Die zwei Kreisverkehre an der Unterführung der N2 nimmt man geradeaus Richtung „Vregny". Große Felder haben den dichten Wald verdrängt. Die schmale Landstraße führt ab Vregny in einigen Serpentinen zurück ins Tal, und wir erreichen Chivres-Val. „Fort Conde" ist dort nach links ausgeschildert. Kurz nach dem Ortsausgang verlassen wir die D423 und fahren rechts auf eine schmale Straße zum Fort. Wieder sind 2 Serpentinen zu nehmen, bis wir die Anhöhe erreicht haben.

> |Alternativ| *Von rechts mündet die Abkürzung aus Bucy-le-Long aus der vorigen Etappe ein. (siehe Kapitel 11)*

Nach kurzer Fahrt kommt man ans Fort, das in einem Waldstück verborgen liegt. Nach einem weithin sichtbaren, imposanten Festungsbau sucht man vergeblich, allenfalls ein flacher Hügel ist zu sehen. Eine Besichtigung, des mit viel Engagement renovierten Bauwerks, sollte man sich nicht entgehen lassen.

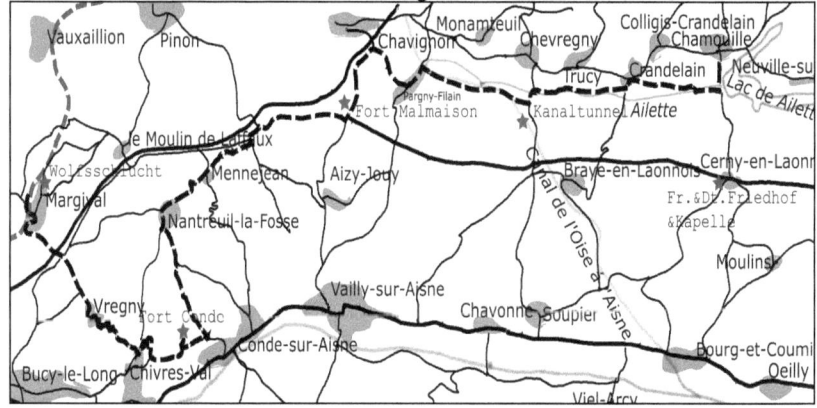

|History| **Fort Conde- Système Séré de Rivières**

Nach der Niederlage im deutsch-französischen Krieg von 1870/71 wurden im Eiltempo bis 1885 hunderte Forts, Zwischenwerke und Batterien zur Grenzsicherung errichtet. Nach ihrem Planer wurden sie Système Séré de Rivières genannt. Nicht einmal 30 Jahre nach Ihrer Fertigstellung boten sie keinen Schutz mehr gegen die neuen Artilleriegeschosse. Zu Beginn des Krieges brauchte man darüber hinaus die Waffen aus den Festungen im Feld. So war Fort de Conde, wie auch die meisten anderen Forts, im

September 1914 verlassen und unbewaffnet und konnte von den Deutschen am 1. September kampflos besetzt werden. Am 15. September eroberten es die Franzosen und Briten, es ging aber bei einem Gegenangriff wieder an das Kaiserreich. Hier wurde ein Hospital untergebracht, bis es im Rahmen der Nivelle Offensive im Oktober 1917 an die Franzosen fiel.

Fort Conde
Die Deutschen kamen im Mai 1918 noch einmal vorbei, bis es im September 1918 wieder an Frankreich ging. Für so eine turbulente Geschichte ist es noch erstaunlich gut in Schuss und eine Besichtigung ist lohnenswert. Es ragt kaum über die umgebende Landschaft hinaus. Die Gänge und Gewölbe und auch die Kaserne sind aus Bruchstein gemauert und mit mehreren Metern Erde abgedeckt.

ⓘ	www.fortdeconde.com +33/323544000	Erw. : 5,00 € Jgdl.: 3,00 €
ⓥ	Apr.- Mai & Sep.- Nov.: Di - So 9:30 - 17:00 Jun.- Aug.: 9:30-18:30; Führungen 14:00&16:00	

Um die Fahrt fortsetzen zu können, müssen wir 200m zurück und links in einen ziemlich schlechten Feldweg am Rand des Forts einbiegen. 800m mit großen Schlaglöchern und Steinen lassen sich bei dem Weg über die Felder leider nicht umgehen. Auf der anderen Seite des Ackers ist der Weg wieder asphaltiert und an einer Kreuzung geht es auf einem schmalen, asphaltierten Weg nach links.

12 Margival – Lac de Ailette

Als Hohlweg geht er zunächst kräftig bergan. Nachdem man ein Stück über die Höhe gefahren ist, geht es wieder über eine Serpentine bergab. Nach kurzer Fahrt kommt man nach Nanteuil-la-Fosse, wo es rechts Richtung „Chauvignon" weiter geht. Einem Auto begegnet man auf diesen schmalen Straßen nur selten und die nächsten Serpentinen, dieses Mal bergan, lassen nicht lange auf sich warten. Oben angekommen sehen wir das riesige Landgut „Mennejean". Für die Arbeiter wurde hier in den zwanziger Jahre eine eigene kleine Doppelhaussiedlung angelegt. Kurz darauf erreichen wir eine Kreuzung mit Wegkreuz, an der wir geradeaus in eine Sackgasse fahren.

Der Asphalt ist löchrig, und an der nächsten Weggabelung geht es halbrechts weiter über die Felder. Die N2 ist in Sicht und wir fahren am Ende des Feldwegs links auf die D14. Ein paar hundert Meter weiter kommt man abermals an eine T-Kreuzung, an der es rechts nach „Chevignon" geht. Es ist dann nur noch ein Katzensprung bis zum großen Kreisverkehr an der Abfahrt

Auf dem Weg zum Fort Conde

der N2. Hier ist an der ersten Ausfahrt der „Chemin des Dames" und der „Lac de Ailette" ausgeschildert. Die Höhen-straße ist gut ausgebaut, und deshalb wird ziemlich gerast. Trotz des weiten Blicks über die Landschaft folgt man ihr deshalb nur bis zum Deutschen Soldatenfriedhof am Fort de Malmaison. Obwohl die Gegend eines der blutigsten Schlachtfelder des ersten Weltkrieges war, fanden hier überwiegend Opfer des zweiten Weltkriegs ihre letzte Ruhestätte. Sie wurden aus den verschiedensten Teilen Frankreichs hierher umgebettet.

> [Alternativ] *Vom Höhenrücken des Chemin des Dames ist die Aussicht ins Tal der Aisne sehr schön. Noch dazu ist der Damenweg ein geschichtsträchtiger Höhenzug, woran etliche Gedenksteine entlang der Straße erinnern. Leider verleitet die schnurgerade Straße durch die Felder zum rasen. Aus diesem Grund wählen wir den herrlichen Radweg durch das Tal der Ailette bis zur Abbaye de Vauclair. Wer die mühsam erklommene Höhe nicht*

12 Margival – Lac de Ailette

aufgeben möchte, der kann zu einer verkehrsarmen Zeit alternativ der Höhenstraße bis zur Drachenhöhle folgen.

Wir biegen am Friedhof links ab. In dem dahinter liegenden Waldstück befinden sich die Ruinen des heftig umkämpften Fort Malmaison. Es ist nur einmal monatlich bei einer geführten Tour zu besichtigen, aber eine Infotafel erzählt seine Geschichte (+33/0323251418, www.caverne-du-dragon.com). Wir rollen weiter über den geteerten Weg hinunter ins Tal der Ailette. Im Tal angekommen nimmt man an der T-Kreuzung rechts die schmale asphaltierte Straße bis nach Pargny-Filain. Hier biegen wir links auf die Durchgangsstraße, die D15, ein. Am Ortsausgang geht es geradeaus auf die D152 nach „Filain" und nach ein paar Metern wiederum geradeaus auf einen Feldweg und über eine Fußgängerbrücke an einer Schleuse über den Canal de L'Oise À L'Aisne. Bevor wir die Ailette überqueren, kommen wir an einen geschotterten Radweg. Nach rechts geht es eine kleine Rampe hoch und wir radeln auf einem fein geschotterten Radweg zwischen See und der Wasserstraße. Auf der gegenüber liegenden Seite des lang gezogenen Sees, der als Wasserspeicher für den Kanal dient, befinden sich ein Campingplatz, eine Badestelle und ein Aussichtsturm. Der Weg führt weiter am Kanal entlang und in der Ferne kommt das Portal des Kanaltunnels in Sicht. Man verlässt

Blindgänger vom Rübenacker

Radlerfrühstück vor der Boulangerie

den Kanal und wechselt auf einen asphaltierten Weg. Der ist als „Voie Verte d'Ailette" beschildert. Wie der Name schon sagt, ist der Weg sehr grün. Waldstücke und Weideland wechseln sich auf der verkehrsfreien Fahrt durch das Ailettetal ab. An der folgenden T-Kreuzung geht es links und, nachdem man den Zulauf des Sees überquert hat, rechts auf dessen Randweg. Zwei idyllische Kilometer später beschreibt der Weg einen Links-Rechts-Schlenker und verläßt den Wasserlauf. Der jetzt geteerte Weg endet an einer unbeschilderten T-Keuzung, an der man sich rechts halten muss. Kurz darauf weist ein Hinweis der „Voie Verte" nach links. Die Kirche von Candelain taucht vor uns auf, und am Ortsrand geht es nach rechts auf einem asphaltierten Wirtschaftsweg weiter. Einen Kilometer danach kommen noch eine „Rechts-Links-Schikane" und die Zielgerade bis zur Staumauer des Lac de Ailette. Es gibt einige Möglichkeiten zum Übernachten folgt man dem Radweg auf der anderen Straßenseite nach links. Die erste ist das Golfhotel am Seeufer. Fährt man weiter geradeaus, so findet man in Chamouille weitere. Für einen längeren Aufenthalt bietet sich der Center Parc am gegenüberliegenden Seeufer an.

Abendstille auf dem deutschen Soldatenfriedhof Cerny-En-Laonnois

⚠ **Cerny-En-Laonnois- Gedenkpunkt am Damenweg**

Folgt man an der Staumauer der Landstraße 3km nach rechts, zurück auf den Chemin des Dames, so kommt man nach Cerny-En-Laonnois. Eine deutscher und ein französicher Soldatenfriedhof sind hier direkt nebeneinander angelegt. Davor eine Kapelle, die als Gedenkstätte für die Opfer am Chemin des Dames erbaut wurde.

13 Lac de Ailette - Reims

Vom Damenweg in die Krönungs- und Champagnerstadt

	57 km		367 m		367 m
	++		+++	History	+++
	Reims – St-Quentin, IGN, ISBN: 978-2-7585-2466-3				
ⓘ	Office de Tourisme de l'Agglomération de Reims, 2 rue Guillaume de Machault, 51100 Reims, +33/326774500, www.reims-tourism.com				
	Ibis Styles Reims-Centre – Cathédrale, 21 boulevard Paul Doumer, 51100 Reims, 03 26 79 88 50, h8714@accor.com, www.ibis.com/gb/hotel-8714-ibis-styles-reims-centre-cathedrale/index.shtml B&B Hotel Reims Centre-Gare, Rue André Pingat, 51100 Reims, +33/892705220, bb_456@hotelbb.com, www.hotelbb.com, B&B Cathédrale, 21 place du Chapitre, 51100 Reims, +33/326910622, claude.philippon@sfr.fr, B&B Le Boulingrin, 72 boulevard Lundy, 51100 Reims, +33/614098807, odilemarbot@hotmail.fr Éthic Étapes - C.I.S. de Champagne, 21 chaussée Bocquaine, 51100 Reims, +33/326405260, info@cis-reims.com, www.cis-reims.com				

Wir setzen unseren Weg durch das Ailettetal bis zur herrlich gelegenen Abbaye-de-Vauclair fort. Die einzige Steigung des Tages führt hinauf auf den Chemin des Dames zu den geschichtlichen Höhepunkten des heutigen Tages, der Drachenhöhle, dem Plateau de Californie und den Ruinen von Craonne. Nach einigen Kilometern auf ruhigen Landstraßen sind wir zurück im Tal der Aisne. Ab Berry-au-Bac verläuft ein Radweg entlang des Aisne-Marne-Kanals bis ins Herz der Krönungsstadt Reims.

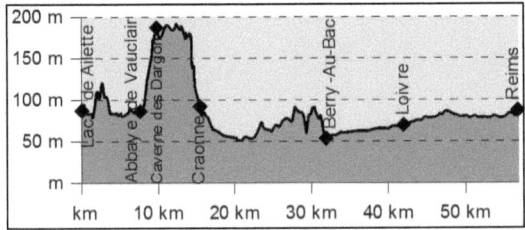

Von der Staumauer des Lac de Ailette nehmen wir den Radweg Richtung Golfhotel und weiter bis an den Ortseingang von

13 Lac de Ailette - Reims

Radweg am Lac de Ailette

Chamouille. Hier gabelt sich der Weg, und wir halten uns rechts. Entlang eines Zauns geht es zum Seeufer hinab. Der Zulauf des Sees wird auf einer Fußgänger- und Radfahrerbrücke überquert, die bei nassem Wetter richtig rutschig wird. Das Ufer auf der anderen Seite wird bestimmt von den Häuschen des Center Parcs. Wir folgen weiter dem Radweg „Voie-Verte-Sur-Ailette", der etwas abseits der Straße verläuft. Am Center Parc wechseln wir die Straßenseite, und die Voie Verte geht über einen Holzbohlenweg, an der weitläufigen Ferienanlage vorbei, Richtung „Abbaye-de-Vauclair 4,5km". Kurz vor Neuville-sur-Ailette verlässt der Radweg die Landstraße und folgt dem Seeufer. Der Weg ist ein echtes Highlight, da er teils über Holzstege durch das Schilfdickicht führt. Wir lassen den See hinter uns, und der Weg macht einen Rechts-Links-Schlenker in den Wald hinein. Die Ruinen der ehemals großen Abbaye-de-Vauclair am Ende des Weges sind kaum zu übersehen. An der Zufahrtsstraße biegen wir rechts ab und fahren die gewundene Straße durch den dichten Mischwald hinauf auf den Chemin-des-Dames.

⚠️ **Abbaye-de-Vauclair - Klosterruine & Kräutergarten**

Obwohl das Zisterzienserkloster durch die Französische Revolution und den ersten Weltkrieg viel Gewalt und Zerstörung erfahren hat, strahlt die weitläufige Anlage eine große Ruhe und Frieden aus. Bei schönem Wetter der perfekte Rastplatz. Die Granattrichter im Kräutergarten haben eine neue Bestimmung gefunden und wurden zu kleinen Biotopen umgewandelt.

Die Ruinen der Klosterkirche der Abbaye-de-Vauclair

Die Steigung wird bis zum Napoleondenkmal immer steiler.

13 Lac de Ailette - Reims

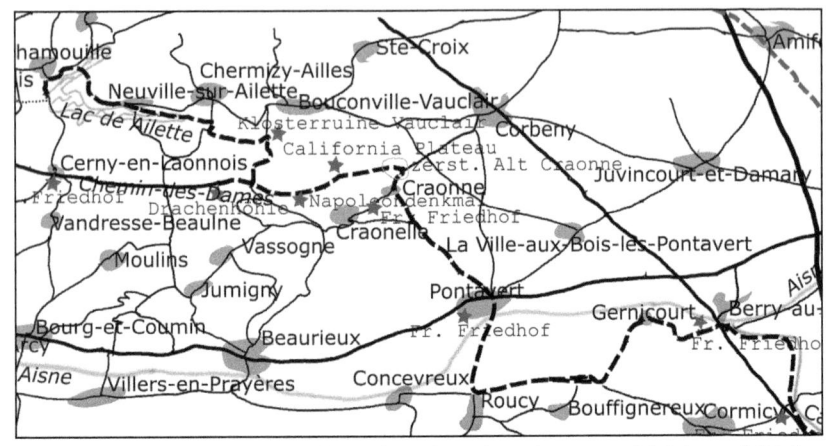

Napoleondenkmal– Chemin-des-Dames 1814 & 1914

Das Napoleondenkmal erinnert an die Jahre 1814, als napoleonische Truppen einen letzten Sieg gegen die Preußen und Russen erzielten. Aber auch ans Jahr 1914, den Start der Kämpfe am Chemin-des-Dames, die erst 1917 durch den Rückzug der Deutschen hinter die Ailette endeten. 1940 war der Höhenzug wieder hart umkämpft. Die erste Schlacht an der Aisne fand allerdings schon in der Antike statt. Caesar besiegte 57 v.Chr. bei Berry-au-Bac die Gallier.

Oben angekommen sieht man rechts schon das Museum der „Caverne de Dragon", dessen Besuch ein Muss ist.

Caverne des Dragon– Kugeln speiender Drache

Ähnlich wie die Engländer in Arras hatten die Deutschen den unterirdischen Steinbruch für ihren Schutz genutzt. Anfang 1915 vertreiben sie die Franzosen aus den Höhlen und bauen die Stellung immer weiter aus. Ein Tunnel führt auf die andere Seite des Chemin des Dames, um einen sicheren Zugang zu gewährleisten. Unter anderem entstehen Kapelle, Verbandsplatz, Friedhof, Brunnen und Schiessstand im Schutz des Berges. An allen sieben

An der Drachenhöhle

13 Lac de Ailette - Reims

Ausgängen speien die Waffen Feuer, wie bei einem siebenköpfigen Drachen. So kam diese Position zu ihrem Namen. Am 25. Juni 1917 drängen die Franzosen die Deutschen in den hinteren Teil der Höhle zurück. Nur durch wenige Meter getrennt, in totaler Dunkelheit, lagen die Nerven blank. Mit Handgranaten und Maschinengewehren kämpfte man verbissen um jeden Meter, während die Höhle vom Artilleriefeuer über der Erde erbebte. Bis zum Deutschen Rückzug hinter die Ailette im Oktober ging das erbitterte Ringen weiter.

ℹ️	+33/0323251418 www.caverne-du-dragon.com	Erw. : Jgdl.:	6,00€ 3,00€
🕐	Sep.-Jun.: Di.-So. 10:00-18:00, Jul.-Aug.: tgl. 10:00-19:00; an Feiertagen geöffnet		
closed	1.Okt., 30.Apr., 16.Dez. - 17.Jan.		

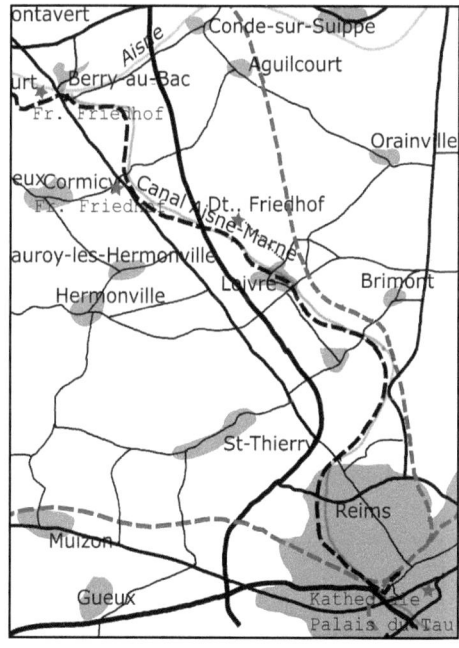

Unser weiterer Weg führt, nach dem Abstecher zum Museum, 500m hinter dem Napoleondenkmal links Richtung „Plateau de Californie" und „Craonne". Wir fahren über die Höhe und können die Blicke schweifen lassen. Ein weiteres Napoleondenkmal auf dem höchsten Punkt den Bergrückens ist zu bewundern, bevor man zum Aussichtspunkt des Plateau de Californie kommt. Hier erwartet uns eine grandiose Aussicht über das Aisnetal und einige interessante Infotafeln zum Beginn der Nivelle Offensive am 16. April 1917.

> **History** 16. April 1917- Um 6 Uhr morgens hat die Schlacht begonnen, um 7 Uhr war sie verloren

So kommentierte ein baskischer Bataillonskommandeur den Beginn der Nivelleoffensive am 16. April 1917. Die deutschen Maschinengewehrstellungen waren durch das Trommelfeuer nicht zerstört worden und nahmen die vorrückenden Angreifer in ein Kreuzfeuer. Obwohl die Offensive bei einem Misserfolg nach 24 Stunden abgebrochen werden sollte, ging sie ohne Unterlass bis zum 25. April weiter. Die Geländegewinne waren gering und die Verluste riesig. Die immer neuen, sinnlosen Angriffswellen führten zu Meutereien. Obwohl die Engländer einige Erfolge vorweisen konnten, war die Offensive gescheitert und Nivelle wurde als Oberbefehlshaber durch Marschall Petain ersetzt.

> Alternativ: *Auf der anderen Seite der Straße beginnt ein Fußweg, den man ohne Probleme als Alternative zur Landstraße gegen den Uhrzeigersinn fahren kann. Bis zu dem wuchtigen Aussichtsturm folgen wir dem Weg und schieben dann geradeaus den steilen Pfad bergab nach Craonne. Vorsicht!!! Er endet mit einer Treppe. Auf dem Querweg geht es nach rechts, zurück zur Landstraße.*

Radfahren am Aisne-Marne-Kanal

Die Ruinen des komplett zerschossenen Ortes Craonne liegen vor uns, und wir biegen rechts ab nach „Craonelle" und „Craonne". Dort zweigt die D894 nach „Pontavert" ab. Es geht immer leicht bergab auf der schmalen Straße, die in die D89 mündet. Auf der ist kaum mehr los, so dass man Pontavert ohne Probleme erreicht. Hier für hundert

Meter links auf die belebte D925 fahren, bevor man rechts auf die D19 nach Roucy abbiegt. Nachdem man den Ort hinter sich gelassen hat, überquert man die Aisne und ihren Seitenkanal. Schnurgerade zieht sich die Straße durch die Felder, bis man kurz vor Roucy an eine Kreuzung kommt und links nach Cormicy abbiegt. Eine weitere schnurgerade Landstraße, auf der wir 3,3km abspulen, bevor es links in den schmalen Weg nach Guernicourt geht. Es geht leicht bergan durch einen Wald, und dann rollt man ins Aisnetal zurück. Die D1140 führt im Ort rechts nach „Berry-au-Bac" und schlängelt sich durch die Felder. Ein Soldatenfriedhof liegt kurz vor dem Ort. Wir kommen an die breite D1044, in die wir links einbiegen. Schon ein paar Meter später geht es vor der Kanalbrücke rechts. Es ist nur ein Katzensprung bis zum Abzweig des Canal de L'Aisne À la Marne, dem wir bis ins Herzen von Reims folgen. Wir fahren über einen super asphaltierten Radweg. Alle paar Kilometer passiert man eine Schleuse mit einem netten Schleusenwärterhäuschen, welche durch die Automatisierung ihre ursprüngliche Bestimmung verloren haben. Wenn man an der ersten Kanalbrücke ein kurzes Stück nach links fährt, so kommt man an einen französischen Soldatenfriedhof. Wir bleiben weiter auf dem Kanalradweg, der durch Loivre führt und in Courcy endet.

⚠ Deutscher Soldatenfriedhof Loivre

Wer den Deutschen Soldatenfriedhof von Loivre besuchen möchte, der überquert in Loivre die erste Kanalbrücke und fährt gut 300m danach links in einen Feldweg. Fast 2,5km geht es geradeaus, bis man die mit Schwarzkiefern bestandene Kriegsgräberstätte erreicht, auf der 4154 Gefallene ruhen.

Schleusenwärterhaus in Courcy

Der komfortable Radweg geht an der Brücke bei Courcy zu Ende. Es geht erst auf einem Feldweg weiter, der in einen schmalen Treidelpfad am Kanalufer übergeht. Er ist nur gut 50cm breit, lässt sich aber gut fahren, da hier viele Radler unterwegs sind. Das Ufer ist an einigen Stellen etwas eingebrochen, so dass Vorsicht geboten ist. Der Kanal verläuft durch einen tiefen grünen Graben. Der Staub aus einem unüberhörbaren Steinbruch auf der anderen Kanalseite färbt nach 2km die Gegend weiß und sorgt für ein surreales Bild. Nach rund 4km abenteuerlicher Fahrt beginnt am Stadtrand von Reims die Voie Verte, die grüne Achse durch die Stadt.

13 Lac de Ailette - Reims

Alternativ Wer nach dem Ende des Radwegs nicht 4 km über einen schmalen Trampelpfad fahren möchte, der kann am Bahnhof Courcy-Brimont in den Zug steigen. Dazu muss man am Ende des Radwegs den Kanal überqueren und auf der anderen Seite direkt rechts abbiegen zum Bahnhaltepunkt.

Auf dem Rad- und Fußweg am Kanalufer tummeln sich Radler, Skater, Jogger und Fußgänger mit und ohne Hund. Vorbei an Industrieanlagen am gegenüberliegenden Ufer nähert man sich dem Stadtzentrum. Die Flutlichtmasten des Stadions kommen in Sicht und am gegenüberliegenden Ufer passieren wir das moderne, silbern verkleidete Kongresszentrum. Hinter der folgenden Brücke verlassen wir den Kanal. Wir müssen nicht das Rad die Treppe hinauf tragen, sondern können den Aufzug nehmen. Welch ein Luxus! Auf der anderen Seite des Kanals fährt man geradeaus ins Zentrum hinein. Nach knapp 150 m teilen wir den Weg nur noch mit der Straßenbahn, Taxen und Bussen, auf der großzügig angelegten Shoppingmeile der Stadt.

Möchte man zum Bahnhof, so geht es gegenüber H&M links in die „Rue Marx Dormoy". In dieser breiten Fußgängerzone reihen sich Brasserien, Restaurant und Imbisse wie an einer Perlenschnur auf. Bei schönem Wetter ein toller Platz, um Hunger und Durst zu stillen und das lebhafte Treiben zu beobachten. Am Ende der Fußgängerzone muss man nur noch geradeaus radeln und steht vor dem restaurierten Bahnhofsgebäude.

Will man zur Kathedrale oder zur Touristinfo, dann führt der Weg weiter durch die Einkaufsstraße. Hinter der Oper, einem wuchtigen Bau mit Säulenportal, biegt man rechts ab. Die beeindruckende gotische Krönungskirche der französischen Könige liegt dann direkt vor einem. Die Touristinfo befindet sich kurz davor zur Linken.

historische Champagnerkeller

⚠ Reims– Wiege Frankreichs, Art Deco & Champagner

Die Wiege Frankreichs steht in Reims. Chlodwig I ließ sich hier im ausgehenden fünften Jahrhundert von Bischof Remigius taufen, was entscheidend für den Aufbau des Frankenreiches wurde. Über die Jahrhunderte wurden 33 französische Könige hier gekrönt. Viele davon in der gotischen Kathedrale, die mit mehr als einer Million Besuchern pro Jahr einer der Touristenmagnete in der Champagne ist. Besonders bemerkenswert ist dabei das reich verzierte Westportal. Der Palais du Tau, der Bischofspalast neben der Kathedrale, ist ein weiteres Highlight der Stadt. Schon zu Römerzeiten war Reims ein bedeutendes Zentrum. Die Porte de Mars, ein römischer Triumphbogen aus dem Dritten Jahrhundert, war bis 1566 Teil der Stadtbefestigung und ist reich verziert. Eine weitere Epoche, die Spuren hinterlassen hat, ist der erste Weltkrieg und der Wiederaufbau danach. Die Stadt war zu 60% zerstört. Ganze Straßenzüge wurden im Art-Déco-Stil wieder aufgebaut. Am bekanntesten ist Reims für den Champagner. Viele namhafte Kellereien haben Ihren Sitz in der Stadt. In den Kellern unter der Stadt, die teils noch aus Zeiten der Römer stammen, reifen hunderttausende Flaschen des edlen Getränks.

Kathedrale in Reims in der Abendsonne

14 Reims - Montagne de Reims

Rundtour durch das Weinbaubaugebiet

⛰	53 km	〰⛰	590 m	⛰〰	590 m
🌿	+++	🏘	+++	📖 History	++

🗺	Reims – St-Dizier, IGN, ISBN: 978-2-7585-1508-1
ⓘ	www.rilly-la-montagne.fr, +33/326034010, mairie@rilly-la-montagne.fr www.verzenay.net
🛏	B&B Champagne Didier Jeangout, rue Gervais 3, 51500 Rilly la Montagne, +33/326034190 B&B Céline Rousseaux, 3 Rue de Puisieulx, 51360 Verzenay, +336.78.55.33.16, celinerr@hotmail.fr, www.champagne-jacquesrousseaux.com Maison des Vignes, Champagne Emmanuel PITHOIS, 4 et 6 Rue de Puisieulx, 51360 Verzenay, +33/3.26.49.48.63, champagnepithois-emmanuel@wanadoo.fr, www.maisondesvignesdeverzenay.com Camping municipal de Val-de-Vesle, Rue de Routoir, Courmelois, 51360 Val-de-Vesle, +33/326039179, valdevesle.mairie@wanadoo.fr

Reims bietet sich als Standquartier an, nicht nur weil überreicher Genuss von Champagner die Weiterfahrt verhindern könnte, sondern

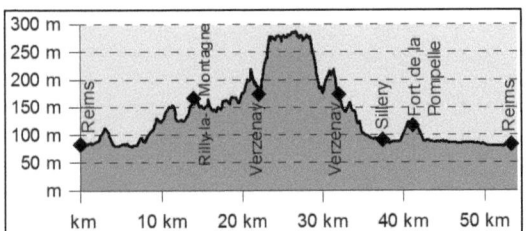

weil es viel zu entdecken gibt. Aus diesem Grunde ist hier eine Rundtour durch die Weinberge an den Hängen der Montagne de Reims beschrieben, die nach gut 53 km wieder am Bahnhof in Reims endet. Ab dem Fort de la Pompelle kann man alternativ in die nächsten Etappen Richtung Verdun einsteigen.

Die Etappe nimmt ihren Anfang am Bahnhof, von dem aus man geradeaus in die Fußgängerzone am „Place Drouet D'Erlon" einfährt. An ihrem Ende, an der Shoppingmeile „Rue de Vesle", geht es links Richtung Kathedrale. Am nächsten Abzweig biegt man rechts in die „Rue Chanzy" ein. An der nächsten Ampelkreuzung halten wir kurz inne und genießen den beeindruckenden Blick nach links auf die Kathedrale. Weiter geradeaus geht die „Rue Chanzy" bald in die „Rue Gambetta" über. Wir radeln durch die leicht angegraute Innenstadt von Reims. Eine kurze Steigung und die Kathedrale und das Museum San Remi liegen rechter Hand. Um zu einigen interessanten Champagnerkellereien zu kommen, biegen wir an der nächsten Kreuzung im spitzen Winkel ab in die „Rue Des Créneaux", um dann direkt rechts in die kopfsteingepflasterte „Rue Saint Sixte" einzubiegen. Nach ein paar hundert Metern bergauf liegt auf der gegenüberliegenden Seite das Champagnerhaus Taittinger. Wir überqueren die Straße und fahren geradeaus an der Kellerei vorbei in die „Rue Saint-Nicaise". Hier ist es Radlern ausdrücklich erlaubt gegen die Einbahnstraße zu fahren. Dieses Privileg endet schon nach gut 200m am breiten Boulevard „Henry Vasnier". Dem dichten Verkehr entkommen wir auf dem Radweg, dem wir nach rechts folgen. Gegenüber des großen Kreisels sieht man die beeindruckenden, mit wuchtigen Türmen verzierten Gebäude von Champagner Pommery Vranken. Wir halten uns am Kreisel links und rollen bergab über den guten Radweg bis zum nächsten Kreisverkehr. Hier liegt linker Hand mit der Kellerei Veuve Clicquot, die dritte der sehenswerten Kellereien.

⚠️ Champagner in Reims

Ohne den Besuch einer Kellerei ist man nicht in Reims gewesen. Hier sind etliche Hersteller des edlen Schaumweins mit klangvollen Namen ansässig. Bei Taittinger wird man in Keller geführt, die zu Zeiten der Römer als Steinbrüche entstanden sind und später klösterliche Weinkeller waren. Pommery beeindruckt durch seine Größe und spult ein professionelles Besucherprogramm ab. Die Besuche sind nicht ganz billig und werden in verschiedenen Sprachen angeboten. Bei allen wird anschaulich erklärt und gezeigt, mit welchem besonderen Verfahren das edle Getränk hergestellt wird. Zum Abschluss gibt es eine Kostprobe französischer Kellerkunst. Um lange Wartezeiten zu vermeiden, sollte man sich vorher nach den Zeitplänen für die Führungen erkundigen und sich ggf. schon anmelden.

> ℹ️ Pommery   : +33/326616255 ; www.vrankenpommery.fr
> Taittinger : +33/326854535; www.taittinger.fr
> Übersicht   : www.maisons-champagne.com

Dieser Kreisel wird gegen den Uhrzeigersinn halb umrundet. Wir nutzen die Fahrradspur, um bis an die T-Kreuzung am Kanalufer bergab zu rollen. Nach rechts geht es bis zur nächsten Kanalbrücke weiter. Von der Brücke sieht das Kanalwasser durch die kreidigen

14 Reims - Montagne de Reims

Sedimente, die durch die Schiffe immer wieder aufgewirbelt werden, aus wie das Wasser eines Gletscherflusses. Auf der anderen Seite der Brücke führt eine Rampe zum Kanalradweg hinunter. Wir fahren scharf nach rechts und genießen die Fahrt. An der zweiten Brücke, hinter der man ein Schleusentor sehen kann, verlassen wir den Kanal und folgen der Straße nach rechts. Nachdem man die Autobahn überquert hat, erreichen wir „Cormontreuil". Hier gabelt sich an einer Ampelkreuzung die Straße, und es geht weiter nach links und bergan Richtung „Louvois". An den beiden Kreisverkehren im Gewerbegebiet geht es geradeaus weiter. Man überquert erst die Autobahn und dann die TGV-Strecke. Im kleinen Ort Mont Ferre können wir die stark befahrene Landstraße verlassen und biegen rechts ab nach „Rilly-la-Montagne" auf die D409. Auf der bewaldeten Hügelkuppe links der Straße versteckt sich das bis 1880 erbaute Fort de Montbré, das nicht zu besichtigen ist. Von der Straße aus ist nur die Ruine eines Turmes am Waldrand zu sehen. Vor uns liegen die Weinberge an den Hängen der Montagne de Reims und der kleine Ort Rilly-la-Montagne. Weingüter gibt es an jeder Ecke, doch die Weinorte der Champagne sind nicht so hochglanzpoliert und mit dutzenden Weinlokalen übersät, wie man es aus Deutschland gewohnt ist. Eine Verkostung ist an vielen Stellen möglich. Französische Sprachkenntnisse sind dabei aber meist notwendig.

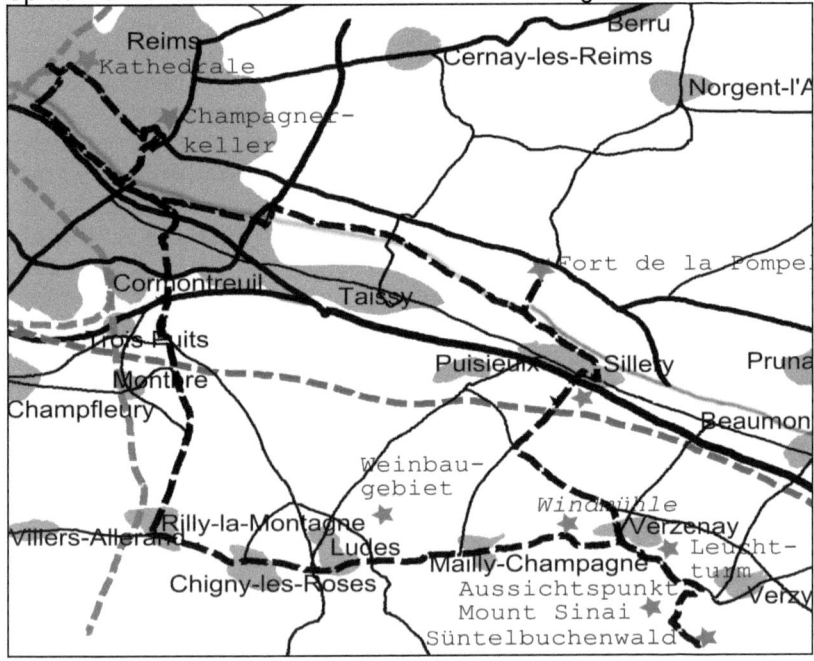

Wer sich den Stadtverkehr aus Reims heraus ersparen möchte, kann bis Rilly-la-Montagne mit dem Zug fahren.

14 Reims - Montagne de Reims

Knapp 200m nachdem wir die kleine Kirche passiert haben, geht es links ab nach „Chigny-les-Roses" und man folgt bis zum Leuchtturm von Versenay der „Route Touristique de Champagne". Wir überblicken die Weinberge und durchfahren einige Weinorte. Auf einem Hügelsporn kurz vor Verzenay steht eine Windmühle malerisch mitten in den Weinbergen. Am Ortsrand nimmt man an der Weggabelung die Champagnerroute nach rechts. Kurz darauf geht es steil bergab. An der folgenden T-Kreuzung fährt man rechts Richtung „Verzy". Den Leuchtturm, in dem sich ein Weinmuseum befindet, passieren wir kurz hinter dem Ortsausgang. Wir fahren am ersten Parkplatz vorbei und nehmen den folgenden Abzweig zum Museum. Nach dem Besuch steht ein Abstecher zu den einmaligen Korkenzieherbuchen im Wald von Verzy und zum Aussichtspunkt Mont Sinai auf dem Programm. Dazu folgt man weiter der Landstraße bis nach „Verzy". Hier muss man sich nach rechts steil bergan zum „Foret-les-Faux" hoch kämpfen. Am Ende der Steigung sind links Parkplätze angelegt. Wir fahren erst einmal nach rechts. Nach 100m weist ein Schild rechts zum „Observatoire Mont Sinaii". Der Waldweg endet nach ein paar hundert Metern an der Kante des Plateaus und eröffnet einen tollen Ausblick. Diesen Ausblick nutzten auch die Verteidiger von Reims und errichteten 3 Beobachtungs- und einen Kommunikations- und Stabsbunker.

> Alternativ *Wen es nicht schreckt ein paar Meter zu schieben, der kann die steile Landstraße zum Aussichtspunkt Mont-Sinaii umgehen, indem er gegenüber der Einfahrt zum Museum den asphaltierten Weg steil bergan nimmt. Es ist die Zufahrt zum Hochseilgarten Parc Arboxygène. Dieser geht nach kurzer Zeit in einen Waldweg über, der am Parkplatz für einen Hochseilgarten endet. Hier weiter geradeaus den Berg hoch schieben und sich am Hochseilgarten links halten. Nach kurzer Fahrt kommt man an eine breite Forststraße und hält sich immer geradeaus, bzw. links bis an den Abzweig zum Aussichtspunkt.*

Zurück an der Landstraße sollten wir uns einen Abstecher zu einer botanischen Kuriosität auf dem Plateau nicht entgehen lassen. Auf der anderen Straßenseite kommt man über die Forststraße zu einem kurzen Rundweg durch einen Wald mit fast 800 Korkenzieher- oder Süntelbuchen. Auf dem Wanderweg müssen wir allerdings auf unser Rad verzichten.

⚠️ **Die Süntelbuchen – ganz schön verdreht!**
Meine wenig wissenschaftliche Erklärung für das Vorkommen der Korkenzieherbuchen ist die Nähe zu den Weinbergen. Eine wissenschaftlichere Erklärung gibt es stattdessen nicht für den Drehwuchs und das gehäufte Vorkommen dieser seltenen Variante der Rotbuche. Der Baum wächst mehr

14 Reims - Montagne de Reims

in die Breite als in die Höhe und die Äste sind verdreht, winden sich schlangenförmig und sind oft miteinander verwachsen. Wie immer, wenn es keine Erklärung zu geben scheint, sind böse Mächte am Werk. Die kuriosen pilz- oder halbkugelförmigen Bäume und Büsche wurden deshalb auch als Teufelsbuche oder Hexenholz bezeichnet. Ein kurzer Rundweg für Fußgänger erschließt den verwunschenen Wald.

Der Weg zurück führt die Landstraße hinab nach Verzy und hier links, über die „Route Touristique de Champagne", nach Verzenay. Dort jedoch biegen wir nicht links ab, sondern radeln geradeaus Richtung „Prunay". Die Landstraße beschreibt kurz vor dem Ortsausgang eine Rechtskurve, an der wir halbrechts in die „Rue de Puisieulx" einbiegen. Durch die Weinberge geht es hinunter ins Tal bis zur Kreuzung mit einer Landstraße. Nachdem wir rechts abgebogen sind, überquert man die Schnellbahnstrecke und die Autobahn, bevor man nach Sillery kommt. An der Kreuzung mit der D8 fahren wir rechts Richtung „Chalons-en-Champagne".

Süntelbuchen mit bizarrem Wuchs

Nach wenigen Metern kommen wir an den französischen Soldatenfriedhof und fahren scharf links, entlang des Hafens am Canal de L'Aisne À la Marne. Wir folgen dem Kanal bis zur Schleuse und wechseln dort auf die andere Kanalseite, auf der ein asphaltierter Weg weiter bis zur nächsten Brücke führt. Hier bietet sich ein etwas unkonventioneller Abstecher zum ehemals hart umkämpften Fort de la Pompelle an. Dazu fahren wir nach rechts auf einem immer schlechter werdenden Feldweg bis zu einem mit dichtem Strauchwerk bewachsenen Gebiet. Mitten drin liegen die Ruinen des Forts, welche heute ein Museum beherbergen. Ein Trampelpfad durch dieses Dickicht bringt uns zum Eingang der alten Festung. Hat man den Pfad nicht gefunden, kommt man geradeaus an eine kleine Böschung am Rand der stark befahrenen D944. Theoretisch können wir auf der Standspur die 150m zum Fort zurücklegen, was aber wegen des starken Verkehrs nicht zu empfehlen ist.

Fort de la Pompelle

Die „Pumpenburg" war als eine von vier Festungen Teil der Befestigung von Reims durch Séré de Rivières bis 1883 errichtet und 1913 seiner Bewaffnung beraubt worden. Die Geschichte des Forts und von Reims ist ähnlich der von Arras oder Ieper.

14 Reims - Montagne de Reims

1914 kurzzeitig von den Deutschen besetzt, zogen sich die Angreifer nach dem Debakel an der Marne aus Stadt und Fort zurück, um sich neu zu ordnen. Danach blieben beide in französischer Hand. Als Zeichen der Bündnistreue entsandte der Zar 1916 zwei russische Eliteeinheiten, die die Verteidiger unterstützten. Weitere Unterstützung kam von einigen Kanonenbooten auf dem Kanal. Durch im Laufe des Krieges gegrabene Tunnel, konnten die bis zu 2000 Verteidiger gefahrlos aus der Etappe an die Front gelangen. Von außen ist die Anlage kaum mehr als ein zerschossener Schuttberg, den die heftigen deutschen Angriffe übrig gelassen haben. Im Innern sind nur wenige Räume sicher und für die Besichtigung freigegeben. Man braucht nicht lange, um die alten Fotos und die ausgestellten Ausrüstungsgegenstände anzusehen. Einmalig ist allerdings für Interessierte die Sammlung von fast 600 Kopfbedeckungen der verschiedenen deutschen Einheiten, sowie Orden, Säbel und Uniformen.

 www.reims.fr/culture-patrimoine/musees-et-collections-permanentes/musee-du-fort-de-la-pompelle.htm, +33/326491185

Nov.-Mär.: 10:00 - 17:00
Apr.-Okt.: 10:00 - 19:00   4,00 €
closed 24.Dez. - 6.Jan.

 Um direkt in die nächste Etappe einzusteigen, nimmt man den Fußgängertunnel unter der autobahnähnlichen D944.

Der Rückweg nach Reims führt wieder zurück zum Kanal und nach rechts parallel der Bahnlinie bis zum erste Kreisel.

 Auf der anderen Kanalseite führt ein Treidelweg 2,5 km durchs Grüne bis zum Beginn der „Voie Verte", dem Kanalradweg. Er ist schmal und teils holprig, aber eine gute Alternative zu den Straßen durch das Industriegebiet.

Leider fahren wir die ganze Zeit durch ein Industriegebiet. Am Kreisel geht es nach links, und wir überqueren erneut den Kanal. Auf der anderen Seite nimmt man den Kanalradweg zurück ins Herz der Stadt bis zum Kongresszentrum. Hier den Aufzug auf die Brücke nehmen und rechts in die Fußgängerzone fahren.

15 Reims Sommepy-Tahure

Riesige Felder und verschwundene Orte

	53 km		364 m		310 m
	++		+	History	+

Reims – St-Dizier, IGN, ISBN: 978-2-7585-1508-1

www.champagne-ardenne-tourism.co.uk/

Hotel La Source de Py, 43 Rue Foch, 51600 Sommepy-Tahure, +33/326670625, www.lasourcedupy.com
Le Tulipier, Rue Saint-Jacques, 51800 Vienne Le Château, 03 26 60 69 90, tulipier.le@wanadoo.fr, www.letulipier.com

Denkt man an die Champagne, so erscheinen vor dem geistigen Auge Weinberge. Bei der Rundtour zur Montagne de Reims haben 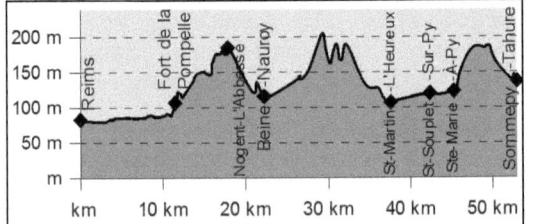 wir diese Seite kennen gelernt. Auf diesem Abschnitt erleben wir das andere Gesicht der Champagne. Eine weite, sanft gewellte Landschaft mit riesigen Feldern und nur wenigen Ortschaften. Man muss sich deshalb in Reims für den Tag mit Verpflegung eindecken.

Um die Stadt zu verlassen, fahren wir vom Bahnhof halbrechts in die breite Fußgängerzone am „Place Drouet D'Erlon", die „Gastromeile" der Stadt. Am Ende stößt diese auf die Einkaufsstraße „Rue de Vesle". Hier fahren wir rechts. Kurz nachdem die Fußgängerzone endet geht es auf der linken Straßenseite über die Kanalbrücke. Ein Aufzug bringt uns hinab auf den Radweg entlang des Aisne-Marne-Kanals. Auf der lebhaft frequentierten „voie verte" geht es nach links weiter. Diese „grüne" Achse der Stadt, zwischen Kanal und dem Flüsschen Vesle, teilen wir uns mit Radlern, Joggern und Fußgängern. Nach knapp 6,5 km liegen rechter Hand nur noch Wiesen und Wald und auf der anderen Kanalseite ein Industriegebiet. An einer blauen Brücke, kurz vor dem Ende des asphaltierten Radwegs, überqueren wir den Kanal. Auf den „Boulevard Du Val de Vesle" biegt man am ersten Kreisel nach rechts ein. Viel Schwerverkehr erwartet uns im Industriegebiet, je nach Tageszeit. An einer großen Siloanlage macht der, mittlerweile für den Verkehr gesperrte, Weg einen Rechtsknick und quert den Kanal. Hier geht es für uns nach links auf einem Feldweg weiter, dem man immer geradeaus folgt. Er wird immer steiniger und führt bergan zu einem mit hohen Büschen bewachsenen Gebiet. In diesem liegt zur Linken das Fort-de-la-Pompelle versteckt. Über Trampelpfade schiebt man zum Fort. Der Weg ist ein wenig abenteuerlich, aber die einfachste Möglichkeit ohne die Nutzung der vierspurigen D944 aus der Stadt hierher zu gelangen. Durch eine schmale

Weit und breit kein Auto

Röhre für Fußgänger gelangen wir auf die andere Seite der autobahnähnlichen Straße. Sie ist so schmal, dass es nicht möglich ist, neben dem Rad her zu gehen. Drüben angekommen nimmt man den einspurigen Weg geradeaus. Weinberge liegen vor uns und an der Kreuzung mit der Landstraße fahren wir rechts in eine Nebenstraße. Sie führt in einem Bogen bergan, um den mit Reben bewachsenen Hügel herum. Den Kreisverkehr am Ortseingang von Nogent-L'Abbesse verlässt man Richtung „Beine-Nauroy". Weinberge sind ab jetzt passe und große Felder mit Getreide und Raps bestimmen die Landschaft. Wir rollen lange bergab und später geht es in weiten Wellen über das fruchtbare Land. An einer T-Kreuzung in Beine-Nauroy, einem netten kleinen Ort, hält man sich links nach „Saint-Martin-L'Heureux". Es folgt ein Kreisel, an dem es weiter halbrechts nach „Saint-Martin-L'Heureux" und „Suippes" geht. Die nächste Gerade ist 3,6km lang und an dem Wäldchen, dass die Ruinen des zerstörten Dorfes Nauroy bedeckt, geht es erst rechts und dann links nach „St Martin".

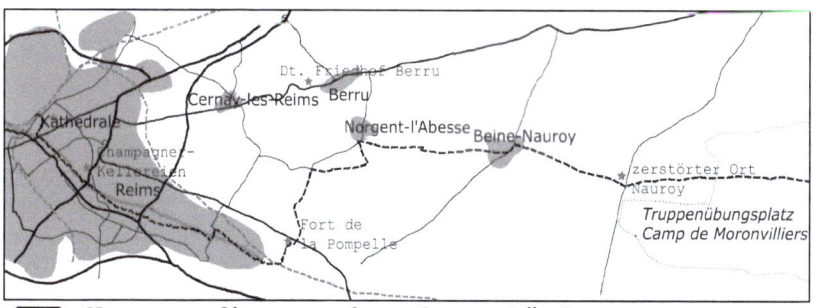

> **History**
> **Nauroy- die verschwundenen Dörfer**
> Die Gegend ist nicht zuletzt wegen der Kämpfe des „Grand Guerre" so einsam. Etliche Dörfer hat der Krieg verschlungen. Nauroy, dessen von Bäumen und Büschen bewachsene Grundmauern frei zugänglich

15 Reims Sommepy-Tahure

sind, besteht nur noch aus einer Kapelle und den Ruinen der Kirche. Der Ortsname lebt im Nachbarort Beine-NAUROY fort. Einige Dörfer liegen innerhalb der zwei riesigen Truppenübungsplätze, die wir bei der heutigen Etappe zu Gesicht bekommen. Seit den zwanziger Jahren werden hier, auf den alten Schlachtfeldern, weiter Soldaten gedrillt. Es ist ein wenig befremdlich, beim Radeln in einer Gegend mit dieser Geschichte Geschützdonner als „Soundtrack" zu hören. Orte wie Tahure, Moronvilliers, Le Mesnil-lès-Hurlus, Hurlus, Perthes-lès-Hurlus und Ripont findet man auf Landkarten nur noch mit dem Zusatz „Village Détruit". Neben Nauroy ist einzig die Dorfstelle von Ripont heute frei zugänglich. Neben dem Namenszusatz am Nachbarort Rouvroy, ist das einzige Überbleibsel des ehemals 84 Seelen zählenden Dorfes der Friedhof und ein Denkmal mit der Aufschrift „Ici fut Ripont", hier lag Ripont.

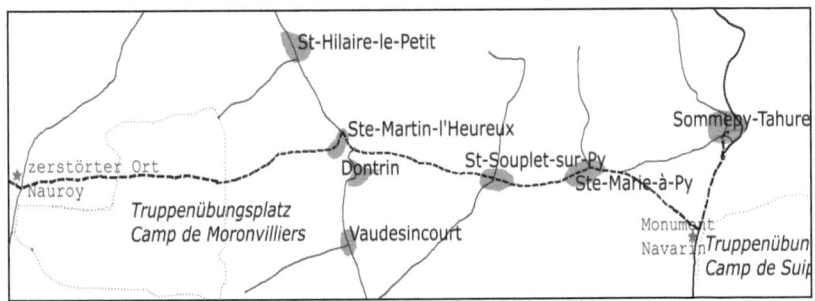

Weiter geht es über die großen Felder, bis wir den Truppenübungsplatz Camp de Moronvilliers erreichen. Der Blick geht weit über das Land. Auf der Straße stört kaum ein Auto, so dass man seinen Gedanken nachhängen kann. Hier wird der Weg für gut 4km zwischen zwei hohen Zäunen eingezwängt. An das zerstörte Moronviller erinnert nur noch ein Kreuz. Die D64 wird immer schmaler bis Saint-Martin-L'Heureux erreicht ist. Wir überqueren einen Bach, an dem aus kleinen Häuschen heraus geangelt werden kann. An der Stoppstraße geht es rechts und direkt links Richtung „Saint-Souplet-Sur-Py" ab. Auch diese Straße ist zwar zweispurig, aber weiterhin ruhig. Sie folgt dem Tal der Py mit netten und ruhigen Orten wie Saint-Souplet-Sur-Py und Sainte-Marie-À-Py, in dem die Vorfahrtsstraße einen leichten Rechtsknick beschreibt und die Py überquert. Weiter geht es Richtung „Sommepy-Tahure" leicht bergan. An der folgenden Gabelung nehmen wie die rechte Straße Richtung „Souain-Perthes-Lès-Hurlus". Leicht bergan kommen wir nach 3km an die stark befahrene D977. Rechts sehen wir schon das Denkmal für die Armeen der Champagne, das einen Abstecher Wert ist.

15 Reims Sommepy-Tahure

⚠️ **Monument de Navarin- Der General und seine Soldaten**

Die Fermé Navarin wurde während der 2 Schlachten in der Champagne 1915 dem Erdboden gleich gemacht. Auf dem Gelände errichtete man auf Initiative des Generals Gouraud ein Denkmal für die Armeen der Champagne. Die Spitze der Pyramide ziert eine Figurengruppe mit 3 Soldaten im Sturm. Einer hat die Gesichtszüge des Generals, der zweite von Quentin Roosevelt, dem Sohn des US-Präsidenten, und auf dem dritten hat der Bildhauer seinen eigenen Bruder verewigt.  In der Krypta, die besichtigt werden kann, sind die Gebeine von zehntausend Soldaten beigesetzt. Nach seinem Tod ließ sich auch General Gouraud hier bei seinen Soldaten beisetzen.

> ℹ️ http://crdp.ac-reims.fr/memoire/lieux/1GM_CA/monuments/03navarin.htm; +33/326668232

> 🕐 Mitte Mär.- Sep.: Fr. & Sa. 14:00-18:00,
> So. & FT. 10:00-12:00 & 14:00-18:00,    kostenlos
> 1. & 11. Nov.: 10:00-12.00 & 14:00-4:00

Nach dem Abstecher geht es auf der D977 bergab nach „Sommepy-Tahure". Rechter Hand liegt der nächste Truppenübungsplatz. An einem kleinen Rechtsknick fahren wir geradeaus in die Allee nach „Sommepy-Tahure". Der Ort sieht nett aus und kurz darauf passieren wir das erste Haus am Platz, das Hotel „La Source de Py".

⚠️ **Hotel „La Source de Py"– Erstes & einziges Haus am Platz**

Die Unterkunft sollte vorreserviert werden, da sonst weit und breit keine Übernachtungsmöglichkeit mehr zu finden ist. Alternativ kann man bis Vienne-le-Chateau weiter radeln.

Einen Bahnhof gibt es nicht, dafür aber eine Bäckerei. Direkt hinter der Rechtskurve der „Rue Foch" steht ein Wegweiser nach links zum amerikanischen Monument Mont Blanc. Man rollt hinab und kommt zur Boulangerie und der Kirche.

Zum amerikanischen Monument kann man einen 9 km weiten Abstecher unternehmen. Am Ortsausgang gabelt sich der Weg und halblinks führt eine schmale Landstraße leicht bergan zum Denkmal, wie alle amerikanischen Denkmale in aussichtsreicher Position.

16 Sommepy - Varennes-En-Argonne

Aus der weiten Champagne in den dichten Argonnerwald

⛰	**67 km**	⛰	**517 m**	⛰	**501 m**
🌲	++	🏘	++	📜 History	+++
🗺	Reims – St-Dizier, IGN, ISBN: 978-2-7585-1508-1				
ℹ	MUSEE D'ARGONNE, rue Louis XVI, 55270 Varennes-en-Argonne, +33/614532996, mairievarennesenargonne@wanadoo.fr				
🛏	A la belle carpe, 2 rue d'Orléans, 55270 Vauquois, www.booking.com Hotel du Grand Monarque, 1 place de l'église, 55270 Varennes-en-Argonne Camping Municipal "Le Pâquis", rue Saint Jean, 55270 Varennes-en-Argonne, +33/3 29 80 74 61				

Auch auf dieser Etappe gibt es keine Bahnanbindung. Die Landschaft ändert während der Fahrt in den Argonnerwald ihr Aussehen grundlegend. Die großen Felder machen schnell Weideland und Wäldern Platz. Nur eins bleibt - die verschlafenen kleinen Orte entlang der Strecke. Immer wieder tun sich neue Perspektiven auf, und es gibt viel zu entdecken. Einige der authentischsten Zeugnisse des Krieges findet man auf dieser Etappe – die Hand von Massiges

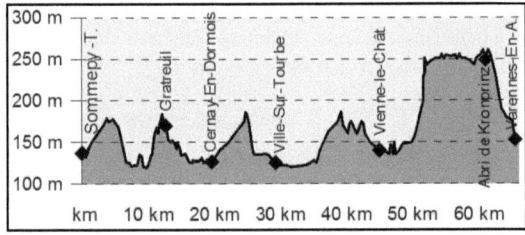

Wir starten die Fahrt vor der Mairie und fahren links auf die „Rue Foch". Am Kreisverkehr der stark befahrenen Umgehungsstraße geht es geradeaus Richtung „Aure" auf der D20 weiter. Wir genießen auf den ersten Kilometern des Tages den weiten Blick über das Land und die ruhige Straße. Ein Denkmal neben der Straße erinnert daran, dass es hier nicht immer so friedlich zugegangen ist. Nachdem wir mehrere Kilometer leicht bergan geradelt sind, überblicken wir ein Tal und sehen die Straße, die sich schnurgerade auf den nächsten Hügel hinauf zieht. Dieser schweißtreibende Anstieg muss uns nicht schrecken, denn wir biegen in der Senke rechts ins urige Tal der Allin ab und folgen dessen Verlauf nach „Manre". Ein paar hundert Meter nach dem Ortsausgang verlassen wir die Vorfahrtsstraße nach rechts Richtung „Gratreuil".

16 Sommepy - Varennes-En-Argonne

Der folgende Hügel hat es in sich. An der kleinen Dorfkirche von Gratreuil macht die D72 einen Rechtsknick Richtung „Fontaine-en-Dormois". Wir verlieren die mühsam erkämpften Höhenmeter auf einer abwechslungsreichen Abfahrt durch die Wald- und Weidelandschaft. „Rouvroy-Ripont" ist die Richtung, die wir im nächsten Ort einschlagen. Es geht durch ein weites offenes Tal, in dem die fast verkehrsfreie D72 mehrfach die Richtung ändert.

⚠ **Ripont – nur die Toten sind geblieben**
Gut 500m bevor man Rouvroy-Ripont, einen Ort der aus wenig mehr als einem hübschen Gutshof besteht, erreicht, steht ein Bunker neben der Straße und die D72 hat einen Linksknick. Hier kann man rechts den Wirtschaftsweg zu der Stelle nehmen, an dem vor dem Krieg 86 Menschen lebten. Geblieben sind nur die Toten auf dem Friedhof und zwei Gedenksteine.

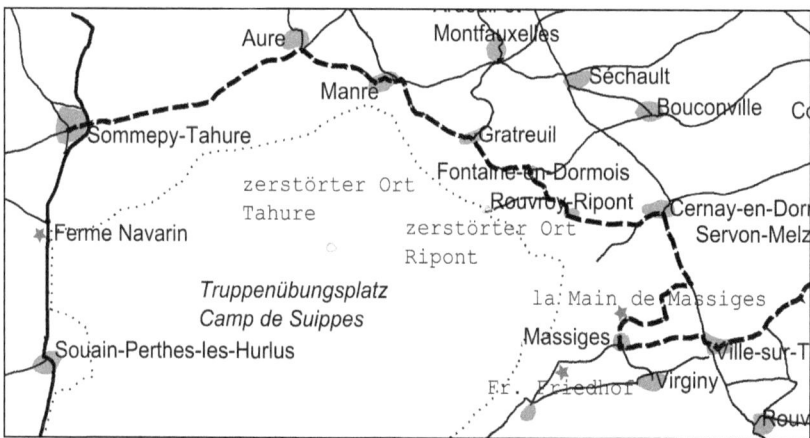

In Cernay-en-Dormois müssen wir rechts abbiegen Richtung „Ville-Sur-Tourbe" und „Sainte-Menehould". Die Landstraße ist breiter und auch stärker befahren. Nach 2,4 km, kurz hinter einer leichten Senke und einem Parkplatz rechter Hand, biegen wir in einen Feldweg ab, um zu den rekonstruierten Schützengräben und Befestigungsanlagen auf dem Main de Massiges zu gelangen.

> [Alternativ] *Wer nichts für Feldwege übrig hat, der bleibt bis zum Abzweig nach „Massiges" auf der Straße und biegt hier rechts ab. Im Dorf an der Kreuzung, an der man links nach „Virigny" abbiegen kann, rechts Richtung „Main de Massiges" fahren. Eine Infotafel und eine Marienstatue stehen an der nächsten Kreuzung. Dort links halten und dann direkt rechts dem Hinweis „Main de Massiges" bergan folgen. Auf der Höhe rechts halten.*

Er ist anfangs asphaltiert und lässt sich auch im weiteren Verlauf ganz gut fahren. An seinem Ende links halten und weiter bis zur nächsten T-Kreuzung fahren. Hier rechts abbiegen und schnurgerade

16 Sommepy - Varennes-En-Argonne

den Hügel hoch trampeln. Der Weg wird immer steiler und bei Nässe zu allem Überfluss auch richtig rutschig. Auf dem Hügel werden die alten Gräben und Unterstände wieder rekonstruiert.

> **History** **Le Main Massiges – Die Hand von Massiges**
> Auf dieser steilen Erhebung über dem Tal der Aisne, deren tief eingeschnittene Täler aus der Vogelperspektive wie eine Hand aussehen, hatten deutsche Truppen nach der Niederlage an der Marne ihre Verteidigungslinie eingerichtet. Seit Ende 1914 gab es unzählige Kämpfe, bei denen sich französische Truppen immer weiter auf den Hügel vorarbeiten konnten. Der Gipfel, von den Deutschen Kanonenberg genannt, konnte allerdings erst im September 1918 erobert werden. Auf Frontlänge von 30km waren 103 französische und 4 amerikanische Divisionen, zwei russische Brigaden sowie polnische und tschechoslowakische Regimenter angetreten. Sie drängten die deutschen Truppen bis nach Sedan zurück. Dies war eine der Niederlagen, die auch dem letzten deutschen Militär klar machten, dass der

Stacheldrahthindernisse

Rekonstruierte Gräben auf der Höhe 191

16 Sommepy - Varennes-En-Argonne

Krieg verloren war. Die kaiserlichen Armeen wurden zwar nie besiegt, verloren aber bei jedem Rückzug tausende Männer und Unmengen an Ausrüstung. Hatten sich bis Mitte 1918 nur selten eine große Anzahl deutscher Soldaten ergeben, so war die Moral der Truppe jetzt zusammengebrochen.

⚠ Die Gräben und Unterstände auf Höhe 191

Die rekonstruierten Gräben sind eins der authentischsten Zeugnisse des ersten Weltkrieges. In den Unterständen stehen alte Fundstücke, Flaschen, Stühle oder kleine Öfen. Stacheldrahtverhaue umgeben die Gräben und Blindgänger liegen zusammengetragen auf dem Boden. Ein stiller Ort ohne viel Publikum mit einem weiten Blick über die Landschaft. Ab und zu hört man Geschützdonner vom nahen Truppenübungsplatz. Ein bedrückender Soundtrack, der aber zu der einzigartigen Atmosphäre des Ortes beiträgt. Neben den Gräben zeugen zwei tiefe Minenkrater von den heftigen Kämpfen.

Der weitere Weg führt an einem Denkmal vorbei. Dann biegen wir links ab und rollen hinab ins Tal. Dabei müssen wir uns links halten. Kurz darauf erreichen wir eine Infotafel und eine Marienstatue. Hier hält man sich rechts und biegt dann links in die Landstraße ein. An ihrem Ende geht es rechts nach „Ville-Sur-Tourbe", und 200 m weiter halten wir uns links nach „Servon-Melzicourt". Mitten im Ort geht es abermals nach links, um auf die D566 nach „Servon-Melzicourt" zu gelangen. Zum letzten Mal überqueren wir bald darauf die Aisne, die hier am Oberlauf kaum mehr als ein Bach ist. An der Weggabelung am Ortsrand von Servon-Melzicourt nehmen wir nicht den direkten Weg nach „Vienne–Le-Chateau" sondern fahren geradeaus bis zur Kirche und dann rechts.

Blindgänger- ein Drittel der Granaten explodierte nicht

16 Sommepy - Varennes-En-Argonne

⚠ Der Deutsche Friedhof von Servon-Melzicourt

Nicht einmal einen Kilometer weit ist der Abstecher zum deutschen Soldatenfriedhof, der in der Senke nach links ausgeschildert ist. Mehr als 10000 Kriegstote liegen hier.

Unser weiterer Weg führt geradeaus, über die schmale Straße bergan, aus dem Dorf hinaus. Diese mündet in eine ruhige Landstraße, die über eine breite Schneise im dichten Wald langsam aber stetig an Höhe gewinnt. Man kommt an eine Stoppstraße und biegt rechts ab.

⚠ Camp de la Vallée du Moreau- Feldlager des 83. Landwehrregiments.

Mit viel ehrenamtlichem Engagement hat das französisch-deutsche Komitee das ehemalige Feldlager der Landwehr rekonstruiert. Unterstände, Küche, Entlausungsstation, Waschhaus usw. wurden wieder ausgegraben oder aufgebaut. Es lag 3 km von der Front entfernt und durch das Tal vor dem direkten Artilleriebeschuss relativ geschützt. Hier spielte sich

Quartiere im Camp de la Vallée du Moreau

der Alltag der Soldaten ab, die nicht im Einsatz waren. Ein Abstecher, der sich lohnt. Ein Besuch ohne Führung ist untersagt, dass Gelände aber nicht eingezäunt.

ⓘ +33/326604940, mpa@argonne.fr   ① ≥12 J.: 5€

⊙ Sa.: 9:30 – 12:00, oder nach Absprache

16 Sommepy - Varennes-En-Argonne

Bis „Vienne-Le-Chateau" kann man rollen lassen. Dabei passieren wir den französischen Soldatenfriedhof von St. Thomas-En-Argonne. Im Ort biegt man Richtung „Gendarmerie" in die „Rue Neuf" ein, der wir immer geradeaus folgen. Eine Wohnstraße ohne Durchgangsverkehr.

⚠ **Le Tulipier- Stilvolle Übernachtung im Argonnerwald**
Hoch über Vienne-Le-Chateau, mitten im Wald, liegt das nette Hotel und Restaurant. Nach dem Ortseingang an der ersten Möglichkeit zwei mal rechts halten und sich dann den steilen Berg hinauf quälen.

ⓘ www.tripadvisor.de, www.hrs.de „le tulipier"

Als asphaltierter Wirtschaftsweg findet sie nach dem Ortsausgang ihre Fortsetzung. Dicht bewaldete Hänge fassen die Wiesen und Felder auf der Talsohle ein. Einen Abzweig nach rechts ignorieren wir und passieren einen Teich mit einem schönen Picknickplatz. In dem Hang neben dem Weg sind etliche Unterstände angelegt, teils in mehrere Etagen. Kurz darauf kommt man an eine Kreuzung. Hier rechts halten und weiter dem Tal folgen. Vor dem kleinen Weiler La Harazée zieht sich ein französischer Soldatenfriedhof den Hang

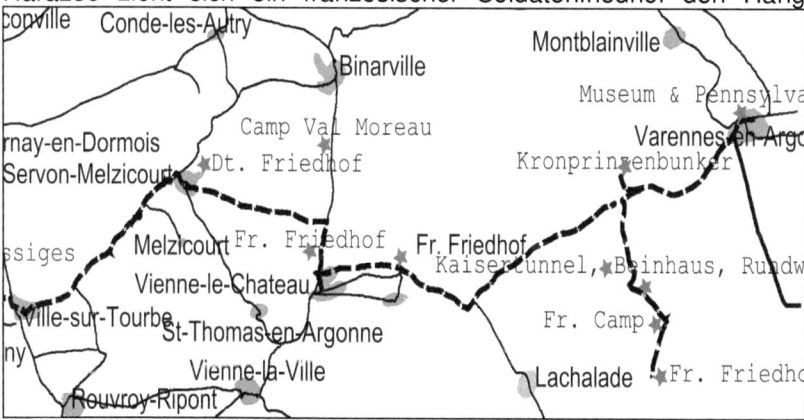

hinauf. Links der kleinen Kirche steht ein uriges altes Waschhaus am Bach. Wir fahren allerdings nach rechts zur Landstraße, auf die wir nach links einbiegen. Die ruhige D67 folgt weiter dem Tal und man sieht Reste weiterer Unterstände in der Felswand. Ein großes Kreuz steht am nächsten Abzweig, und man biegt ab Richtung „Kaisertunnel". Der dichte Argonnerwald verschluckt uns. Es geht jetzt knapp 5 km kontinuierlich bergan. Ein Wegweiser auf der Anhöhe weist uns rechts zum „Kaisertunnel", dem „Cementiere de la Forrestiere" und „La Haute Chevauchée". Ohne weitere Steigungen fahren wir durch den Mischwald. Am unscheinbaren, stählernen „Croix de St-Pol" kann man rechts zum Kaisertunnel, einem alten Verbindungstunnel zur Front, abbiegen.

16 Sommepy - Varennes-En-Argonne

 Der Kaisertunnel- sicherer Weg & Zufluchtsort
Den deutschen Truppen war es 1915 nicht gelungen, den Höhenzug einzunehmen. So konnten die Nachschubwege direkt unter Feuer genommen werden. Um das zu verhindern, begann man Ende 1915 mit dem Bau des Kaisertunnels hinüber zum Nordgrund. Auf die Hilfe von Pionieren konnten die Infantriesoldaten nicht hoffen, da diese durch den Minenkrieg gebunden waren. Den Höhenzug hatte man nach 5 Monaten durchstoßen. Doch der Tunnel war mehr als nur ein Zugang. Es gab einen unterirdischen Verbandsplatz mit einem Oparationsraum und eine Elektrozentrale, in der 2 Generatoren Strom für Brunnen, Ventilatoren und die wichtigsten Unterstände lieferten. Weitere Tunnel sicherten später den Weg hinaus aus der heißen Kampfzone und der Reichweite der Artillerie. Im September 1918, nachdem man die meisten Soldaten von dieser Front abgezogen hatte, sprengte oder verbarrikadierte man die 10 Ausgänge des Tunnels, damit sie nicht in die Hände des Gegners fallen konnten.

ⓘ +33/329884222

Ⓧ Leider zur Zeit wegen Renovierung geschlossen.

Französische Feldküche

Geradeaus kommen wir zum Beinhaus und dem Denkmal für die 150.000 Toten in den Argonnen. Hier, am höchsten Punkt des Argonnerwaldes, beginnt ein kurzer Spazierpfad durch den von Minenkratern zernarbten Wald. Hinweistafeln, u.a. in deutscher

16 Sommepy - Varennes-En-Argonne

Sprache, vermitteln ein gutes Bild der Geschichte und des Minenkrieges. Man folgt dem Verlauf alter Gräben und kommt an den Eingängen zu Tunneln oder Unterständen vorbei. Auch hier verlagerte sich der Krieg unter die Erde, da oberirdisch keine Erfolge mehr zu erzielen waren. Der Pfad bringt uns zum Kaisertunnel und wieder zurück zum Ausgangspunkt. Folgt man weitere 1,4 km der schmalen Höhenstraße, kommen wir an ein rekonstruiertes französisches Camp, das sich links ein kleines Tal hinunter zieht.

⚠ Das französische Camp der Maulwurfsoldaten

Genau wie beim deutschen Camp im Vallée du Moreau sind hier die in den Felsen getriebenen Unterstände und die Feldküche erhalten. Es ist frei zugänglich und ebenfalls sehr sehenswert. Jede Unterkunft war tief eingegraben, da die Front ganz in der Nähe war. Die Männer müssen sich gefühlt haben wie die Maulwürfe. Wenigstens haben sie so gearbeitet und gelebt.

Französisches Feldlager

Wir fahren zurück zur Landstraße und setzen dort unsere Fahrt für 600 m fort, bevor wir den nächsten Abstecher, diesmal nach links, unternehmen. Der „Abri de Kronprinz" ist das Ziel. Nach 800m auf einem breiten Forstweg liegen rechter Hand etliche Bunker im Wald verstreut. Der Komfortabelste mit Erker, großen Fenstern, feinem Putz und Kamin war Kronprinz Wilhelm vorbehalten. Weitere dienten wahrscheinlich seinem Stab. Zurück an der Landstraße rollen wir hinunter ins Tal nach Varennes-En-Argonne. Der Ort spielte schon einmal eine Rolle in der französischen Geschichte. Eine Mantel und Degenstory aus dem achtzehnten Jahrhundert. Einige Hinweistafeln entlang der Straße ins Tal der L'Aire erzählen die Geschichte von Ludwig XVI, dessen Flucht vor den Häschern der französischen Revolution hier gestoppt wurde. Dies wird auch im Musee-des-Argonnes thematisiert. Unübersehbar daneben das riesige amerikanische Pennsylvania Monument. Der Ort hat zwar keinen Bahnhof, aber im „Hotel du Grand Monarque", direkt an der Brücke über dem Fluss, kann man übernachten.

Der Kronprinzenbunker

17 Varennes-En-Argonne – Verdun

Geballte Geschichte zwischen Argonnerwald & Maas

	67 km		768 m		718 m
	+++		++	History	+++
	Reims – St-Dizier, IGN, ISBN: 978-2-7585-1508-1				
ⓘ	Maison du Tourisme de Verdun, Place de la Nation, 55106 Verdun Cedex, +33/329841418, www.en.verduntourisme.com/				
	Chambres d'hotes Villa Nantrisé, 46 Rue de L'Argonne, 55110 Romagne-sous-Montfaucon B&B Le Village Gaulois, 11 Rue Du Parge, 55100 Verdun-sur-Meuse, France Hôtel Saint Paul, Rue Du Général Sarrail 12, 55100 Verdun, +33/329860216, hotelspaul@orange.fr, www.hotel-saintpaul.fr/ Hôtel ibis budget Verdun, Rue Jean Norton-Cru, ZAC Sud Actipôle, 55100 Verdun +33/892701285, http://www.accorhotels.com/gb/hotel-6872-ibis-budget-verdun/index.shtml, Camping les Breuils, 8 Allée des Breuils, 55100 Verdun, www.campinglesbreuils.com/, contact@camping-lesbreuils.com				

Obwohl Verdun nur 26 km Luftlinie entfernt liegt, ist diese Etappe 67 km lang, da einige besondere Orte auf dem Programm stehen. Der Hügel von Vauquois ist von Tunneln durchzogen und von einer Reihe riesiger Minenkrater zweigeteilt. In Romagne-Sous-Montfaucon befindet sich der größte amerikanische Soldatenfriedhof in Europa und ein Museum. Von der US-Siegessäule im Dorf Mountfacon hat man einen unglaublichen Ausblick. Die Wälder rund um die Anhöhe des Mort-Homme, des Toten Mannes, sind noch immer zernarbt und gezeichnet von den Spuren der Kämpfe.

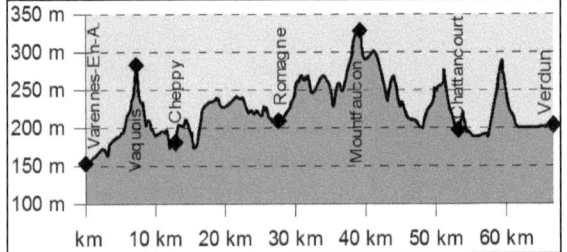

17 Varennes-En-Argonne – Verdun

Minenkrater teilen den Hügel Vaquois

Start der Etappe ist am Hotel des Grand Monarque. Vor der Kirche fährt man rechts Richtung „Avoncourt". Nach gut 400 m auf der Hauptstraße beschreibt diese eine weite Linkskurve. Kurz davor nimmt man den ersten Abzweig nach rechts. Der schlechte Asphalt zu Beginn geht in einen Feldweg über. Trotz einiger Schlaglöcher ist dieser sehr gut zu fahren. Keine 200 m nachdem wir links in die D946 eingebogen sind, geht es abermals links in einen schmalen Weg zum „Gite Rural". Die Unterkunft finden wir nach dem Rechtsknick der Straße. Eine T-Kreuzung mit der D212 wird erreicht, und es geht nach links aus Boureuilles hinaus. Meist leicht bergan schlängelt sich die Straße durch die hügelige und offene Wiesenlandschaft, die mit Bäumen und kleinen Waldstücken aufgelockert ist. In Vauquois nehmen wir den Abzweig scharf nach links und vergießen auf der steilen Straße ein paar Schweißtropfen. Eine Schutzhütte mit Infotafeln gibt einen guten Überblick, bevor man die letzten Meter auf die Hügelkuppe zu Fuß zurücklegen muss. Vom ehemaligen Dorf sind nur ein paar Grundmauern und Keller übrig. Eine Reihe riesiger Minenkrater teilt das Gipfelplateau in zwei Hälften. Wir machen einen Spaziergang um den Hügel und sehen eine Reihe gut befestigter Gräben und Tunneleingänge.

History — Vauqouis- der gespaltene & durchbohrte Berg

Es gibt nur wenige Orte, an denen die Wunden des Krieges offensichtlicher sind als auf dem Hügel von Vaquois. Wie andere Höhenstellungen wurde er heftig attackiert und verbissen verteidigt.

17 Varennes-En-Argonne – Verdun

Nachdem die Deutschen den steilen Hügel und das Dorf am 24.9.1914 kampflos besetzen konnten, begannen sie direkt mit dem Ausbau zu einer Festung. Es war klar, dass die Franzosen versuchen würden, den Hügel wieder unter ihre Kontrolle zu bekommen. Unter großen Verlusten schlugen die ersten Angriffe einen Monat später fehl. Erst im März 1915 konnten sich die Franzosen mit gewaltiger Artillerieunterstützung bis an den Rand des Dorfes vorkämpfen. Viel weiter kamen sie nicht, denn die Stellungen waren zu gut befestigt, und die Deutschen setzten mit dem Flammenwerfer eine neue Terrorwaffe zur Verteidigung ein. Über der Erde ging es nicht weiter, so verlegten sich die Kämpfe unter die Erde. Tunnel wurden unter die gegnerischen Stellungen getrieben und gewaltige Ladungen zur Explosion gebracht. Bis zu 60 Tonnen Sprengstoff hatten die größten der über 500 Minen. Sie hinterließen eine Reihe riesiger, bis zu 25 m tiefer Krater, die den Hügel bis heute teilen. Man belauerte sich unter der Erde, horchte, brachte kleinere Ladungen zur Explosion, die die feindlichen Tunnel zerstörten und die Soldaten lebendig begruben. Für die Deutschen war der Untergrund darüber hinaus ein sicherer Zufluchtsort. Eine Kaserne für 2200 Mann entstand. Einige der Tunnel, alleine die der Deutschen hatten eine Gesamtlänge von mehr als 17 km, können bei Führungen besichtigt werden. Erst im September 1918, bei der Maas-Argonnen-Offensive der Alliierten, endete der Krieg hier oben, doch die riesigen Krater bleiben eine ewig sichtbare Wunde.

> ⓘ amis.vauquois@wanadoo.fr
>
> ⓥ So.: 9:30 – 11:00 Uhr, 1.&8.Mai: 10:00 – 17:00; Sep. am Journée du Patrimoine; Gruppen ab 10 auf Anfrage

Tief beeindruckt tritt man den Rückweg an und rollt zurück ins Dorf, durch das man die Fahrt fortsetzt. Die „Cote 304" und der „Mort Homme" sind ausgeschildert. An der nächsten Gabelung halten wir uns allerdings links und folgen dem kleinen Hinweis „Chambres des Hotes Ferme Animeaux". Der schmale Weg schlängelt sich durch die

17 Varennes-En-Argonne – Verdun

Wiesen und ist herrlich zu fahren. Viel zu schnell kommen wir an die D38, auf der es nach links weitergeht zurück Richtung „Varennes-En-Argonne". Wir kommen fast wieder zurück zu unserem Ausgangspunkt Varennes, doch am nächsten Abzweig biegt man rechts ab Richtung „Cheppy" und „Montfaucon-des-Argonne". In Cheppy geht es links in die Dorfstraße. Nach gut 300m an der Kreuzung halten wir uns rechts.

> **Alternativ** Wer es eilig hat, der bleibt in Cheppy auf der D19 und radelt immer geradeaus zum amerikanischen Monument in Montfaucon. Dadurch kürzt man 18km ab.

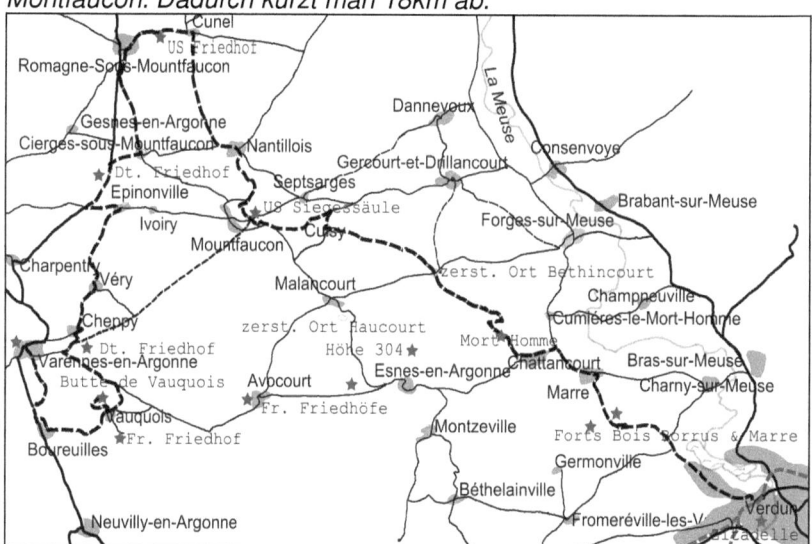

Die Straße führt steil bergan und beschreibt eine 180 Grad Kehre. Oben angekommen, am Dorffriedhof, hält man sich rechts. Very, unser nächstes Ziel, ist nach knapp 2 km erreicht. Durch das Dorf fährt man quasi im Zickzack, links, rechts, links, rechts, links, rechts und dann landet man auf der Landstraße Richtung „Epinonville". An der Mairie des kleinen Ortes muss man links Richtung „Eclisfontaine". Man erreicht die schnurgerade breite D998 und biegt rechts nach „Romagne-Sous-Mountfacon" ab. Einen guten Kilometer nachdem wir einen deutschen Soldatenfriedhof passiert haben, fahren wir rechts in eine ruhige Nebenstrasse nach „Cierges-Sous-Montfaucon". Hier geht es nach links. Man kommt nach 3,2 km an einen Linksknick der Straße und einen Picknickplatz. Wir bleiben auf dieser Seite des Baches und biegen rechts in den asphaltierten Wirtschaftsweg ein. In Romagne stoßen wir auf eine Landstraße. Linker Hand liegt das Museum mit einem Cafe.

⚠ **Romagne 14 – 18 – Fundstücke eines Krieges**
Die Fundstücke der Privatsammlung von Jean-Paul de

17 Varennes-En-Argonne – Verdun

Vries hat die Erde im Umkreis von ein paar Kilometern wieder ausgespuckt. Nicht nur Gewehre, Kugeln und militärische Ausrüstung. Auch Privates und Alltägliches. Es erzählt die Geschichte der Menschen in einer unmenschlichen Zeit.

(i) +33/329851014, www.romagne14-18.com	(1) freiwillig
(?) Do. – Mo.: 12:00 – 18:00	

Auch der Weg zum deutschen Soldatenfriedhof führt nach links, bis zum Ende der Straße, und dann rechts Richtung „Bantheville". Unsere vorgesehene Route führt allerdings nach rechts zum größten amerikanischen Soldatenfriedhof in Europa. Die D123 durchquert die beeindruckende 52 ha große Anlage. Sie teilt sich und führt um einen Teich in der Mitte herum. Vier Gräberfelder mit den schneeweißen Kreuzen oder Davidsternen sind mit akkurat gestutzten Baumreihen eingefasst und ziehen sich den Hügel hinauf. Ein beeindruckendes Bild. Es geht weiter nach „Cunel". Hier ist das amerikanische Denkmal von Mountfaucon ausgeschildert. Um dorthin zu gelangen, biegen wir zweimal rechts ab. Die Straße ist hügelig und die Landschaft abwechslungsreich. Am Ortsausgang von Nantillois müssen wir uns links halten und weiter dem Hinweis zum „Amerikanischen Denkmal" und „Mountfacon" folgen.

Die finale Maas-Argonnen-Offensive

Die Siegessäule von Mountfaucon erinnert an die letzte große Schlacht des Krieges, die durch den Waffenstillstand am 11. November endete. Dieser Amerikanische Sieg forderte allerdings einen hohen Blutzoll. Sie war Teil der Hunderttageoffensive der Alliierten, die damit an mehreren Stellen der Front Druck auf die Deutschen ausübten.

US-Friedhof Romagne-sous-Mountfaucon

Das US-Monument steht auf der Spitze des Hügels, auf dem früher der Ort Moutfaucon stand. Die letzten paar hundert Meter geht es steil bergan. Eine breite Treppe führt hinauf zur weithin sichtbaren Siegessäule. 234 Stufen trennen uns jetzt noch von dem wunderbaren Rundumblick von ihrer Spitze. Weit reicht der Blick über die hügelige Landschaft. Kleine Dörfer liegen verstreut zwischen Wiesen und Wäldern. Heute ein sehr friedlicher Anblick. Zwei Bunker unterhalb des Monuments zeigen, dass es nicht immer so war.

17 Varennes-En-Argonne – Verdun

⚠️ Amerikanische Gedenkkultur- rund um Mountfaucon

Der Kriegseintritt der Amerikaner 1917, deren aktive Rolle an der Front allerdings erst im Sommer 1918 begann, war mehr als nur das Zünglein an der Waage. Betrachtet man die weithin sichtbaren amerikanischen Siegesmonumente und die pompös gestalteten Heldenfriedhöfe, so könnte man allerdings zu einem anderen Schluss kommen. Ein Besuch lohnt sich, besonders die Aussicht von der Siegessäule in Mountfaucon ist umwerfend.

Romagne-Sous-Mountfaucon Friedhof :

ℹ️	+33/329851418, www.abmc.gov/cemeteries-memorials/europe/meuse-argonne-american-cemetery
🕐	tgl. 9:00 – 17:00 closed 25. Dez. & 1. Jan. ① kostenlos

Mountfaucon Monument:

ℹ️	+33/329851418, www.abmc.gov/cemeteries-memorials/europe/montfaucon-american-monument
🕐	Okt. - Apr.: Fr. – So.: 9:00 – 17:00, Schulferien & Mai – Sep.: tgl. 9:00 – 21:00 ① kostenlos

Hier biegt man rechts in die D15a Richtung „Verdun", „ Cote 304" und „Mort Homme" ab. Nach 80m folgen wir dem Linksknick der Straße und rollen weiter bergab bis zur Einmündung in die D15. Dort und an der nächsten Gabelung halten wir uns links Richtung „Verdun". Auf der folgenden Abfahrt sollten wir nicht in einen Geschwindigkeitsrausch verfallen, den sonst verpassen wir den Abzweig nach „Cuisy 0,7". Die schmale Straße zweigt im spitzen Winkel rechts ab. In diesem ärmlichen Weiler fahren wir zwischen Mairie und Kirche

Siegessäule von Mountfacon

bergan, bevor wir links in den „Chemin de Bethincourt" einbiegen. Kaum breiter als ein Traktor führt der Weg weiter bergan. Der Asphalt weicht einer Schotterdecke, und wir haben einen herrlichen Blick über die einsame Gegend, während sich der Weg wieder langsam ins Tal senkt. Gut 4 km sind es bis zur Kreuzung mit einer schmalen Straße. Hier stand früher einmal das Dorf Bethincourt, von dem nur noch der Friedhof übrig ist. Geradeaus geht es weiter. Nachdem wir einen Bach überquert haben, hält man sich an der Gabelung links.

17 Varennes-En-Argonne – Verdun

Der Schotterweg ist zwar ohne Probleme zu fahren, führt aber kontinuierlich bergan und verschwindet im Wald. Eine Forststraße mündet von links ein, und gut 500m später erreichen wir eine unbeschilderte Kreuzung im Wald, an der man sich rechts halten muss. Doch schon nach gut 200 m müssen wir wieder links abbiegen und weiter bergan radeln. Wir nähern uns der Anhöhe des „Toten Manns". Zwei Spazierwege durch die alten Gräben und Infotafeln geben einen Überblick über die heftigen Kämpfe und die damit verbundenen Tragödien. Am Ende des Weges stößt man auf eine Straße, die rechter Hand an einem Denkmal endet.

> **Mort Homme– Die Tunnel am Toten Mann**
> *History*
> **Ab Anfang März 1916 wurde während der Schlacht um Verdun erbittert um die Anhöhe des Mort Homme gekämpft. Die Deutschen konnten sich nur auf der Südkuppe festsetzen, während die Franzosen von der Nordkuppe die deutschen Anmarschwege unter Feuer nehmen konnten. Dies verhinderte zuerst der Runckel Tunnel als Durchgang zu den vorderen Gräben. Der Gallwitz- und der Kronprinzentunnel waren deutlich großzügiger bemessen und eine Feldbahn erleichterte den Transport der benötigten Ausrüstung. Sie beherbergten Küchen, Sanitätsräume, Unterstände und eine Anlage um Sprudelwasser herzustellen. In der Vorbereitung ihrer Gegenoffensive im August 1917 nahm die französische Artillerie mit allen Kalibern die Tunnel unter Beschuss. Eine Granate der Eisenbahngeschütze „Alsace" und „Lorraine" verschüttete den Nordeingang des Kronprinzentunnels. Die Besatzung war gefangen. Ähnlich sah es im Gallwitztunnel aus. So ergaben sich die abgeschnittenen Deutschen am 20. August 1917.**

Nachdem wir über einige Kilometer kontinuierlich Höhenmeter gesammelt haben, können wir die Abfahrt über die schmale Straße besonders genießen. Sie endet in Chattancourt. Nach links geht es auf der Dorfstraße weiter. Etwas außerhalb des Dorfes liegt ein französischer Soldatenfriedhof am Waldrand, doch wir folgen weiter der D38 aus dem Dorf hinaus. An ihrem Ende sind es nach rechts noch 15km durch das Maastal bis nach „Verdun". Da der Verkehr auf dem Weg in die Stadt immer stärker wird, biegen wir kurz hinter dem Hotel „Le Village Gaulois", an der Mairie von Marre, rechts ab in die „Rue Haute". Wir kommen an eine Kreuzung von 5 Straßen am Ortsrand und fahren halblinks, in den „Chemin Des Aïeux". Eine gute Schotterstraße führt über einen Hügel. Die alten Forts de Bois Bourrus und de Marre verbergen sich auf den Hügelkuppen links und rechts von uns. Da diese nicht zugänglich sind und die Annehmlich-

17 Varennes-En-Argonne – Verdun

keiten einer Stadt in greifbarer Nähe sind, lassen wir sie links und rechts liegen und rollen geradeaus den Hügel hinunter. Es geht immer geradeaus nach Verdun. Davon lediglich die letzten 3,5km auf einer belebten Hauptstraße. An einem Kreisel neben der Bahnstrecke geht es halblinks Richtung „Centre Ville", und wir überqueren die Schienen. Zum Bahnhof sind es nur noch 500m. Verdun teilt sich in eine Ober- und eine Unterstadt. Um zur Promenade am Maasufer mit etlichen Restaurants, Bars und einigen Hotels zu kommen, fährt man am nächsten Kreisel halbrechts. Trotz ihres weltbekannten Namens, ist sie kein herausgeputzter Touristenort: Man sollte sich ein wenig Zeit nehmen, die Stadt an der Maas zu entdecken. Das gilt nicht nur für die Zitadelle, die zu besichtigen ist.

📖 History: Verdun 1916 – eine heilige Mission

Mit 20000 Einwohner, mitten in der französischen Provinz gelegen, ist Verdun trotzdem weltweit bekannt geworden als Synonym für den ersten Weltkrieg. Nach dem verlorenen deutsch-französischen Krieg 1870-71 wurde sie die am stärksten befestigte Stadt Frankreichs. Eine große Garnison, die Zitadelle in der Oberstadt und ein Ring aus 39 Fort und Ouverages auf den Höhen sicherten die Stadt. Trotzdem wählte der deutsche Generalstabschef Erich von Falkenhayn Verdun als Ziel einer großen Offensive aus. Man glaubte nur gewinnen zu können. Entweder man eroberte die strategisch wichtige Stadt und konnte den eigenen Frontverlauf dadurch erheblich verkürzen, oder die französische Armee, die diesen prestigeträchtigen Ort niemals aufgeben würde, blutete aus. Auch diesmal ging der Plan nicht auf, denn neben den Franzosen bluteten auch die Deutsche Armee in der von Februar bis Dezember 1916 dauernden Schlacht aus, ohne Verdun einnehmen zu können. In einem hatte Falkenhayn allerdings Recht behalten. Die Verteidigung von Verdun war für die Franzosen zu einer heiligen Sache geworden. Die einzige Versorgungsroute wurde als „heilige Straße", „Voie Sacrée", bezeichnet. Auf den Kilometersteinen der D603 und D1916 findet sich diese Bezeichnung heute noch. Marschall Petain, der Verteidiger von Verdun, ließ die Einheiten bei der Verteidigung der Stadt rotieren. So konnte jede Einheit der französischen Armee ihren Beitrag leisten bei dieser Mission.

18 Verdun- Watronville

Kreuz und quer über das Schlachtfeld von Verdun

	45 km		612 m		560 m
	+++		++	History	+++
	Metz – Verdun - Luxembourg, ISBN: 978-2-7585-1509-8				
ⓘ	Maison du Tourisme de Verdun, Place de la Nation, 55106 Verdun Cedex, +33/329841418, www.en.verduntourisme.com/				
⌂	La métairie du Manoir, Marie-José und Christian Wurtz, 3 Rue Principale, 55160 Watronville, +33(0)329873221, http://www.lametairiedesvergers.com B&B La Haie a Cerf, 12 Route de Ronvaux, 55160 Watronville, +33/970771225, mobil : +33/777981321, http://doriacchantal.wifeo.com B&B Les Ecuries de Bonzee, Sybil Anzani, 1 Rue du Château, 55160 Bonzess, +33/39873777, sybilanzani@gmail.com, www.gites-de-meuse.fr/fiche?num=55G351 Camping Marguerites- Base de Loisirs du Colvert, 55160 Bonzee, 55160 Bonzee, +33/329873198				

Für dieses 45 km lange Teilstück sollte man sich Zeit nehmen. Es geht kreuz und quer über das Schlachtfeld von Verdun. In diesem zernarbten Terrain finden sich dutzende Zeugnisse der Geschichte. Es ist ratsam Verpflegung für den ganzen Tag dabei zu haben und das nächste Quartier schon im Voraus zu buchen. Dabei sollte man sich auch erkundigen, ob man Abendessen bekommen kann.

⚠ **Weniger ist mehr – Kernpunkt Doaumont**
Wer sich alles im Detail anschauen möchte, der kommt mit einem Tag nicht aus. Deshalb sollte man sich auf einige wenige Punkte beschränken und darüber hinaus bei der Fahrt kurze Besichtigungsstopps einlegen. Einer der zentralen Punkte ist das Beinhaus von Doaumont, in dessen Untergeschoss die Gebeine

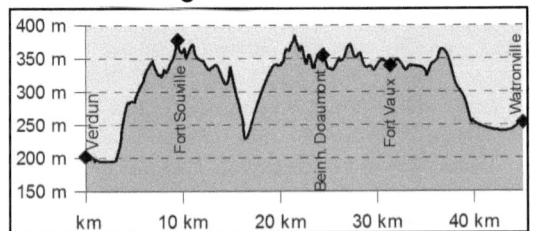

18 Verdun- Watronville

von rund 130.000 Toten liegen. Vom Turm überblickt man das ehemalige Schlachtfeld. Nicht verpassen darf man den Film, der im Unterschoss gezeigt wird. Die Gräuel des Krieges sind hier ohne nationalen Pathos greifbar. Auch im, Sargdeckel genannten, zerschossenen Fort Doaumont ist die Besichtigung ein Muss. Der Höhenzug von Souville lohnt einen Besuch und einen kleinen Spaziergang. Fort Vaux ist weniger frequentiert als Doaumont. Da kein Audioguide die Geschehnisse vor 100 Jahren berichtet, ist der Besuch weit weniger intensiv.

Verdun- Das sinnlose Sterben

Nach dem Start am Bahnhof von Verdun fährt man Richtung Centre Ville. 300m nachdem man links an einem Stadttor vorbei gefahren ist, führt eine breite Treppe zur Oberstadt hinauf. Hier biegt man links in die Fußgängerzone ab und fährt auf eine Fontaine am Maasufer zu. An der breiten Uferpromenade reihen sich Cafes, Bars und Restaurants auf, doch wer ein touristisch auf Hochglanz getrimmte Innenstadt erwartet, der täuscht sich. Die ganze Stadt hat eine leicht angestaubte Aura. Auch die meisten Hotels haben ihre beste Zeit hinter sich, doch die Atmosphäre ist beschaulich und nett. Am kanalisierten Fluss liegen Hausboote. Wir fahren links auf das wuchtige Stadttor zu und überqueren den Fluss. Am Kreisel direkt nach der Brücke geht es rechts. Mit einem U-Turn wechselt man auf den Uferweg.

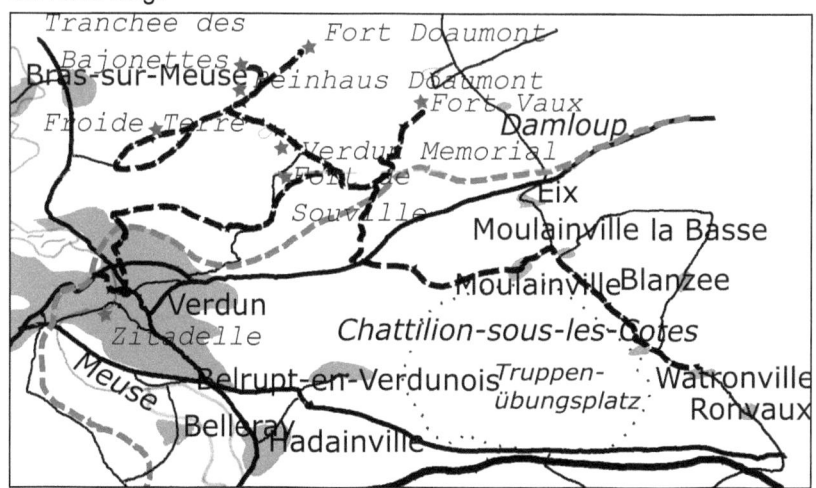

⚠ **Touristinformation Verdun**

Geradeaus kommt man nach 100m an die Touristinfo, in der man eine Menge gutes Informationsmaterial bekommt und die bei der Buchung der nächsten Übernachtung behilflich ist.

18 Verdun- Watronville

Damit gehen wir dem zeitweise starken Verkehr aus dem Weg. Die Brücke, über die wir gekommen sind, wird unterquert und man folgt dem von alten Bäumen gesäumten Uferweg flussabwärts. Der Treidelweg wird nach dem Abzweig des Maasseitenkanals schlechter. Nach 250m geht es an einem Bootsanleger rechts zur Kirche von Belleville-Sur-Meuse. Von dort 200m nach links über die belebte Hauptstraße fahren, bis sie an einer Marienstatue mit Kreuz eine leichte Linkskurve beschreibt. Wir fahren dort geradeaus in eine Wohnstraße. Am ersten Kreisel führt die „Rue du Fort" rechts, immer steiler werdend, den Berg hinauf. Am Ende der Sackgasse, in der besseren Wohngegend der Stadt, geht es auf einem Waldweg weiter. Direkt danach gibt es einen Abzweig nach rechts, der zu den überwucherten Ruinen des Forts Belleville führt. Der Waldweg steigt nur noch wenig an, lässt sich gut fahren, und eröffnet einige schöne Ausblicke über die Stadt. Schlaglöcher und Spurrillen gibt es nur auf den letzten paar hundert Metern bis zur Straße, da der Waldweg vom Militär als Zufahrt zu einem Übungsgelände genutzt wird.

> [Alternativ] *Um die Waldwege zu umgehen, fährt man nicht an der Maas entlang, sondern geradeaus an der Touristinfo vorbei. Dann am nächsten Kreisel links. Über die zeitweise stark befahrene D630 und die D120 kommt man ebenfalls zum Fort Souville.*

An der Straße geht es nach links 300m leicht bergan bis zu einem weitläufigen Picknickplatz. Davor biegen wir rechts in den Schotterweg zum „Massif Fortifié de Souville" ein. Der schlechte Untergrund erschwert die Fahrt weiter bergan. Wir halten uns rechts Richtung „Sentier du Fort Souville 500m" und „Casematte Parmart

In den Ruinen von Fort Souville

1200m". Wald bedeckt die Hügel, durch den sich immer wieder die Zickzacklinien der alten Schützengräben ziehen. Nach einem guten Kilometer zweigt ein Wanderpfad links ab. Dieser kurze Abstecher führt zu den spärlichen Überresten von Fort Souville. Eine Kasematte mit einem wuchtigen versenkbaren Geschütz-turm von bestimmt 3m Durchmesser und einige andere Unterstände liegen auf einer malerischen Lichtung verteilt. Informationstafeln, auch in deutscher Sprache, berichten von den heftigen Kämpfen um diesen Höhenzug.

Höhenzug von Souville – eine Schicksalsfrage

Das Fort gehörte zur ersten Generation der Festungen, die nach dem Krieg von 1870–71 gebaut wurden. Später wurden Teile mit Stahlbeton gepanzert, da die mit 2-3m Erde bedeckten Bruchsteinbauten gegen große Kaliber nicht mehr bestehen konnten. So wurden die ungepanzerten Teile des Forts auch 1916 durch heftigen Beschuss mit Geschossen der Kaliber 38cm (750kg) und 42cm (1000kg) größtenteils zerstört, und die Soldaten mussten oftmals völlig ungeschützt in den Granattrichtern Deckung suchen. Da von diesem Höhenzug ein direkter Beschuss von Verdun möglich gewesen wäre, war die Vorherrschaft auf dieser Anhöhe eine Schicksalsfrage für Verdun. So wechselte er zwar einige Male den Besitzer, letztendlich blieb die Höhe durch die verbissene Verteidigung in französischer Hand.

Wieder zurück auf dem Feldweg fährt man nach 300m am unscheinbaren, mit Erde abgedeckten, Kriegseingang des Forts vorbei. Am Ende des Schotterwegs biegen wir links in eine Straße ein. Kurz darauf kommt links eine weitere Pamard Kasematte in Sicht. An der nächsten Kreuzung stellt ein Denkmal einen toten Löwen dar. Wir halten die Richtung bei, und fahren Richtung „Bras Sur Meuse", „Tranchee des Bajonettes", „Douaumont". Kanonen stehen vor dem Verdun Memorial, einem informativen, aber auch teuren Museum. Den

Fort Doaumont

Besuch sollte man sich für den Rückweg aufsparen, falls man dann noch aufnahmefähig sein sollte. Vom Dorf Fleury-devant-Douaumont sind nur noch ein Trichterfeld und einige Grundmauern übrig. Eine

Kapelle, Spazierwege und Infotafeln bieten den Rahmen, den vergangenen Ort auf sich wirken zu lassen.
An der nächsten Kreuzung kann man einen Abstecher auf den befestigten Höhenzug Froideterre machen. Dazu biegt man an der

Das Beinhaus von Doaumont

Kreuzung nach „Bras Sur Meuse" ab. Bis zum ungewöhnlichen „Abri Des Quatre Cheminées", dem Bunker mit den 4 Schornsteinen, geht es bergab. Dort fährt man in einen schmalen asphaltierten Weg zum Zwischenwerk Kalte Erde. Ein Monstrum aus Beton mit einigen Geschütz und Beobachtungskuppeln. Man kann nach dem Besuch umkehren oder rollt auf den Feldweg bergab. Eine weitere Artilleriestellung liegt entlang des Wegs, bevor man die Straße wieder erreicht. Leider muss man sich die verlorene Höhe auf der Rückfahrt über die Landstraße wieder erarbeiten. Wieder an der Kreuzung angekommen liegt der riesige Soldatenfriedhof von Doaumont vor uns. Überragt wird er durch das wuchtige Beinhaus, das einem überdimensionalen aufgetauchten U-Boot ähnelt.

⚠ **Das Beinhaus von Doaumont – ein Muss!**
Die meisten der 170.000 französischen und 150.000 deutschen Toten in der Schlacht von Verdun, und auch die meisten Vermissten, waren Opfer des pausenlosen Artilleriebeschusses, der den Boden mehrfach umpflügte. So blieben viele namenlos. Oft wurden nur noch Fragmente ihrer Körper gefunden. Noch Jahrzehnte später gibt die Erde Gebeine frei, die im Beinhaus von Doaumont beigesetzt sind. Schätzungsweise 130.000 Tote haben hier ihre letzte Ruhe gefunden. Schaut man durch die Fenster, so sieht man Berge von Knochen. In der langen Halle darüber herrscht eine dem Ort

18 Verdun- Watronville

angemessene Atmosphäre. Gedämpftes Licht und Gedenktafeln lassen einen inne halten. Vom Turm aus überblickt man das Schlachtfeld, und im Keller ist ein kleines Museum eingerichtet. Der Film erzählt, auch auf Deutsch, ohne Heldenpathos, von dem Grauen der Schlacht. Die Aufnahmen in den hölzernen 3D-Diabetrachtern sind allerdings teils grausam.

(i) www.verdun-douaumont.com	Erw.: 6:00 €, Jgdl.: 3:00€
2. Jan. – 5. Jan.	: 14:00 – 17:00
15.Feb. – 28. Feb.	: Mo. – Fr. 9:00 – 12:00, tgl. 14:00 – 17:00
Mär.	: Mo. – Fr. 9:00 – 12:00, tgl. 14:00 – 17:30
⌚ Apr. – Jun. & Sep.	: Mo. – Fr. 9:00 –18:00, Sa. – So. 10:00 – 18:00; Jul. – Aug. : tgl. 9:00 –18:30; Okt.: tgl. 9:00 –17:30; Nov. : tgl. 9:00 –17:30; Dez.: tgl. 14:00 – 17:00
🏠closed 24-25.Dez. & 31. Dez.	

Geradeaus geht es unterhalb des Friedhofs entlang. Ein Abstecher nach rechts bringt uns auf einer Stichstraße zum Fort Doaumont. Gräben durchziehen noch immer das Gelände, und zerschossene Bunker stehen im Wald. Der Betonpanzer des Forts ist schwer zernarbt, doch wirklich beklemmend wird die Atmosphäre im Innern. In den feuchten, tropfenden Gängen und Kammern und bei Erklärungen des Audioguides fragt man sich, warum sich Menschen so etwas antun.

📖 History — Fort Doaumont – der Sargdeckel

Das größte und modernste Fort von Verdun war 1916 fast entwaffnet, da die Kanonen an der Front benötigt wurden. Anfang Februar stand sogar die Sprengung an. Durch Gerüchte von einem bevorstehenden deutschen Angriff ließ man diesen Plan allerdings fallen. Die Garnison bestand allerdings nur aus 60 Artilleristen, um die wenigen Kanonen zu bedienen. Die Wucht der Offensive auf Verdun am 21. Februar überraschte die Franzosen, und ihre Linien brachen tief ein. Am 25. Februar fiel es ohne Gegenwehr, da der Gegner nicht mit dem Angriff gerechnet hatte. Die Franzosen unternahmen danach zahlreiche Angriffe. Geschätzt gingen insgesamt ca. 400.000 Granaten auf dem Betonpanzer der Festung nieder, 70 mit dem Riesenkaliber 40 bzw. 42 cm. Eine dieser knapp 1000kg schweren Geschosse durchschlug die Decke und tötete hunderte Soldaten. Schon bald hatte die Festung den Spitznamen „Sargdeckel". Besonders

18 Verdun- Watronville

Der zernarbte Betonpanzer von Fort Doaumont
nachdem im Innern ein Munitionsdepot explodierte und 600 Menschen in den Tot riss. Die Toten wurden in einem der Gänge zur Ruhe gebettet und der Gang zugemauert. Nach einem Großangriff fiel Doaumont am 24. Oktober wieder an die Franzosen.

Madame Isabelle Nourry, 55100 Doaumont
+33(3)329844191

Feb. – Mär.	: 10.00 – 17.00
Apr. & Sep.	: 10:00 – 18:00
Mai – Jun.	: 10:00 – 18:30
Jul. – Aug.	: 10:00 – 19:00
Okt.	: 10:00 – 17:30
Nov. – 17. Dez.	: 10:00 – 17:00

Erw.: 4:00€, Jgdl.: 2€

Wieder zurück am großen Friedhof von Doaumont, machen wir nach rechts noch einen letzten Abstecher zum Graben der Bajonette. Er erinnert an die abgeschnittene französische Einheit, die am 12. Juni 1916 in einem Graben verschüttet wurde. Es ragten nur noch ein paar Zentimeter der Bajonettspitzen aus dem Boden. Wir fahren Richtung „Doaumont", „Fleury" und „Verdun Memorial" zurück, und halten uns weiter geradeaus Richtung „Etain". Knapp 400m nach der Pamard Kasematte auf dem Höhenzug von Souville, die wir bereits auf dem Hinweg gesehen hatten, verlassen wir die Straße nach links. Ein schmaler Weg führt zur „Batterie de L'Hôpital" durch den Wald. Im dichten Laubwald liegen etliche gemauerte und mit Erde abgedeckte Rundbögen. Der Pfad lässt sich gut fahren und endet an einem Picknickplatz, sowie am Abzweig zum „Fort Vaux". Am Ende

18 Verdun- Watronville

der 2,6 km langen Stichstraße erreichen wir das Fort Vaux, dass ebenfalls besichtigt werden kann. Hier geht es deutlich ruhiger zu als in Doamont. Es gibt allerdings auch keine Audioguides, so dass der Besuch weit weniger informativ ist.

Fort Vaux – vom Durst besiegt

Anders als Doaumont, war das kleine Fort in die Verteidigung von Verdun voll mit einbezogen. Obwohl die Festung stark beschädigt war, wurde sie gut verteidigt. Die Deutschen erlitten hohe Verluste bei ihren Angriffsversuchen. So dauerte es bis Anfang Juni, bis man ins Fort eindringen konnte. Die Kämpfe gingen im Innern weiter und wurden mit Maschinengewehren und Handgranaten in den düsteren und verqualmten Gängen geführt. Letztendlich ergaben sich die Franzosen erst am 7. Juni, halb verdurstet, da ihnen das Wasser ausgegangen war.

Fort Vaux

Madame Isabelle Nourry, 55100 Doaumont +33(3)329844191		
Feb. – Mär.	: 10.00 – 17.00	
Apr. & Sep.	: 10:00 – 18:00	
Mai – Jun.	: 10:00 – 18:30	Erw.: 4:00€,
Jul. – Aug.	: 10:00 – 19:00	Jgdl.: 2€
Okt.	: 10:00 – 17:30	
Nov. – 17. Dez.	: 10:00 – 17:00	

Wieder zurück an der Kreuzung geht es nach rechts weiter Richtung „Etain" und „Verdun". Die Straße endet nach 1,7 km an einer stark befahrenen Hauptstraße. Nach rechts müssen wir uns knapp 200 m dem starken Verkehr aussetzen, bevor wir links abbiegen Richtung „Moulainville". Wir können jetzt ein paar Kilometer bergab rollen lassen. Die Straße ist zwar zweispurig, aber nur schwach befahren. In Moulainville macht sie einen Schlenker durch den Ort, bevor man an die Kreuzung mit der D24 kommt. Rechts geht es Richtung „Fresnes" und „Chattilion". Die letzten gut 4 km geht es auf dieser zweispurigen Landstraße durch das Tal. Rund um Watronville werden Äpfel und Birnen angebaut. Diese kann man direkt beim Erzeuger kaufen. So ist unser Ziel ein landwirtschaftlich geprägter, kleiner Ort. Abendliche Zerstreuung gibt es hier allerdings keine, und auch die Anzahl der Übernachtungsmöglichkeiten ist ebenfalls begrenzt. So bleibt viel Raum, die vielen Eindrücke des heutigen Tages zu verarbeiten.

19 Watronville – Saint Mihiel

verkehrsarmer Weg ins lohtringische Florenz

	43 km		464 m		498 m
	++		+++		++

	Metz – Verdun - Luxembourg, ISBN: 978-2-7585-1509-8
ⓘ	Tourist Office of coeur de Lorraine, Rue du Palais de Justice, 55300 Saint-Mihiel, +33 3 29 89 06 47, www.coeurdelorraine-tourisme.fr
⌂	Hôtel Des Côtes de Meuse, Antoine Véronique et Marc, 1 avenue Général Lelorrain, 55210 St Maurice sous les Côtes, +33/329893561, hotelrestaurant.cotes-de-meuse@orange.fr, http://www.hotelcotesdemeuse.com Hôtel de la Gare, 4 place de la gare, 55300 St-Mihiel, , +33/329893889, www.hotel-de-la-gare-st-mihiel.com B&B Mas Sauvaniere, 9 Chemin de la Garenne, 55300 Saint-Mihiel, +33/963429469, mobil : +33/631781009 Camping Base de Plein Air, Rue René Frybourg, 55300 St-Mihiel, +33675101894

Auf dem Weg zurück an die Maas machen wir einen Abstecher zum Point X bei Les Eparges. Die strategisch wichtige Anhöhe war während des gesamten Krieges hart umkämpft, was unauslöschliche Narben hinterlassen hat. Außerdem hat man von hier eine super Aussicht über die Woëvre-Ebene. Der Höhenzug am Tranchée de Calonne ist dicht bewaldet,und wir passieren einige idyllische Dörfer. Mit Autoverkehr ist eher sporadisch zu rechnen. Nur die „Zielgerade" der Etappe, die D964; ist stark befahren, allerdings nicht zu umgehen. Saint Mihiel, das Ziel unserer Etappe, ist ein Städtchen am Maasufer, das dominiert wird von einem großen Kloster. Wer genauer hinschaut, der findet viele barocke Häuser.

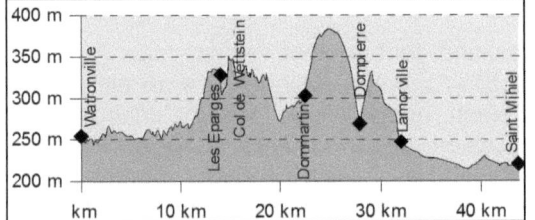

Die ersten Kilometer beginnen, wie die letzte Etappe endete. Wir verlassen Watronville auf der zweispurigen D24, Richtung „Haudiomont" und „Ronvaux", durch die Obstgärten am Fuße der

19 Watronville – Saint Mihiel

bewaldeten Hügelkette zu unserer Rechten. An der Kreuzung mit der D903 geht es geradeaus auf der D154 nach „Haudiomont" weiter. Hier sticht das alte Waschhaus zwischen den aneinander gebauten grauen Häusern hervor. Nur Fensterläden und Türen in Rosa, Lavendel, Babyblau, Lila oder Flieder bringen Farbe ins Spiel. An der Mairie und der Kirche folgt man weiter der D154 nach „Les Eparges", „Mont-Villers", „Site des Eparges". Die Straße ist zwar noch zweispurig, aber der Verkehr wird spürbar weniger. In Villers-Sous-Bonchamp gibt es Obst direkt vom Erzeuger. Kurz darauf kommen wir an eine Kreuzung und biegen rechts ab auf die D21, Richtung „Eparges" und „Mont-Villers". Dort muss man links abbiegen auf die D154, und weiter Richtung „Eparges" und „Mesnil Sous Les Côtes" radeln. Wir fahren durch ein grünes Tal und erreichen Eparges nach einer Linkskurve. Hier verlassen wir die D154. Es geht geradeaus zur „Site des Eparges". Die schmale Straße durch ein liebliches Wiesental macht einen Rechtsknick. Man schaut direkt auf einen, am Hang liegenden, französischen Soldatenfriedhof. Es geht bergan auf den bewaldeten Hügel. Die Straße beschreibt einen Kurve durch den Wald, und vor uns erinnert ein Denkmal an die Gefallenen des hundertsechsten

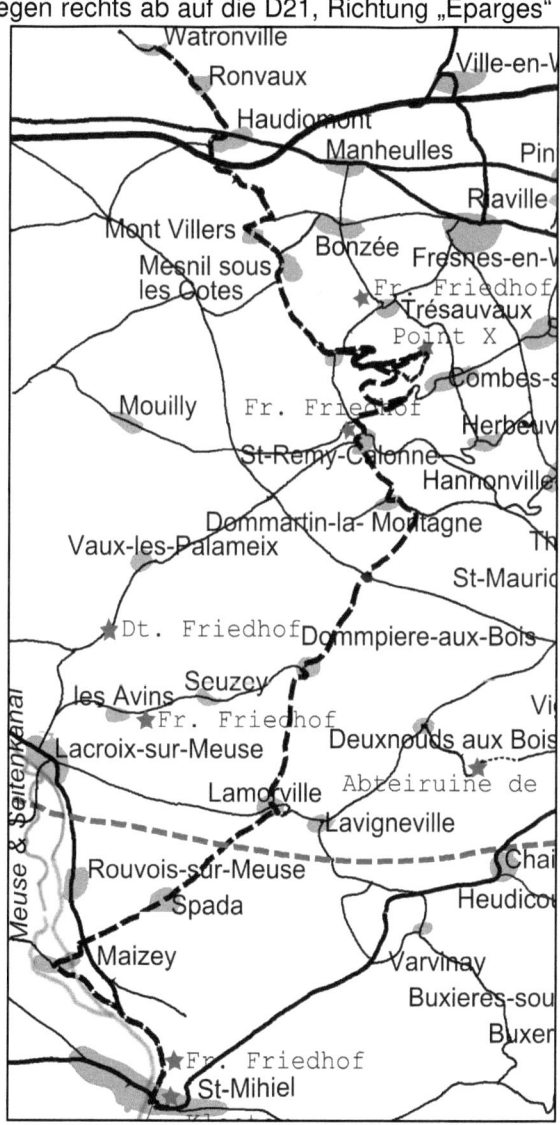

Infanterieregiments, das bei einer großen Offensive den Höhenzug fast eingenommen hätte. Wie so oft in diesem Krieg halt nur fast – und das immer wieder.

Minenkrater- Narben des Krieges

📖 History **Les Eparges – Hotspot des Krieges.**

Der Höhenzug bei Les Eparges hat eine ähnliche Geschichte wie Vauqois. Von hier aus konnte man die Woëvre-Ebene kontrollieren, was ihn so wertvoll machte. Von den Deutschen 1914 eingenommen, eroberten die Franzosen kurz darauf das Dorf am Fuße des Hügels zurück. Die Höhenstellung wird vom 17 bis 22 Februar 1915 von den Franzosen angegriffen, mit dem Ziel den Frontbogen von St Mihiel aufzubrechen. Sie setzen sich zwar auf dem Hügel fest, können ihn aber nicht einnehmen. Daran ändert auch die zweite Offensive vom 6 bis 16 April 1915 nichts, obwohl die Franzosen am 11. April schon ihren Sieg feierten. Der pausenlose Beschuss verwandelte das Schlachtfeld in

Blick über die Woevre-Ebene am Point x

einen Sumpf. Über der Erde herrscht eine Pattsituation. Deshalb geht der Krieg der Pioniere unter der Erde weiter. Unzählige Minen wurden von beiden Seiten in den Folgejahren gezündet. Sie schufen eine bizarre und kahle Kraterlandschaft, die heute wieder dicht bewaldet ist. Erst im September 1918 wurden die Deutschen vertrieben. Die Wichtigkeit dieses Mikroschlachtfeldes zeigt der Kronprinzenbunker, der Kronprinz Wilhelm, bei seinen Aufenthalten kurz hinter der Front, Schutz bot. So komfortabel wie sein Gegenstück im Argonnerwald, war er allerdings nicht.

> Alternativ
>
> Ein Fußpfad führt am Denkmal vorbei zum Point X am Ende des Bergsporns. Wer mit einem geländegängigen Rad und leichtem Gepäck unterwegs ist, der kann diesen Weg zum größten Teil fahren. Allerdings ist Vorsicht geboten, da Weltkriegsschrott aus dem Boden ragen kann. Hinter dem Denkmal schlängelt sich der Weg durch eine Kraterlandschaft. Man kommt vorbei an mehreren großen Minenkratern und erreicht ein weiteres Denkmal, das von einem gallischen Hahn gekrönt wird. Hier hält man sich immer Richtung „Abri des Kronprinz". Durch alte Gräben geht es weiter, und man muss das Rad eine Treppe hinunter tragen zum Bunker des Kronprinzen. Hier geht es nach links über einen schmalen Pfad zum Point X.

Achtung Weltkriegsschrott

Wir bleiben auf der Straße und sehen als nächstes ein Denkmal für die Pioniere. Etliche anschauliche Tafeln zeigen Beispiele für deren vielfältige Aufgaben. Da man die französischen Pioniere ehrt, sind die Texte allerdings nur auf Französisch. Zeugnisse ihrer Arbeit sind die Minenkrater neben der Straße zum Aussichtspunkt. Vom Denkmal am Point X eröffnet sich ein herrlicher Blick über die Ebene nach Osten. Der Rückweg bis zum Denkmal für das hundertsechste Infanterieregiment ist identisch mit dem Hinweg. Ab hier geht es links auf einen Waldweg, der „Route Forestiere le Chemin Blanc", die sich ohne Steigung um den Berg schlängelt. Er endet an einer Landstraße, auf der man nach rechts zurück ins Tal rollt. Es geht links auf die D154, der man bis Dompierre-Aux-Bois folgen kann. In St Remy lassen wir die Kirche rechts liegen und fahren rechts nach „Dommartin-la-Montagne" weiter. Die Fahrt durch die waldreiche

Hügellandschaft ist kurzweilig. In Dommartin müssen wir links Richtung „Hattonchatel" abbiegen, und uns am Ortsausgang wieder halbrechts halten. Was folgt ist eine Steigung, die den Kreislauf in Schwung bringt. Auf der Anhöhe erwarten uns zuerst Felder und später wieder dichter Wald. Die D154 kreuzt die D331,

Einsame Straßen, Wald und Wiesen auf dem Weg an die Maas

und es geht weiter nach „Dompierre-Aux-Bois". Die lange Gefällpassage auf der schmalen Straße ist ein reiner Genuss. Zwei Bänke mit Blick auf Dompierre bieten sich für eine Rast an. Im Ort lässt man die Kirche links liegen. Auf der anderen Seite des Baches nimmt man links die D109 Richtung „Deuxnouds-Aux-Bois". Kurz darauf zweigt rechts, an einem steinernen Wegkreuz, eine Teerstraße ab, der wir einen Kilometer bergan folgen. Der einsame Weg ist kurzzeitig geschottert, bekommt aber später wieder eine Asphaltdecke und durchquert einen Wald. Mit einem Blick über die weiten Felder gehen wir auf eine 2km lange Abfahrt, die in Lamorville endet. Vorbei an Kirche und Mairie kommt man an die D101, auf der man rechts nach „Spada" radelt. Es geht leicht bergab Richtung Maas. Die viel befahrene D964 überqueren wir geradeaus in eine Wohnstraße von Maizey. Man nimmt den nächsten Abzweig nach links bis zur Dorfstraße. Dort rechts durch den verschlafenen Ort, bis man den Maasseitenkanal überquert hat. Am nächsten Abzweig halten wir uns links. Die schmale Straße überquert abermals den Kanal und mündet später in die D964, die sich an diesem Punkt leider nicht umgehen lässt.

19 Watronville – Saint Mihiel

Der Frontbogen von Saint-Mihiel

Schon zu Beginn des Krieges im September 1914, lange vor der Schlacht um Verdun 1916, hatten die Deutschen versucht Verdun einzunehmen. Man wollte die stark befestigte Stadt von Norden und von Süden her umfassen und einkesseln. Wie die meisten großen Pläne im ersten Weltkrieg funktionierte es nicht. Übrig blieb eine Ausbuchtung in der Front, die in Saint-Mihiel bis an die Maas heran reichte. Diese strategisch wichtige Position wurde zäh verteidigt, da Verdun dadurch vom Nachschub über den Wasserweg und mit der Eisenbahn abgeschnitten war. Um sich aus dieser Klemme zu befreien, versuchten die Franzosen ebenso erbittert, die Deutschen zu vertreiben. Das Resultat waren heftige Kämpfe zwischen Priesterwald und den Maashöhen, die außer tausenden Toten nichts einbrachten. Erst im September 1918 konnten Amerikaner und Franzosen die deutschen und österreichischen Einheiten vertreiben. Es war die erste von den Amerikanern geführte Schlacht. Sie zeigte deutlich, dass das ausgelaugte Kaiserreich einer Million frischer US-Soldaten und einer riesigen materiellen Übermacht nichts mehr entgegen zu setzen hatte. Allein in dieser Offensive kamen 660.000 alliierte Soldaten mit 3000 Geschützen, 400 Panzern und 1400 Flugzeugen zum Einsatz.

Der Kronprinzenbunker bei Les Eparges

20 Saint-Mihiel – Nonsard-Lamarche

Zwischen Maas und Lac Madine

	32 km		450 m		449 m
	+++		+++	History	+++
	Metz – Verdun - Luxembourg, ISBN: 978-2-7585-1509-8				
ⓘ	Tourist Office of coeur de Lorraine, Rue du Palais de Justice, 55300 Saint-Mihiel, +33 3 29 89 06 47, www.coeurdelorraine-tourisme.fr www.lacmadine.com				
	B&B L'Agora, 3 Bis Route de Lamarche, 55210 NONSARD LAMARCHE, +33/329900505, mobil : +33/607656499 Centre d'herbergement Lac de Madine, Maison de Madine, 55210 Nonsard, +33/329893250, contact@lacmadine.com www.lacmadine.com Le Camping Heudicourt, +33/329893250, campingheudicourt@lacmadine.com, www.lacmadine.com				

Ein schöner Stausee, der Lac de Madine, ist unser Tagesziel. Nicht nur das Profil der Strecke ist abwechslungsreich. Neben ruhigen Nebenstraßen stehen einige Kilometer auf einem Wanderweg über das ehemalige Schlachtfeld im Bois D'Ailly und Bois Brûlé, sowie der Fußweg am Ufer des Lac de Madine auf dem Programm. Das monumentale amerikanische Denkmal auf dem Butte de Montsec ist der unübersehbare Höhepunkt mit Aussicht der Etappe.

Saint Mihiel, welches sich selbst als Florenz Lothringens bezeichnet, war durch sein großes Kloster in der Vergangenheit das geistige und

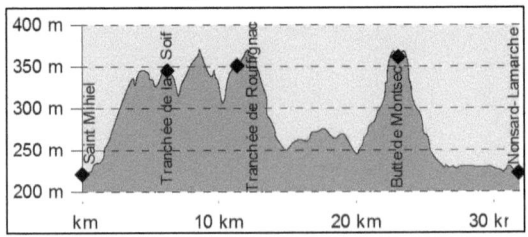

geistliche Zentrum der Region. Deshalb liegt nichts näher, als die Tour an der Touristinformation zu beginnen, die im ehemaligen Klosterkomplex untergebracht ist. Die Straße Richtung „Nancy", „Metz" und „Madine" führt durch einen Torbogen im lang gezogenen Abteigebäude. Immer geradeaus geht es Richtung „Apremont", aus dem alten Maasstädtchen hinaus. Wir haben eine anspruchsvolle Steigung zu bewältigen, um das Maastal zu verlassen. Oben angekommen zweigt rechts eine schmale Straße zum „Bois D'Ailly" und „Tranchée de la Soif" ab. Auf diesem

Abstecher entschädigt ein schöner Ausblick über das Tal der Maas für den anstrengenden Anstieg. Es geht nach links weiter, dem Hinweis „Bois D'Ailly" und „Tranchée de la Soif" folgend. Am Waldrand erreichen wir ein Denkmal und den Tranchée de la Soif, den Durstgraben. Gut gemachte Informationstafeln erzählen die tragische Geschichte, die ihm seinen Namen gaben. Ein markierter Wanderweg folgt dem Grabensystem, und verbindet ihn mit den Befestigungen von Rouffignac und denen im Bois Brûlé. Nachdem wir die Gräben und betonierten Unterstände besichtigt haben, geht es auf der Straße zurück zur D907. Diese ist der Ausgangspunkt für den nächsten Abstecher zu den „Tranchée de Rouffignac.

Tranchée de la Soif- der Durstgraben

Am 22. Mai 1915 ergeben sich hier die wenigen Männer, die von der siebten Kompanie des 172. Infantrieregiments übrig geblieben sind. Ihre verlustreiche Odysee beginnt am 20. Mai um 2:00 Uhr morgens, als ein französischer Sturmangriff auf diese Frontabschnitt beginnt. Unter großen Verlusten kämpfen sich die Soldaten bis zum fünften deutschen Graben vor und versuchen diesen zu halten. Doch keiner der Meldegänger dringt zu den eigenen Truppen durch, um deren Position zu melden. Durch deutsches Sperrfeuer werden sie von den eigenen Truppen abgeschnitten. Ohne Munition, Essen und Trinken sind sie permanenten Angriffen ausgesetzt. Der Durst ist die schlimmste Qual, denn es ist heiß, und durch die Explosionen liegt jede Menge Staub in der Luft.

Bayrischer Bunker

20 Saint-Mihiel – Nonsard-Lamarche

> **Alternativ** *Auch wenn einige Passagen schlecht zu fahren sind, und ggf. Schiebepassagen anstehen, kann man den Wanderweg zu den Tranchée de Rouffignac mit einem Fahrrad bewältigen. Der Weg ist mit einer gelbroten Markierung gekennzeichnet und leicht zu finden. Am Ende des Durstgrabens kommen wir an ein Denkmal und fahren links auf einen guten Waldweg. Nach 300m geht es nach rechts hinab ins Tal, wo man links abbiegt und wieder bergan fährt. An einer Schranke ist nach rechts das Blockhaus Ella angezeigt. Ein paar hundert Meter hinter dem Bunker geht der markierte Weg über einen unscheinbaren Pfad nach links weiter. 400m später müssen wir ganz scharf nach rechts abbiegen. Der Pfad ist ab jetzt nur noch mit einem Mountainbike zu fahren. Er senkt sich in ein Tal, um nach 500m links durch das nächste Tal wieder hinauf zu kommen. 200m nachdem man rechts auf eine Forststraße eingebogen ist, erreicht man die Tranchée de Rouffignac.*

Schiebepassage auf dem Wanderweg durch den Wald von Rouffignac Wald

⚠ Tranchée de Rouffignac - Bayrische Festung im Wald

Ein kurzer Rundweg führt durch die Befestigungsanlagen im dichten Wald. Die Gräben sind vielfach ausgemauert oder mit Beton verstärkt. Unterstände, von denen man nur noch die Eingänge sieht, sind tief in den Fels getrieben. „IN TREUE FEST" prangt über dem Eingang eines massiven Bunkers. Während des langjährigen Stellungskrieges haben die bayrischen Soldaten ihre Verteidigungslinien in das Land hinein betoniert.

Die weitere Fahrt folgt noch 100m der Fortstraße, bevor es nach links auf einem gut fahrbaren Waldweg weitergeht. Ein blaues Schild weist den Weg nach rechts zum Bois Brûlé. Kurz darauf kommt linker Hand ein Kreuz in Sicht. Halbrechts, vorbei an dieser Gedenkstätte, kommt man an weitere Gräben und Informationstafeln und den Waldrand. Wir erreichen erneut eine gute Forststraße und fahren links zur D907. Nach rechts geht es auf der Landstraße hinab bis Apremont. Den kleinen Ort haben wir schnell hinter uns gelassen und biegen am Kreisel links Richtung Montsec ab. 400m sind es bis zur nächsten Weggabelung, an der wir uns rechts halten. Die sehr ruhige D12 führt nach Montsec. Kurz vor dem Ort unternehmen wir einen Abstecher scharf links zum „Butte de Montsec". Das amerikanische Siegesmonument steht weithin sichtbar auf dem Gipfel des Hügels.

Ein Ring, der die Namen der befreiten Orte trägt, wird von wuchtigen Säulen getragen. Eine breite Treppe führt hinauf. Man hat einen schönen Blick über den See und die weite Landschaft. Eine Reliefkarte zeigt die Fortschritte der amerikanischen Offensive im September 1918, die den Frontbogen von St Mihiel egalisierte. Auf dem selben Weg geht es zurück nach Montsec. Dort überquert man geradeaus die D119, dem Hinweis „Tour de Lac" folgend. Der Rundweg um den See folgt gut 1,5km einem Wirtschaftsweg bis ans

Monument Mountsec

Ufer. Weiter verläuft er über einen schmalen Fußweg, direkt am dicht bewachsenen Ufer. Man überquert den langen Damm des Lac de Madine und kommt auf einen großen Campingplatz mit Badestelle. Nach rechts geht es zur Ausfahrt. Fährt man hier weiter geradeaus, so kommt man nach wenigen hundert Metern nach „Nonsard-Lamarche". Hier gibt es einige Restaurants aber nur wenige Unterkünfte.

⚠ Quartiere rund um den Lac de Madine

Wer in Nonsard keine Unterkunft gefunden hat, der kann sein Glück in Heudicourt, Vigneulles oder Hattonchatel versuchen. Dazu folgt man weiter der Tour de Lac bis Heudicourt und ggf. der D908 und D179. Zu Empfehlen sind das Hotel du Lac de Madine in Heudicourt, oder das Chateau de la Renommiere in Vigneulles. Das Dörfchen Hattonchatel, exponiert auf einem Bergsporn gelegen, bietet nicht nur einen herrlichen Ausblick, sondern ist auch ein toller Anblick.

> **Hotel de Lac du Madine**
> 22, rue Charles-de-Gaule, 55210 Hedicourt, +33/329893580
> www.hotel-lac-madine.com
>
> ⓘ **Chateau de la Renommiere**
> Anne et Didier LUDMANN
> 12, Rue Raymond Poincaré
> 55210 VIGNEULLES-LES-HATTONCHATEL
> +33/329918857

21 Nonsard-Lamarche – Pont-À-Mousson

Vom Parc naturel régional de Lorraine an die Mosel

⛰→	42 km	〽	298 m	〽	336 m
🌲	++	🏠	++	History	++

🗺	Metz – Verdun - Luxembourg, ISBN: 978-2-7585-1509-8
ⓘ	Office de Tourisme, Place Duroc 52, 54700 Pont-À-Mousson, www.tourisme-pontamousson.fr
🛏	Auberge des voyageurs, rue Charles de Gaulle 46, 54121 Vandieres, +33/383817282, aubergedesvoyageurs54@orange.fr Hôtel de l'Abbaye des Prémontrés, rue Saint Martin 9, 54700 Pont-À-Mousson Hôtel Bagatelle, Rue Gambetta 47-49, 54700 Pont-À-Mousson, +33/383810364, www.booking.com/hotel/fr/bagatelle.html Le Cottage, Christiane Bernard, rue de la Chapelle, 54700 Pont-À-Mousson, +33/383812038, contact@lecottage-lorraine54.com, www. lecottage-lorraine54.com

Am Lac de Madine, im Parc naturel régional de Lorraine gelegen, lässt es sich gut verweilen. Doch hält auch der Weg an die Mosel viel Sehenswertes parat. Ruhige Nebenstraßen führen durch die abwechslungsreiche Landschaft des Naturparks. Dieser Landstrich lag mitten im heftig umkämpften Frontbogen von St Mihiel. Davon zeugen die deutschen Friedhöfe von Bouillonville und Thiaucourt-Regniéville. Auch der drittgrößte amerikanische Soldatenfriedhof des ersten Weltkriegs liegt entlang des Weges. Von einigen der Dörfer dieser Gegend, wie Regniéville und Remenauville, existieren heute nur noch Reste ihrer Kirchen. Mehr zu sehen gibt es nahe Vilcey-Sur-Trey, wo die Ruinen eines deutschen Feldlagers von der Natur zurück erobert wurden. Auf den letzten Kilometern folgt man der Mosel bis Pont-À-Mousson. Hier fällt besonders der, von mittelalterlichen Arkadengängen gesäumte, Marktplatz ins Auge.

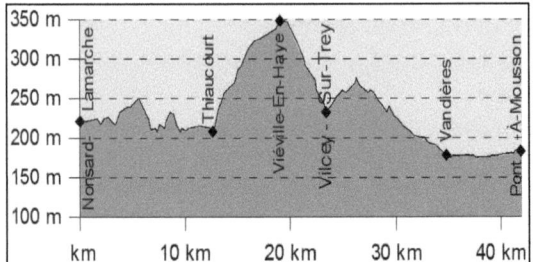

21 Nonsard-Lamarche – Pont-À-Mousson

Die Beschreibung beginnt an der Ausfahrt des großen Campingplatzes am Lac Madine. Von hier radelt man in den Ort hinein.

⚠ **Partymeile Lac de Madine**
Zu Pfingsten verwandeln sich die Campingplätze am See zu einer Partymeile für Jugendliche. Ruhiger geht es bei den Oldtimertreffen in Nonsard-Lamarche zu, die mehrmals im Jahr viele Besucher anziehen.

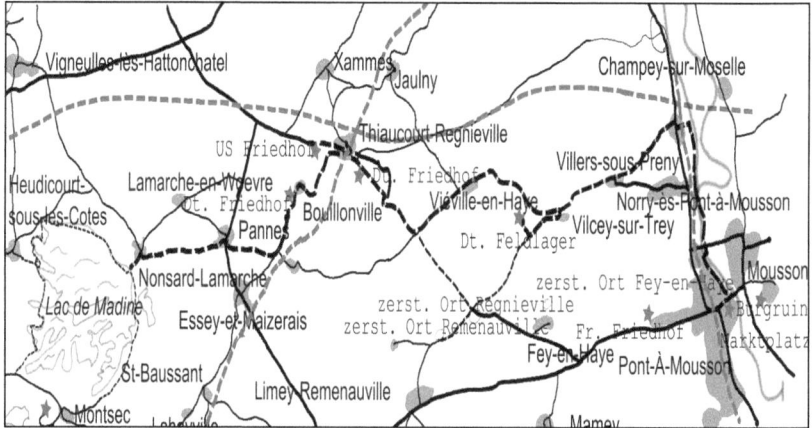

An der Kreuzung mit der D179 fahren wir rechts nach „Pannes". Im Ort wiederum rechts nach „Thiaucourt" und „Toul" abbiegen. Wie in vielen anderen Orten der Gegend gibt es im Tal ein kleines Waschhaus. Man wundert sich, dass ein kleiner Fluss wie der Madine einen so großen See speisen kann. Hat man ihn überquert, so führt links eine einspurige Allee Richtung „Thiaucourt" und „Bouillonville". Es geht ein gutes Stück bergan. Am Ende der Straße sehen wir anstatt eines Schildes eine Marienstatue. Nach links geht es über die ruhige D28 nach Bouillonville. Die alten Häuser des Ortes schmiegen sich in den Schutz der Steilwand einer Flussbiegung. Hier konnte in den Lazaretten den Schwerverletzten oft nicht mehr geholfen werden. So liegt am Ortseingang linker Hand der deutsche Friedhof, auf dem 1368 Tote ihre letzte Ruhe fanden. Thiaucourt-Regniéville ist nach 2,5 km der nächste Ort. Wer einen Supermarkt sucht, der sollte sich allerdings noch ein wenig gedulden.

Dt. Kriegerdenkmal

⚠ Amerikanischer Friedhof Saint-Mihiel

Der Abstecher zum drittgrößten amerikanischen Soldatenfriedhof des ersten Weltkriegs ist ein Muss. Dazu fahren wir an der T-Kreuzung mit der D3 nach links. Es geht zwar kräftig bergan, aber die großzügig angelegte Ruhestätte auf der Höhe ist sehenswert. Sie steht in einem krassen Kontrast zu dem zurückhaltend gestalteten deutschen Soldatenfriedhof. Blendend weiße Grabkreuze auf gepflegtem Rasen. Ein von Säulen getragenes Denkmal für die Vermissten und am Schnittpunkt der Alleen zwischen den 4 symmetrischen Gräberfeldern steht eine Sonnenuhr in Form eines Adlers. Auf dessen Sockel steht geschrieben: „DIE ZEIT WIRD DEN RUHM IHRER TATEN NICHT AUSLÖSCHEN". Beeindruckt fahren wir zurück in den Ort bis zur Kreuzung an der Kirche.

US Friedhof Saint-Mihiel

 www.abmc.gov/cemeteries/cemeteries/sm.php

 tgl.: 9:00 – 17:00 closed 25. Dez. & 1. Jan.

Der weitere Weg führt nicht über die D3, sondern halbrechts in die „Rue Carnot", die parallel zu dieser ins Tal führt. Auf der anderen Seite des Flusses fahren wir einen Links-Rechts-Schlenker und es geht steil bergan. Am Ortsrand gibt es einen Carrefour-Supermarkt

DIE ZEIT WIRD DEN RUHM IHRER TATEN NICHT AUSLÖSCHEN

21 Nonsard-Lamarche – Pont-À-Mousson

und links einen unscheinbaren deutschen Soldatenfriedhof, auf dem knapp 12000 Tote begraben wurden. Im hinteren Teil des Friedhofs befinden sich auch Gräber aus dem Krieg von 1870/71. Wir folgen einen weiteren Kilometer der ruhigen Alternative zur D3. An deren Ende geht es nach rechts auf der D3 weiter. Der Verkehr wird deutlich stärker und es wird zügig gefahren. Nach 2 km erreichen wir eine Kreuzung neben der ein kleiner Bunker steht. Hier können wir links abbiegen nach Viéville-En-Haye und die Raser hinter uns lassen.

⚠ Regniéville und Remenauville – village détruit

Wer die beiden zerstörten Dörfer Regniéville und Remenauville besuchen möchte, der bleibt für weitere 3km auf der schnurgeraden D3 und durchquert ein Waldgebiet. Rund 200m bevor man den Waldrand und den Abzweig nach Remenauville erreicht, liegen linker Hand die unscheinbaren Reste des alten Friedhofs von Regniéville. An der Kreuzung befinden sich heute nur noch ein einzelnes Gehöft und die Dorfkirche. Man erkennt einige Grundmauern, doch sonst deutet nichts mehr darauf hin, dass hier einmal rund 150 Menschen gelebt haben. Rechts geht es nach „Remenauville". Die Ruinen sind mittlerweile von Bäumen und Sträuchern

Nicht viel ist geblieben

überwuchert, es gibt aber Infotafeln und entlang eines kurzen Rundweges Schilder, die die Ruinen erklären. Lediglich von der Kirche steht noch der Turm, der in eine Kapelle umgewandelt wurde. Ein Ort des stillen Gedenkens. Auf dem selbem Wege geht es zurück.

⟨Alternativ⟩ Wen teils schlecht zu fahrende Waldwege nicht schrecken, der kann gut 8km Kilometer ins Tal der Trey abkürzen. Dazu in Regniéville an der T-Kreuzung mit der D3 immer geradeaus bzw. halbrechts durch den Wald fahren. Der Weg führt, erst gut fahrbar und flach, durch den Wald, wird später allerdings weich und verläuft zerfurcht und steil hinab ins Tal, in dem einst ein deutsches Feldlager lag. Aus eigener Erfahrung würde ich den Weg nach starkem Regen nicht wagen, da der Schlamm so klebrig ist, dass er an den Reifen klebt bis sich buchstäblich kein Rad mehr dreht. Im Tal an einem kleinen Picknickplatz nach links fahren und das deutsche Lager erkunden.

21 Nonsard-Lamarche – Pont-À-Mousson

Nimmt man den Weg über Viéville, so muss man lediglich der ruhigen Landstraße zwischen den Feldern und durch den Wald folgen. In Vilcey-Sur-Trey vor der Mairie biegt man für den Abstecher zum deutschen Feldlager rechts ab. Der weitere Weg an die Mosel führt nach dem Abstecher weiter über die D89

⚠ **Deutsches Feldlager im Treytal und das Croix des Carmes**
Vor der Mairie von Vilcey rechts abbiegen und an der Kirche vorbei das Tal hinauf fahren. Die eingefasste „Kühleweinquelle" ist der erste Hinweis auf die Anwesenheit der Deutschen im Tal. Wer französisch versteht, für den sind die Hinweistafeln im weiteren Verlauf informativ. Leider gibt es keine deutsche Übersetzung. Die Forststraße kommt an einen Bach und kleinen Picknickplatz. Entlang des Waldweges nach rechts liegen weitere Deutsche Bunker, Unterstände und auch einige gefasste Quellen in dem düsteren, feuchten Tal. Infotafeln erklären die Hintergründe und zeigen mehrfach den prominentesten der hier stationierten Soldaten, den Schriftsteller Ernst Jünger. Einmalig ist der, etwas abseits am Anfang des Tales gelegene, Feldaltar.

Ein alter Feldaltar im Treytal

Auf dem gleichen Weg geht es zurück nach Vilcey. Nur mit einem Mountainbike kann man das Schlachtfeld im Priesterwald, rund um das Denkmal Croix des Carmes, erreichen. Dazu folgt man ab der Kirche immer dem rotweiß markierten GR5, einem Weitwanderweg, dem man bis nach Pont-au-Mousson folgen kann. Der Wald ist immer noch von Gräben durchzogen und von Granattrichtern zernarbt.

Wieder zurück in Vilcey, folgen wir weiter der zweispurigen D89 durch das offene Tal bis nach „Vandières". An der T-Kreuzung mit der stark befahrenen D952, biegen wir nach „Pont-À-Mousson" ab. Nach 250 m links fahren in die „Rue du Port" und am Bahnhaltepunkt die Schienen überqueren. Wir fahren direkt auf den Moselseitenkanal zu, an dem wir nach rechts abbiegen. Die nächsten Kilometer folgen wir dem Kanal. Anfangs ist der Weg noch asphaltiert und geht später in einen gut zu fahrenden Feldweg über. Bis zur nächsten Brücke sind es 2 km. Hier überqueren wir die Wasserstraße und fahren auf der gegenüberliegenden Seite weiter. Eine breite Schotter- und Sandpiste, auf der uns gelegentlich ein LKW begegnen kann, der aus einer der zahlreichen Kiesgruben kommen. Am Rand von Pont-À-Mousson erreichen wir eine Staustufe der Mosel. Nach rechts nehmen wir die Brücke über die Einfahrt in den Seitenkanal. Unser Weg verläuft weiter über einen schmalen Damm zwischen dem Fluss und dem alten Kanal, den wir nach einem guten Kilometer an einer ehemaligen Schleuse ebenfalls überqueren. Weiter geht es auf einem Schotterweg entlang des Flusses bis zur steinernen Bogenbrücke. Hier rechts in die Stadt radeln, und wir stehen nach ein paar Metern auf dem von Arkadengängen umschlossenen „Place Duroc". Zum Bahnhof folgt man noch ein kurzes Stück der lebhaften, von Geschäften gesäumten Hauptstraße. Auch wenn die Herrlichkeit vieler Gebäude langsam abbröckelt, so hat die Stadt doch Charme und lädt zum Verweilen ein.

⚠ Pont-À-Mousson bei Nacht

Bei Nacht, wenn der Place Duroc, die Moselbrücke, sowie Kirche und Kloster am Moselufer angestrahlt werden, zeigt sich die Stadt von ihrer besten Seite. Ein Muss für jeden Fotofreund. Wer im Dunkeln den steilen Weg zu Burg auf sich nimmt, wird mit einem grandiosen Blick auf das Moselstädtchen belohnt.

Pont-À-Mousson bei Nacht

22 Pont-À-Mousson– Dieuze

Der herbe Charme der lothringischen Provinz

◮	71 km	⌇⌇	825 m	⌇⌇	799 m	
🌲	+++	🏠	++	History	+	
🗺	Metz – Verdun - Luxembourg, ISBN: 978-2-7585-1509-8					
ⓘ	Office de Tourisme de Dieuze, place d l'Hôtel de Ville 10, 57260 Dieuze, +33/87860607, office.tourisme-dieuze@orange.fr, www.mairie-dieuze.fr					
🛏	B&B Jeau-Luc Broquard, Rue Seille 2, 57260 Lindre-Basse, +33/387860210, mobil : +33/631450707 B&B Jacques Renaudin, impasse Madeleine 136, 57260 Dieuze, +33/387866767 Gîtes d'etape et de groupe Véronique DAVRAINVILLE, rue Principale 35, 57260 Blanche-Eglise, +33/387011097					

Die Etappe durch die lothringische Hügellandschaft ist eine ruhige Landpartie, bei der man die Gedanken schweifen lassen kann. Die Dörfer und Weiler am Wegesrand haben einen herben Charme. Hochglanz sucht man hier vergeblich. Wir bewegen uns durch ein buntes Mosaik aus Feldern, Weiden und Wäldern, das nie langweilig wird. Wie auf einigen anderen Etappen, sollten die Provianttaschen bei Abfahrt gut gefüllt sein. Den „Höhepunkt" der Tour erreichen wir schon kurz nach dem Start, beim Chateau-de-Mousson. Das Flüsschen Seille begleitet uns den ganzen Tag.

Die Beschreibung startet wie üblich vor dem Bahnhofsgebäude. Nach links kommt man in die „Rue de L'Abbé Grégoire", die nach 100m einen Rechtsknick macht und kurz darauf in die Durchgangsstraße einmündet. Hier fahren wir links ins Zentrum. Der dreieckige Marktplatz ist von einem geschlos-

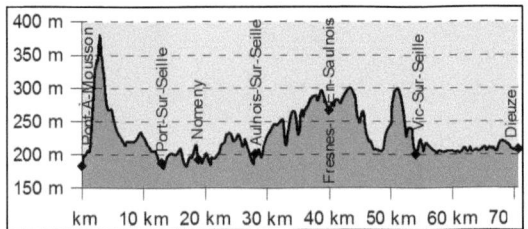

senen Ensemble barocker Häuser mit Arkadengängen umgeben. Über die steinerne Moselbrücke gelangen wir auf die andere Seite des breiten und trägen Flusses. Bis zur nächsten Ampel geht es über die belebte Durchgangsstraße. Geradeaus steht uns die steilste Steigung auf der Strecke zwischen Flandern und dem Elsass bevor, der „Chemin de Chateau du Mousson". Selbst schieben fällt auf dem

22 Pont-À-Mousson– Dieuze

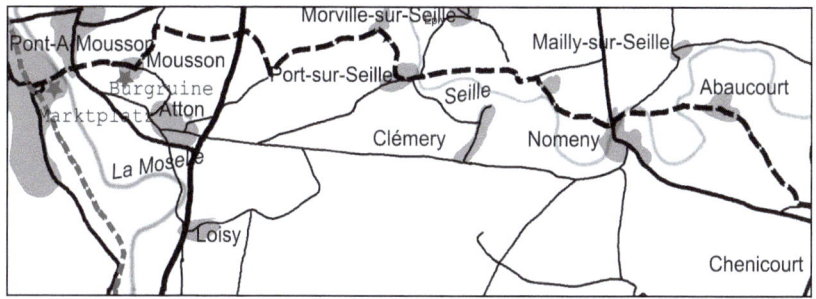

Fußweg zur Burg schwer. Man kommt an das erste, wuchtige Gebäude von Mousson und fährt rechts in den Ort. Dann links in die „Rue Basse". Nach dem obligatorischen Besuch der Burgruine geht es an der Kreuzung von „Rue Basse und dem „Chemin de Menhir" links den Berg hinab.

⚠ Ruine des Chateau-de-Mousson

Ohne einen kurzen Abstecher hinauf zum Chateau ist der Gipfelsturm nicht komplett. Dazu fahren wir die „Rue Basse" bis zum Ende und dann weiter geradeaus in die „Rue Des Templiers". Oben angekommen liegt uns das Moseltal zu Füßen, und man kann durchschnaufen. Sicher das schweißtreibenste Highlight des Tages.

Der „Chemin de Menhir" führt als D34 weiter bergab und aus dem Ort hinaus. Bevor die Straße ganz im Wald verschwindet, biegen wir rechts in eine Forststraße ein. Schnurgerade zieht sich die asphaltierte Straße durch den Wald und überquert die Autobahn. Der Asphalt endet, und wir nehmen die Forststraße nach rechts. Trotz des Schotterbelags kommen wir gut und leicht voran. So erreicht man schnell die Kreuzung mit der D49, der man nach links folgt. Zwischen Feldern und Wiesen führt die Straße nach Morville-Sur-Seille, wo man der Vorfahrtsstraße nach rechts Richtung „Rouves" folgt. In Port-Sur-Seille überqueren wir zum ersten Mal die Seille. Kurz darauf hält man sich an der Straßengabelung geradeaus nach „Rouves" und „Noveny". Die aussichtsreiche, schmale Straße über den Höhenrücken findet geradeaus in der D70 ihre Fortsetzung. Auch diese ist nur schwach frequentiert. An der nächsten Gabelung, rund

Ruhige Straßen, kleine Dörfer, weites Land

22 Pont-À-Mousson– Dieuze

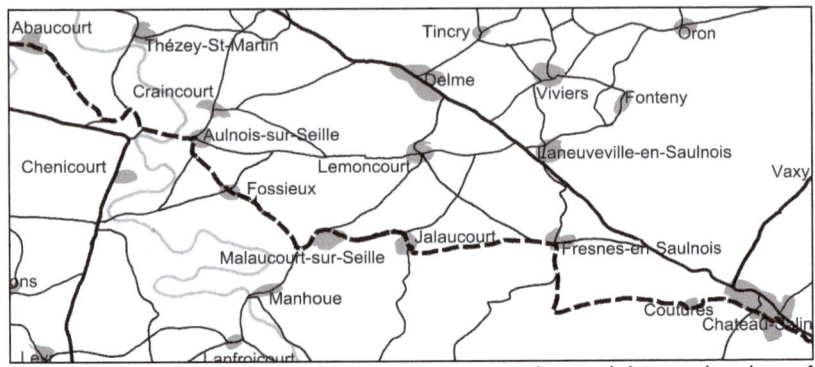

700 m entfernt, müssen wir gut aufpassen, denn nichts weist darauf hin, dass der Weg Richtung Rouves nach links abknickt. Die Burg, deren Ruine am Ortseingang von Noveny steht, war früher einmal beeindruckend und standfest. Sie sieht immer noch wuchtig aus, ist aber leider baufällig und daher nicht zu betreten. An der nächsten Kreuzung behalten wir die Richtung bei und nehmen die D44 nach „Abaucourt". Wir passieren einen der seltenen Fahrradläden und kommen an einen Abzweig, an dem wir rechts nach „Abaucourt" abbiegen. Die D45 führt wieder hinab ins Tal der Seille, und der Fluss wird zum zweiten Mal gequert. „Letricourt" ist unser nächstes Ziel. Das Asphaltband windet sich in einem permanenten auf und ab durch die offene Landschaft. Kaum ein Auto stört die Idylle.

Am Kilometerstein 45 führt die D45 nach rechts den Hügel hinab. Weder ein Schild, noch eine Markierung weisen darauf hin. Am Wasserturm von Letricourt geht es nach links und durch den Ort. Die Straße hat nach 400m einen Rechtsknick, und es geht weiter Richtung „Aulnois". Hier nimmt man am nächsten Abzweig die Straße nach links, hinab ins Seilletal. Ein weiteres Mal wird der Fluss überquert. Wir fahren geradeaus durch den Ort. Das Schloss zur Linken ist im Privatbesitz und nicht zu besichtigen. Die erste Straße nach rechts, eine unbeschilderte Nebenstraße, führt durch ein Neubaugebiet. An dessen Ende müssen wir uns an der Gabelung links halten. Autos sind auf der schmalen Straße über die Höhe nach Fossieux selten zu sehen, dafür aber umso mehr Landschaft. An der T-Kreuzung mit der D21a geht es links nach „Malaucourt-Sur-Seille" weiter.

Es gibt reichlich Wegkreuze

22 Pont-À-Mousson– Dieuze

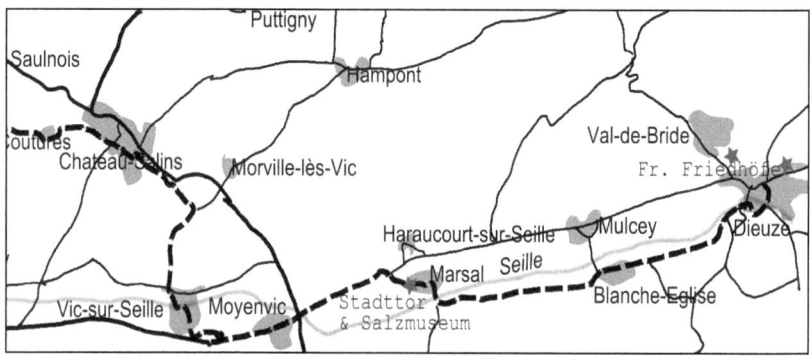

Ein Bunker ist direkt an die Friedhofsmauer gebaut und mit einem Kreuz „getarnt". Ein weiteres Kreuz steht neben der Straße am Abzweig nach „Jallaucourt". Den Kirchturm des Ortes haben wir zwar schon im Blick, doch erst ist eine tiefe Senke zu durchqueren. Am Ortsrand mündet die Straße in die D77 ein. Hier geht es rechts ab und an einem Gutshof entlang. Das markante Torhaus hat allerdings schon bessere Zeiten gesehen. Wir halten die Richtung bei und verlassen auf einer nicht bezeichneten Straße den Ort. Das Croix de Mission steht in einem kleinen Waldstück an einer Kreuzung. Auf der anderen Seite steht ein weiterer Bunker im Feld. Für uns geht es nach links, doch Schilder zur Orientierung sucht man vergebens. Die D77e mündet nach 2,5km in die zweispurige D21 Richtung „Fresnes-En-Saulnois". Dort geht es an der Bushaltestelle rechts in die „Rue de l'Eglise". An der Mairie hält man sich halbrechts in die „Rue de la Foret". Der Name ist Programm, denn wir fahren in den Wald hinein. Die geteerte Forststraße gabelt sich. Halblinks geht es weiter, vorbei an einer Schutzhütte und einem Bunker im Wald. Wir erreichen eine T-Kreuzung, an der uns zwei Alternativen zur Verfügung stehen.

Alternativ *GR5 – Mountainbiken auf dem Fernwanderweg*
Wer mit dem Mountainbike unterwegs ist und Lust auf ein kleines Abenteuer hat, der biegt an der T-Kreuzung rechts ab. Nach knapp 300m sieht man am Rand einer Hochspannungstrasse ein Denkmal, in das der alte Grabstein eines gefallenen Deutschen integriert wurde. Hier gab es einmal einen deutschen Soldatenfriedhof. Links zweigt die „Route Forestiere de la Belle Fille" ab, der man folgt. Nach 600 m noch einmal links fahren und immer der, mit rot-weißen Markierungen ausgezeichneten, „GR 5" folgen. Es ist nur ein kleines Stück zu den Überresten der Villa Gallo Romain, sowie den Resten eines Bunkers und der Quelle „Source Vassieux". Der Weitwanderweg führt zeitweise über schöne Single Trails nach Vic-sur-Seille und weiter nach Marsal. Leider ist er schlecht markiert. Die GPS-Daten zur Orientierung stehen aber zur Verfügung.

Wer lieber auf der Straße unterwegs ist, der biegt an der T-Kreuzung links ab und folgt der Forststraße. So kommt man nach Coutures. Vor der Mairie hält man sich links, und nach 600m Fahrt durch den Ort geht es rechts ab, auf die D174b nach „Château-Salins". Dort verspringt die Straße ein wenig nach links. Wir folgen ihr noch 500m und biegen am Kreisel links ab zur stark befahrenen D955. Das französische „Salzburg" verdankt seinen Namen der Salzgewinnung,

Stadttor von Marsal

die früher im Saulnois, dem Salzgau, betrieben wurde. Nach der Niederlage im Krieg 1870/71 wurde das Gebiet, obwohl französisch geprägt, unter deutsche Herrschaft gestellt. 1919 fiel es dann wieder an Frankreich. Man verlässt den gut 2000 Einwohner zählenden Ort nach Süden und kann nach einen Kilometer die D955 wieder verlassen. Links zweigt die ruhigere D155p nach „Vic-sur-Seille" und zum „Musee Georges de la Tour" ab. 700m geht es steil bergan. Oben angekommen halten wir uns rechts und verschnaufen auf einer langen Abfahrt.

Im Ort gabelt sich die Straße. Es geht nun geradeaus auf einer Einbahnstraße weiter. Kurz vor der Brücke über die Seille zweigt die D155p links Richtung „Centre Ville" ab. Wir folgen ihr und danach der abknickenden Vorfahrtsstraße nach rechts, Richtung Gendarmerie, über den Fluss. Vorbei am Museum und einer Boulangerie geht es durch das nette Dorf. Wir folgen dem Hinweis „Camping" nach links. Vorbei am Zeltplatz bringt uns die alten Landstraße bis an die Einmündung in die D38.

⚠ **Museum: George de la Tour- Hofmaler Ludwig XIII**

Im Museum sind nicht nur Werke des, 1593 hier geborenen, Hofmalers Ludwigs des dreizehnten ausgestellt. Neben weiteren Gemälden aus dem siebzehnten bis zwanzigsten Jahrhundert, gibt eine historische Sammlung Aufschluss über die Geschichte des Ortes, dem ehemaligen Sitz der Bischöfe von Metz.

ℹ +33/387780530		Erw.: 5,00€ Jgdl.:3,50€ Kombiticket mit Salzmuseum 6,00€
🕐 Di.-So. 9:30-12:00 & 13:30-18:00	closed	23.Dez.-7.Jan. & 1.Mai

Die D38 ist gut ausgebaut und dementsprechend flott wird hier gefahren. Nachdem Moyenvic hinter uns liegt, geht es abermals über die Seille und am Kreisverkehr weiter geradeaus nach „Marsal" und „Dieuze". Insgesamt sind wir mehr als 4km auf der D38 durch das weite Seilletal unterwegs, bis wir rechts nach „Marsal" abbiegen können. Durch die Porte des France, dem wuchtigen barocken Tor

22 Pont-À-Mousson– Dieuze

der alten Grenzfeste, kommen wir in das sehenswerte Dorf. Von den Mauern, Gräben und Bastionen der Forts D'Orléans und D'Haraucourt ist außer Hügeln und grünen Wällen nichts mehr zu sehen. Das Salzmuseum befindet sich im Stadttor. Hier gabelt sich die Straße, und wir nehmen den halbrechten Abzweig.

⚠️ **Musee de Sel - das weiße Gold des Salzgaus**
In dem von Vauban gestalteten Stadttor ist das Salzmuseum untergebracht. Es erzählt die dreitausendjährige Geschichte der hiesigen Salzgewinnung. Die salzigen Tümpel und Quellen in der Umgebung ermöglichten den Bewohnern der Gegend einen einfachen Zugang zum weißen Gold.

ℹ️ +33/387780530 Erw.: 5,00€ Jgdl.:3,50€
Kombiticket mit George de la Tour 6,00€

🕐 Di.-So. 9:30-12:00 & 13:30-18:00 closed 23.Dez.-7.Jan. & 1.Mai

An der T-Kreuzung mit der „Rue Des Capucins" folgen wir der Radwegbeschilderung nach rechts zur Mairie. Die Radroute „Circuit de Sel" ist nach links ausgeschildert. Sie weist uns den Weg auf den restlichen Kilometern bis nach Dieuze. Am Ortsrand überquert man den alten Festungsgraben und folgt der einspurigen Straße, vorbei am Sportplatz, nach rechts. Wieder kreuzt unser Weg die Seille, bevor die Radroute auf der C1 Richtung „Blanche Eglise" nach links abzweigt. Die schmale Straße durch das Weideland im Seilletal macht Spaß. Der Weiler Blanche Eglise bietet außer einem Gite D'Etape keine weiteren Versorgungs- und Übernachtungsmöglichkeiten. Ein Wald löst das Weideland ab, und auf der anderen Seite stößt man am Stadtrand unseres Zielortes auf die lebhaft befahrene D22. Das Radwegschild weist uns nach links. An der nächsten Kreuzung überqueren wir die Hauptstraße geradeaus und folgen dem Hinweis des „Circuit de Sel" rechts Richtung „Dieuze Centre" in den „Chemin du Fort". Es geht am nächsten Abzweig weiter nach links, bis zu einem Kreisel. Dort links in die Innenstadt von Dieuze oder rechts weiter auf der nächsten Etappe zum „Etang du Lindre" radeln. Unser heutiges Ziel Dieuze ist eine nette Kleinstadt mit Renovierungsstau, die über alles verfügt was ein Radler benötigt.

⚠️ **Übernachten im Schloss Alteville**
Das Angebot an Übernachtungsmöglichkeiten in Dieuze ist nicht gerade reichlich. Deshalb sollte man im Vorfeld reservieren. Wem der Sinn nach einer Übernachtung im Schloss steht, der fährt noch rund 8km weiter zum Chateau Alteville.

ℹ️ Chateau Alteville , +33/0387054663,
www.booking.com/hotel/fr/chateau-d-alteville.de.html

147

23 Dieuze-Saarebourg

Gemütliche Fahrt mit Seeblick, Wiesen und Wäldern

◿	40 km	◿◿	427 m	◿◹	386 m
🌿	++	🏛	+++	History	+
🗺	Metz – Verdun - Luxembourg, ISBN: 978-2-7585-1509-8 Strasbourg – Forbach, IGN, ISBN: 978-2-7585-1510-4				
ⓘ	Office de Tourisme Rhodes, 57810 Rhodes, 33/387039400, mobil: +33/670934092, office.de.tourisme.rhodes@orange.fr, www.rhodeslorraine.com Office de Tourisme Sarrebourg, Place des Cordeliers, 57400 Sarrebourg, , +33/387031182, tourismesarrebourg@orange.fr, www.sarrebourg.fr				
🛏	Le domaine les Bachats, Véronique et Jean-Bernard Corsyn, 57810 Rhodes, +33/387039203, jb.corsyn@wanadoo.fr, http://www.domainelesbachats.com Camping Municipal, 57810 Rhodes, +33/387039400, mobil: +33/670934092, office.de.tourisme.rhodes@orange.fr, www.rhodeslorraine.com, Hôtel de France, avenue de France, 57400 Sarrebourg +33/387032147, contact@hoteldefrancesarrebourg.fr, www. hoteldefrancesarrebourg.fr Hôtel Les Cèdres, Zone des Loisirs- Chemin d'Imling, 57400 Sarrebourg, +33/387035555, info@hotel-lescedres.fr, www. hotel-lescedres.fr Auberge le Baeckeoffe rue Division Leclerc, 57400 Sarrebourg, +33/387237284,				

Die lothringische Teichlandschaft eignet sich hervorragend für eine Radtour. In den sanft gewellten, grünen Hügeln wechseln sich Weideland, Wälder, Teiche und Seen sowie verschlafene kleine Dörfer ab. Die ruhigen Nebenstraßen, aber auch Waldwege, lassen sich ohne steile Anstiege bequem fahren und hinter jeder Kurve tun sich neue Ausblicke auf. Rund um die Aufzuchtstation für Störche, am Etang de Lindre, verwundert es kaum, dass Meister Adebar auch in freier Natur zu sehen ist. Auf dem

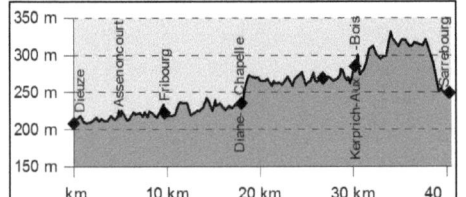

23 Dieuze-Saarebourg

Saarkohlkanal bei Diane-Chapelle sehen wir originelle Hausboote und können den Freizeitkapitänen beim Schleusen zuschauen.

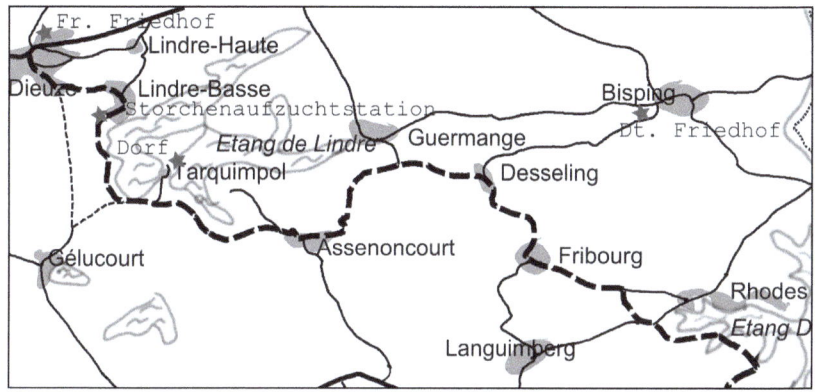

Wir beginnen die Tour am Hotel de Ville und fahren rechts auf der „Rue Clemenceau" bis zum Kreisverkehr. Ein kurzes Stück müssen wir über die viel befahrene D999 Richtung „Gelucourt", doch schon am nächsten Kreisel können wir halblinks Richtung „Lindre Bas" ausweichen.

>Alternativ< Nimmt man die Strecke über Lindre Bas und entlang des Etang de Lindre, dann umgeht man zwar den starken Verkehr und wählt die landschaftlich schönere Variante. Leider geht es aber ein kurzes Stück über einen schlecht zu fahrenden Waldweg. Wer das nicht möchte bleibt auf der D999 und biegt nach 3,6 km Richtung „Tarquimpol" auf die D199f links ab.

Es geht geradeaus durch Lindre Bas bis zur Staumauer des Lindenweiers. Für Naturliebhaber bieten sich die Übernachtungsmöglichkeiten im Ort an. Nach rechts führt ein asphaltierter Weg unterhalb der Staumauer entlang und an der Storchenaufzuchtstation vorbei. Er geht in einen Feldweg über, der in einigem Abstand dem Seeufer folgt und immer schmaler wird. Trotzdem bietet er schöne Ausblicke und macht Spaß. Ein steiles und matschiges Stück zwingt uns vom Rad, und wir überwinden eine kurze Böschung. Oben angekommen muss man halblinks über einen Forstweg weiter fahren, der nach einem Kilometer in eine Straße mündet. Biegt man nach links ab, so kommt man nach kurzer Fahrt zum Abzweig nach

Assenoncourt

23 Dieuze-Saarebourg

„Tarquimpol" und wenig später vorbei am Schloss Alteville. Hier kann man sich für eine standesgemäße Übernachtung einmieten.

⚠️ **Tarquimpol- Kleinod am Etang de Lindre**
Der kurze Abstecher in das 70 Seelen zählende Dorf auf einer Halbinsel im Etang de Lindre lohnt sich. Es ist eins der schönsten in Lothringen und seine Lage im See ist einmalig.

Wir haben noch einige nette Ausblicke über den See und fahren vorbei an glücklichen Kühen nach „Assenoncourt", einem weiteren malerischen Dorf. Die D93 lassen wir rechts liegen und radeln geradeaus nach „Guermange". Die Straße ist zwar zweispurig, aber wir sehen nur selten ein Auto. Kurz hinter dem kleinen Étang D'Armessous biegen wir an der Kreuzung mit der D91 Richtung „Rhodes" ab. Diese hat in „Desseling" einen Rechtsknick, dem wir folgen. In Fribourg geht es links nach „Rhodes" und zum „Etang du Stock". Was folgt ist eine längere Steigung. Kurz bevor man einen Funkturm auf der Höhe erreicht, kann man rechts auf einen gut geschotterten, rot-weiß markierten, Feldweg einbiegen.

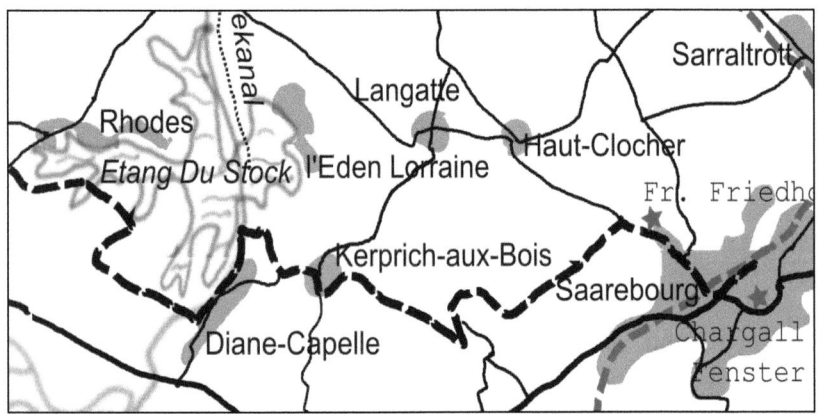

Alternativ Man kann alternativ weiter geradeaus fahren und kommt in Rhodes an den Etang de Stock. Hier rechts abbiegen Richtung „Languimberg". Der Weg ist nur unwesentlich länger und man geht auf Tuchfühlung mit dem See.

Nach links geht es am Ende des Feldwegs auf eine Straße, die wir am nächsten Abzweig, am Ortseingang von „Rhodes", wieder verlassen.

⚠️ **Fetes de L'eau- Partytime**
Am ersten Samstag im Juli ist es so weit. In Rhodes steigt die Fetes de L'eau, ein Fest am See dessen Höhepunkt eine nächtliche Bootsparade ist.

23 Dieuze-Saarebourg

Etang de Stock

Es geht Richtung „Auberge les Bachats (gite d'etape, Chambre des hotes)" über einen schmalen asphaltierten Weg. Ein idyllischer Blick über den See öffnet sich. Wir kommen an einem großen Gehöft, der Auberge an der sich Esel und Schaf gute Nacht sagen, vorbei. Kurz hinter einem kleinen See, bei dem sich ein kleines Bootshaus auf Pfählen im Schilf versteckt, erreichen wir einen Parkplatz.

Da eine Schranke die Einfahrt in eine Wohnanlage versperrt, nehmen wir halblinks den rot-weiß markierten „GR5", einen schmalen Waldweg. Der geschotterte Weg am Rande der Siedlung ist zwar kaum breiter als ein Pfad, lässt sich aber gut fahren. Die weiteren Markierungen weisen nach „Abreschviller" und „Col de Donon", und es geht schnurgerade durch den Wald. Ab dem nächsten Weiher wird der Weg breiter. Noch zweimal gibt der Wald den Blick auf den Etang de Stock frei, bevor wir einen Parkplatz erreichen und der Weg geradeaus bedeutend schlechter ist. Hier geht es nach rechts weiter über eine gut befestigte Route Forestiere. Keinen Kilometer weiter zweigt links die „Route Forestiere de Diane-Capelle" ab. Auf dieser verlässt man den Wald. Der zuvor geschotterte Weg bekommt jetzt eine Asphaltdecke.

Nachdem man den Saarkohlekanal überquert hat, geht es am Ortsrand von Diane-Chapelle scharf links zum Radweg am Kanalufer. Der neu asphaltierten Radroute folgen wir nach rechts, bis zur Schleuse. Hier haben ein paar sehenswerte Hausboote, umgebaute

151

23 Dieuze-Saarebourg

Frachtkähne oder kleine Schlepper, ihren Liegeplatz. Leider ist unsere Kanalfahrt an der Schleuse schon wieder zu Ende. Wir folgen nach rechts der einspurigen Straße. In knapp 300m, hinter einer Kurve, biegen wir an ein paar Altglasbehältern scharf links in einen einspurigen, asphaltierten Wirtschaftsweg ab. Wir kommen an einen Abzweig nach rechts und nehmen diese einspurige Straße durch den Wald bis zu einer T-Kreuzung mit einer zweispurigen Straße. Linker Hand sehen wir schon unser nächstes Ziel, Kerprich-Aux-Bois. Dort an der T-Kreuzung mit der D89 rechts Richtung „Héming" abbiegen. Am Ausgang des Dorfes fährt man auf eine Friedhofsmauer zu. Dort den unbeschilderten Abzweig nach links nehmen. Hinter der folgenden Senke strebt der Weg moderat bergan, zwischen Feldern und Wiesen, auf einen Wald zu. Auf der anderen Seite des Forsts liegen die Vogesen schon in Sichtweite vor uns. Die Route „Forestiere du Champ Du Bois" zweigt scharf rechts ab. Wir biegen in diesen guten Schotterweg ein. Nach jeweils 500m hat der Hauptweg zweimal einen Rechtsknick. Wir sind jetzt auf der „Route Forestiere d'Oberwald". Die Steigungen sind moderat, und der Weg lässt sich gut fahren. 900m nach dem zweiten Knick beginnt geradeaus die „Route Forestiere des Moutons", und für uns geht es jetzt links auf einer unmarkierten Forststraße weiter. Auch diese ist gut zu fahren und mündet in eine asphaltierte Forststraße. Durch dichten Laubwald fährt man bis zur Einmündung in die D27, einer Einfallstraße von Saarebourg. Wir folgen dem Radweg nach rechts und kommen an einem großen französischen Soldatenfriedhof vorbei. Nach Ende des Radweges geht es in zeitweise dichtem Verkehr hinab durch die

sanfte Hügel, einsame Straßen und Wege

23 Dieuze-Saarebourg

Hausboote auf dem Saarkohlekanal

Stadt ins Tal der Saar. Am Kreisel vor der Eisenbahnbrücke geht es links in die „Rue Jeanne DArc". Es sind nur 300m bis zur Bushaltstelle „Zone de Loisiers", an der wir rechts auf einen geteerten Radweg entlang der Schienen wechseln können. Dieser endet an der Saar. Wir radeln rechts durch die Eisenbahnunterführung. Danach geht es links über den Fluss und zum Bahnhof. Die 12000 Einwohner zählende Stadt bietet inklusive Bahnanbindung alle Möglichkeiten.

⚠ Chapelle des Cordeliers- Chagall gibt Glas

Die größte Sehenswürdigkeit der Stadt befindet sich in der Chapelle des Cordeliers. Es sind mehrere, von Marc Chagall gestaltete, Buntglasfenster. Das Friedensfenster beeindruckt schon mit seiner Größe von 12m Höhe und 7,5m Breite. In der, sparsam ausgestatteten, ehemaligen Benediktinerkapelle entfaltet es seine ganze Wirkung. Ein Wandteppich zum gleichen Thema ist im Heimatmuseum von Sarrebourg zu bewundern, das die Stadtgeschichte seit der Römerzeit, aber auch die der Steingutmanufakturen im benachbarten Niderviller thematisiert. Museum und Kapelle werden verbunden durch den Marc-Chagall-Rundgang. Audio Guides gibt es auch in deutscher Sprache.

- ℹ +33/0387080868; www.sarrebourg.org
- 🕘 Mi-Mo von 14 bis 18 Uhr, Kapelle bis 17:00 Uhr

24 Saarebourg – Schirmeck

Die Saar und der Col du Donon

	59 km		1032 m		968 m
	+++		+++		+
	Strasbourg – Forbach, IGN, ISBN: 978-2-7585-1510-4				
	2 Sarres Tourisme, rue de la Gare 1, 57560 Vasperviller, +33/387247753 Office de Tourisme Valleé de la Bruche, 114 Grand Rue 67570 Schrimeck, +33/388471851, tourisme@valleedelabruche.fr, www.valleedelabruche.fr				
	Hôtel Le Prieure, Place de la Liberation, 57560 Saint Quirin, +33/387086652, prieure57@laposte.net, saint-quirin.com Hôtel Le Velleda, Col du Donon, 67130 Grandfontaine, +33/388972032, restaurant.velleda@wanadoo.fr, Hôtel Les Cigognes, rue Jordy, 57560 Abreschviller, +33/387037009, info@les-cigognes.eu, www.les-cigognes.eu Hôtel La Rubanerie, rue des Jardins 14, 67570 La Claquette, +33/388970195, www.larubanerie-hotel.com Chambres d'hôtes de Salm, Alain Montagne, La Broque, +33/388972827, mobil: +33/625582426, famille-montagne.fr Camping au bord de Bruche, Rue Pierre Marchal, 67570 Rothau, +33/388970750, www.au-bord-de-bruche.fr				

Das Höhenprofil für den Weg nach Schirmeck lässt sich sehr einfach beschreiben. Ein Drittel flach, das zweite Drittel bergan bis auf fast 1000 m Höhe und der letzte Abschnitt bergab zurück ins Tal. Dabei ist allerdings die Fahrt auf den Donon mit eingerechnet. Lässt man den Gipfel aus, so erreicht man nur gut 800 m Höhe. Zwischen Hesse und Abreschviller radelt man dabei auf einen tollen Bahntrassenradweg durch das Tal der Saar, bzw. der roten Saar.

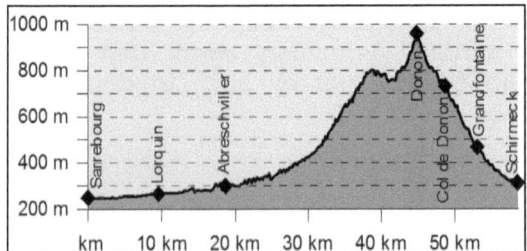

Wir starten vor dem Bahnhof von Saarebourg und wenden uns nach rechts auf die

24 Saarebourg – Schirmeck

„Rue de L'Europe". Sie knickt an der Saar links ab und mündet in die Hauptstraße „Avenue Raymond Poincaré". Hier rechts über die Saar radeln. Vor der Rechtskurve muss man sich links einordnen. Es geht wieder über den Fluss, an dem wir nach rechts entlang fahren.

⚠️ **Chapelle des Cordeliers- Chagalls Friedensfenster**

Folgt man nach der Überquerung der Saar der „Grand Rue" geradeaus, anstatt rechts abzubiegen, so liegt nach nicht einmal 200m zur Rechten die Chapelle des Cordeliers mit dem Friedensfenster von Chagall.

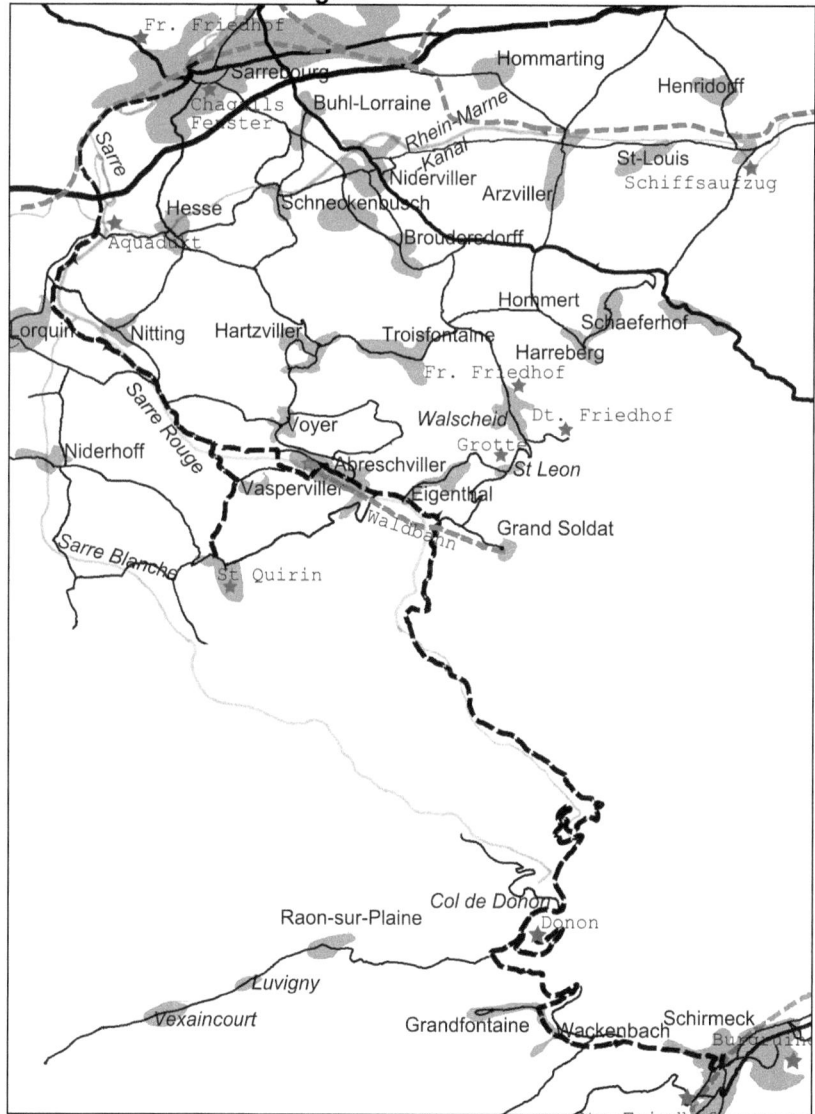

24 Saarebourg – Schirmeck

An einer breiten Wehranlage hält man sich noch einmal rechts in die „Allée Des Aulnes". Am Ende dieser kurzen Sackgasse beginnt ein Radweg entlang des Saarufers. Dieser unterquert die D955 und wir kommen an einen See in einer Parkanlage. Die Saar zur Rechten und den See zur Linken, geht es bis zu dessen Ende weiter. Auf der anderen Seite des Flusses beginnt nach links der neue Bahntrassenradweg. Die ersten 2 km verlaufen noch parallel einer Bahnstrecke. Danach nutzt der Vorzeigeradweg die ehemalige Bahntrasse nach Abreschviller, am Fuß der Vogesen. Teils neben den Landstraßen, teils einsam durch die Saarauen radelt man dem Col de Donon entgegen. Vor uns fällt eine sehr massive Brückenkonstruktion auf. Der Rhein-Marne Kanal quert auf diesem Aquädukt das Saartal. Kurz davor gabelt sich der Radweg. Nach links kann man einen Abstecher nach „Hesse" und seinem Hausboothafen machen. Wir radeln unter der Trogbrücke hindurch immer Richtung Abreschviller.

Alternativ *Wer sich eine Überquerung der Vogesen mit dem Rad nicht zutraut, muss sich links halten und den Radweg Richtung Hesse und weiter entlang des Kanals Richtung Schneckenbusch und Niderviller fahren. Eine fast verkehrsfreie Nebenstraße führt nach Arzviller. Im weiteren Verlauf gibt es einen perfekt ausgebauten und landschaftlich äußerst reizvollen Radweg, entlang des Rhein-Marne-Kanals, durch die Vogesen. Über Saverne geht es weiter bis nach Strasbourg, bzw. nach Kehl. Die GPS-Daten für diese Variante bis Saverne stehen zur Verfügung.*

GPS: macht es dir einfach

⚠ **Hausboot und Radtour auf dem Rhein-Marne-Kanal**

Immer wieder sind wir auf unserer Tour einem der in Frankreich so zahlreichen Kanäle gefolgt. Viele sind in gemieteten Hausbooten ohne Führerschein zu befahren, und Fahrräder können problemlos mit an Bord genommen werden. Eines der schönsten Hausbootreviere ist der Rhein-Marne-Kanal, der Richtung Strasbourg mit Schiffstunneln, dem Hebewerk von Arzviller und herrlichen Städten wie Saverne und Straßburg aufwarten kann. Als Kombination mit einer Radtour ist zum Beispiel eine Einwegbootstour von einer Woche von Boofzheim über Strasbourg nach Hesse durch die Vogesen zu empfehlen. Zurück geht es dann in drei Tagen mit dem Rad über Mont St Odile und weiter über Obernai zum Ausgangspunkt.

 z.B. http://hausboot.de/, Kapitel 23 – 25

24 Saarebourg – Schirmeck

Dabei bekommen wir den mäandernden Fluss anfangs nur selten zu Gesicht. Bruchwälder, Weiden und Teiche bestimmen das Bild während der Fahrt. An der Kreuzung mit D96 Richtung „St Quirin", nach knapp 9km, sehen wir eine Touristinformation mitten im Nirgendwo. Die soll uns wahrscheinlich daran erinnern, hier einen Abstecher nach „St Quirin" zu unternehmen.

⚠ St Quirin- eines der schönsten Dörfer Lothringens

8 zusätzliche Kilometer sind einzuplanen, will man das Dorf mit den zahlreichen denkmalgeschützten Häusern und die sehenswerte Kirche mit den drei markanten Zwiebeltürmen besuchen. Diese sollte man wegen ihres einmaligen Kirchenschiffes, mit dem dreistöckigen Chorgestühl, auch von innen besichtigen. Dem Wasser der Quelle schreibt man übrigens heilende Wirkung zu. Ob es auch zum Doping für den anstehenden Col du Donon taugt, ist nicht bekannt.

Der Radweg verläuft noch ein Stück parallel zur D44, verlässt die Straße und führt die letzten Kilometer durch einen schönen Bruchwald an der Saar. Er endet an einem kleinen See und einem Abzweig mit zwei Radweghinweisschildern. Der „Circuit des deux vallées" zweigt nach links ab, in den Ort hinein und führt am Beginn der Museumsbahnstrecke, der Waldbahn, vorbei.

Auf geht's zur Bergwertung

⚠ Die Waldbahn von Abreschviller

80 Jahre lang brachte die Schmalspurbahn mit 700mm Spurweite Holz aus den Wäldern des Donon-Massivs zu den Sägewerken. Bis zu 73 km dehnte sich das Streckennetz zeitweise aus. Heute ziehen die Dampf- und Diesellokomotiven Personenwagen auf einer gut 5 km langen Strecke nach Grand Soldat, wo in einem kleinen Gattersägewerk gezeigt wird, wie das Holz verarbeitet wurde. Die Tage an denen der Zug zwischen März und Oktober verkehrt, sollte man im Internet recherchieren.

 +33/322748714, http://train-abreschviller.fr

 Erw.: einfach 7,00 €; retour 11,00 €
Jgdl.: einfach 5,00 €, retour 8,50 €

An der Landstraße biegen wir rechts ab auf die D44 zum Col du Donon. Zum Col des Donon geht es weiter geradeaus.

157

24 Saarebourg – Schirmeck

> **History**
>
> **Sieg in Lothringen- Desaster an der Marne**
>
> So wie die Deutschen mit ihrem Schlieffenplan Frankreich über Belgien im Norden überrennen wollten, hatten die Franzosen einen Angriff auf den Deutschen Süden geplant. Nachdem sie nach Mühlhausen und Saarburg vorgestoßen waren, mussten sich die Deutschen vor der Übermacht zurückziehen. Da man davon ausging, dass der Durchbruch im Norden schon geschafft war, ein Trugschluss wie die Niederlage an der Marne zeigte, verlegte man kurz darauf 6 Divisionen nach Süden. Zwischen dem 18 und 22 August 1914 vertrieb man die Franzosen wieder von deutschem Boden und nahm über 10 000 Mann gefangen. Die Truppen fehlten allerdings später, um das deutsche Desaster an der Marne zu verhindern.

Wir läuten langsam aber sicher die Bergetappe ein. Dichter Nadelwald umgibt uns, und die einsame Straße wird Kilometer für Kilometer etwas steiler. Die rote Saar macht ihrem Namen keine Ehre, denn sie plätschert glasklar und munter durch den Wald. Wie auf vielen Passstraßen der Vogesen ist am Wochenende mit einer Menge Motorradverkehr zu rechnen. In der Woche kommt aber nur ab und zu ein Auto vorbei. Die letzten Kilometer führt die Straße fast sternförmig an dicht bewaldeten Hängen entlang. Es eröffnen sich immer wieder Ausblicke über die weiten, tiefgrünen Nadelwälder. Die Quelle der roten Saar liegt kurz vor der Passhöhe unmittelbar neben der Straße. Der kleine und große Donon liegen jetzt direkt vor uns. Ein „Tempel" krönt seine Spitze. Ab hier geht es leicht bergab, und wir passieren die Quelle der Weißen Saar. An der nächsten Kreuzung bleibt man weiter auf der Höhe, was bedeutet, dass wir links Richtung „Schirmeck 12km" und „Col de Donon" fahren. Neben der Straße kann man die Reste von Gräben und Bunkern erkennen. Ein Zeichen dafür, dass sich die Deutschen auch hier oben festgesetzt hatten. Ein unscheinbarer, asphaltierter Weg zweigt 1,4km nach der Kreuzung links ab und führt hinauf zum Funkmast auf den Donon. Der Weg ist für den Autoverkehr gesperrt und nicht beschildert. Nach dem Abstecher folgen wir weiter der Passstraße, die bergab zum Col de Donon führt. Auch der Brunnen

Der Gipfel des Donon mit Napoleons Tempel

24 Saarebourg – Schirmeck

neben der Straße mit der Aufschrift „Donon 1916" zeugt von der Deutschen Besetzung.

⚠️ **Der Donon- mystischer Gipfel der Nordvogesen**
Nachdem man den Pass geschafft hat, sollten wir uns die Fahrt auf den Gipfel nicht nehmen lassen. Vom zweithöchsten Berg der Nordvogesen hat man ein überwältigendes Panorama. Außerdem war der Gipfel schon zur gallo-römischen Zeit ein heiliger Ort, was seine Spuren hinterlassen hat. Diese werden auf kleinen Informationstafeln näher erklärt. Der Tempel auf dem Gipfel allerdings geht, trotz seines antiken Aussehens, nicht auf die Römer zurück, sondern wurde von Napoleon III errichtet.

An der T-Kreuzung geht es Richtung „Schirmeck 9km" nach links. Ab hier kann man die nächsten Kilometer rollen lassen. In einer Haarnadelkurve biegen wir links ab Richtung „Grandfontaine- Mines et Musees". Der verschlafene, langgezogene Ort liegt tief in einem steilen, dicht bewaldeten Tal und war 700 Jahre lang die reichste Eisenerzlagerstätte in den Vogesen. Leider ist die Mine nicht mehr zu besichtigen. Wir rollen durch den Ort bis zur T-Kreuzung am Ortsende. Jetzt nehmen wir den geschotterten Feldweg geradeaus, der mit einem roten Andreaskreuz, sowie einem gelben und roten Kreuz markiert ist. Vorbei an den Ruinen einer Fabrik folgen wir der Talsohle nach Wackenbach und weiter geradeaus über die Dorfstraße. Am Ende des Dorfes geht die Straße wieder in einen Feldweg über, der sich ebenfalls gut fahren lässt. Dem kann man geradeaus bis Schirmeck folgen. Hier ebenfalls immer geradeaus durch das Wohngebiet radeln, bis man beim Intermarche an die Landstraße kommt und nach rechts weiter fährt. An der Eisenbahnüberführung können wir geradeaus die Bahn überqueren und danach rechts zum Bahnhof abbiegen oder in den Ortskern fahren. Alternativ fahren wir schon in die nächste Etappe hinein und biegen rechts ab zum „dt. Soldatenfriedhof La Broque" und „Fréconrupt 4km". Quartiere gibt es sowohl hier, als auch ein paar Kilometer weiter in La Broque.

⚠️ **Hotel Le Velleda- Pause oder Übernachtung mit Aussicht**
Wer die Chance für eine Pause auf dem Col nutzen möchte, dem kommt das Hotel und Restaurant gerade recht. Bei schönem Wetter genießt man auf der Terrasse die Aussicht, während sich der Elektrolythaushalt wieder ins Gleichgewicht bringt. Startet man morgens gerne mit einer rasanten Abfahrt, oder möchte man die Donons am nächsten Tag ohne Zeitdruck bezwingen, so sei das Hotel empfohlen. Müde Radlerbeine können sich im Schwimmbad oder der Sauna wieder erholen.

25 Schirmeck – Sainte-Marie-Aux-Mines

Die Hölle, die Heilige und das Silbertal

	63 km		1483 m		1423 m
	+++		+++	History	++

Colmar – Mulhouse - Bale, IGN, ISBN: 978-2-7585-1517-3

Office de Tourisme du Val d'Argent, rue Wilson 86, 68160 Sainte-Marie-aux-Mines, +33/389588050, info@valdargent-tourisme.fr, www.valdargent-tourisme.fr

Hôtel du Mont Sainte Odile, 67530 Ottrott, +33/388958053, www.mont-sainte-odile.com/

Grand Hôtel Le Hohwald, 12 Rue Principale, 67140, Le Hohwald, +33/388083600

Tilly's B&B, 28 rue principale, Le Hohwald,

Hôtel-restaurant Auberge Aux Deux Clefs, Madame Marie-Christine HERMENT, rue de la Gare 9, 68660 Liepvre, +33/389589329, auberge2clefs@wanadoo.fr, www.auxdeuxclefs.com

Hôtel-restaurant Auberge Le Petit Haut, Mme Marie-Noelle Bari, Petit Haut 56, 68160 Sainte Marie aux Mines, +33/389587215, info@auberge-petit-haut.com, www.auberge-petit-haut.com

Hôtel-restaurant Wistub Aux Mines d'Argent, Madame Fabienne Willmann, rue Weisgerber 8, 68160 Sainte Marie aux Mines, +33/389585575, wistubwillmann@orange.fr, www.auxminesdargent.com

B&B Prensureux, Madame Yvette Wymann, 41 Rue Wilson, 68160 Sainte Marie aux Mines, +33/3 89 58 72 54, la-ville-de-strasbourg.wymann@orange.fr

Camping Les Reflets du Val d'Argent, Monsieur Roland Quincieu, Rue d'Untergrombach 20, 68160 Sainte Marie aux Mines, +33/3 89 58 64 31, reflets@calixo.net, www.les-reflets.com

Der Weg in die Silber- und Textilstadt ist gespickt mit langen Steigungen. Rund 1500 Höhenmeter verteilen sich auf eine Strecke von 63 km. Für diese Schinderei am Berg werden wir entlohnt durch interessante Orte und die herrliche Landschaft der Vogesen. Besonders zu erwähnen sind dabei die KZ Gedenkstätte Le Struthof

25 Schirmeck – Sainte-Marie-Aux-Mines

und das Kloster auf dem Mont Saint Odile. Zwei sehr gegensätzliche Orte, welche die Vielfalt auf dieser Etappe gut charakterisieren.

Am Bahnhof von Schirmeck fahren wir nach rechts entlang der Bahnanlagen bis ans Ende der Straße. Dort noch einmal rechts abbiegen und die Gleise überqueren. Dann direkt links Richtung „Dt. Friedhof La Broque" und „Fréconrupt 4km" abbiegen. Nach 200m gabelt sich die Straße.

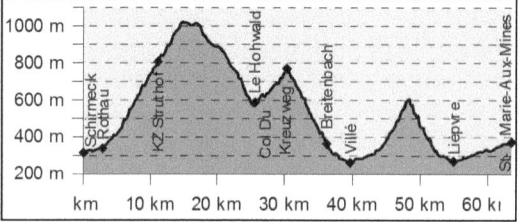

Falls wir den Soldatenfriedhof besuchen möchten, folgen wir der D126 nach rechts.

> Alternativ: *Wer sich die Höhenmeter zum Friedhof ersparen möchte, hält sich zweimal links nach La Broque.*

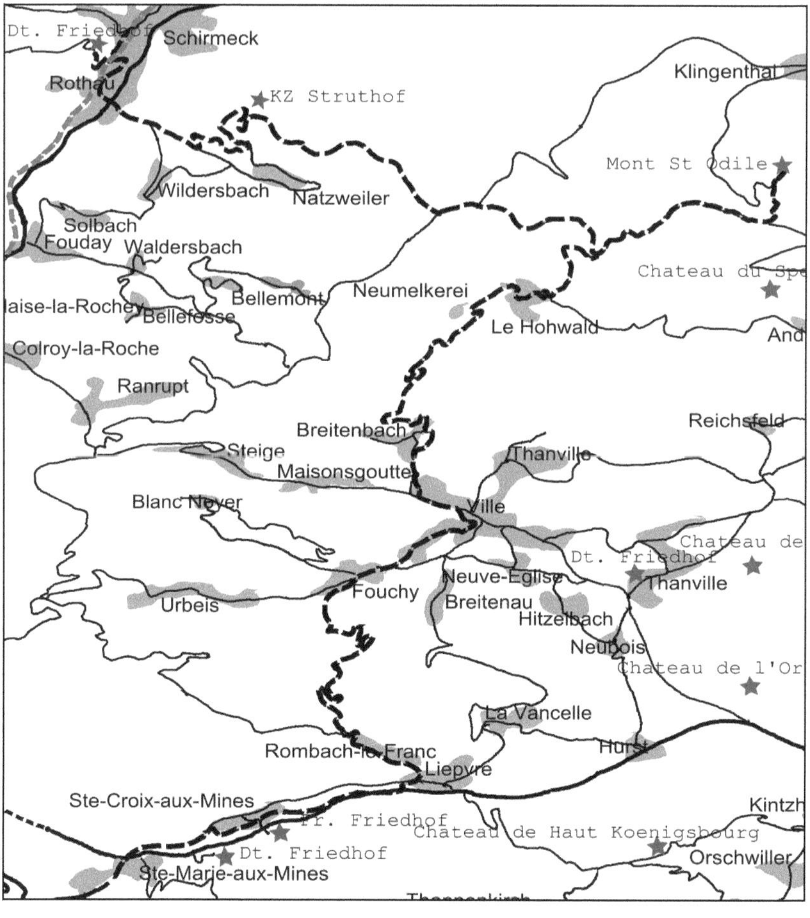

161

25 Schirmeck – Sainte-Marie-Aux-Mines

Die D126 führt bergan. Kurz hinter einer Kehre fährt man direkt auf den Friedhof zu. Ein paar hundert Meter oberhalb wacht eine überdimensionale Jesusstatue mit ausgebreiteten Armen über die Toten und das Tal. Von hier oben hat man einen weiten Blick. Wir rollen zurück und nehmen den ersten Abzweig nach La Broque. Die Straße hat im Ort, an einem Brunnen, einen Rechtsknick. Kurz darauf kommen wir auf einen kleinen Platz mit einem Kreuz. Hier nach rechts der zweispurigen Straße durch den Ort folgen. Vorbei an der Mairie und einem Schulzentrum kommt man an einen Kreisverkehr und hält sich links. Kurz hinter dem Hotel „La Rubaniera" biegt man ein in die „Rue de la Gare", die erst die „Bruche" und dann die Gleise beim Bahnhof Rothau quert. Am folgenden Kreisel fahren wir weiter geradeaus, auf die D130 Richtung „Le Struthof". Wer mit dem Zelt unterwegs ist, findet rechts einen Campingplatz am Ufer der Bruche.

KZ Struthof – Terror mit Aussicht

Anfangs steigt die Straße durch das Tal nur leicht an. Nach gut 2,5 km zweigt die D130 links nach „Le Struthof" ab und führt in einigen Serpentinen aus dem Tal heraus. Die Steigung beträgt dabei selten mehr als 8%. Wir gewinnen immer mehr Höhe und haben einen schönen Blick über Natzwiller und die umgebenden bewaldeten Höhen. An einem Abzweig nach links mit dem Hinweis zur „Chambre de Gaz", der Gaskammer, machen wir einen kurzen Abstecher zu dem unscheinbaren Gebäude mit Blechkamin. Es ist die Gaskammer des nahen Konzentrationslagers, welches wir zwei Kehren weiter erreichen. Im modern gestalteten Museum ist das „Europäische Zentrum des deportierten Widerstandskämpfers" untergebracht. Der eigentliche Lagerkomplex, von dem noch der Lagerzaun mit den Wachtürmen, ein paar Baracken, das Krematorium und der

25 Schirmeck – Sainte-Marie-Aux-Mines

Gefängnisblock stehen, lässt uns beim Besuch immer wieder beklommen inne halten.

KZ Natzweiler Struthof

Um den, für die Monumentalbauten der Nazis heiß begehrten, roten Granit zu gewinnen, errichtete die SS das KZ Natzweiler-Struthof.

Zwischen Mai 1941 und dem 23. November 1944 schufteten in dem, für 4000 Insassen ausgelegten Lager, zeitweise mehr als 7000 Gefangene unter unmenschlichen Bedingungen. Kälte, Hunger, Krankheiten, aber auch Hinrichtungen kosteten 40% der 52000 Lagerinsassen das Leben. 1941 überlebten gar 87% die ersten sechs Monate nicht. Am Galgen wurden monatlich zur Abschreckung Gefangene erhängt. Nicht so, dass ihr Genick direkt brach. Die Mitgefangenen mussten mit ansehen, wie sie langsam stranguliert wurden.

⚠ KZ & Europäisches Zentrum des deportierten Widerstandskämpfers

Bevor man das Lager betritt, kommt man in den modernen Bau des „Zentrums des deportierten Widerstandskämpfers", das nicht nur die Geschichte dieses Lagers beleuchtet.

ⓘ +33/388474457
resa.struthof@wanadoo.fr

Erw.: 5,00€, Jgdl.: 2,50€

🕓 Mär. - Apr. & 16.Sep. - 24.Dez.: tgl. 10:00 - 17:00
Mai - 15.Sep.: tgl. 9:00-18:00

Wir folgen weiter der D130 und sehen nach einem knappen Kilometer den Abzweig zum Steinbruch, in dem die Häftlinge sich zu Tode schufteten. Für die herrliche Aussicht über die Bergwelt hatten diese sicherlich keinen Blick. Im weiteren Verlauf der Straße, die über einen bewaldeten Höhenrücken verläuft, gibt es nur noch moderate Steigungen. An deren Ende geht nach links Richtung „Le Hohwald" und „Mont Sainte Odile 12km". Auf der breiten Landstraße rollen wir 800m bergab, bis wir, an der kleinen Auberge de la Rothlach, rechts weiter Richtung „Mont Sainte Odile" fahren. Die nächsten Kilometer verlaufen tendenziell leicht bergab durch den dichten Wald. Auf einer größeren Lichtung, an der Maison Forestiere de Welschbruch, kommen wir an einen Kreisverkehr. Geradeaus ist der Abstecher zum „Mont Sainte-Odile 7km" sehr zu empfehlen, zumal keine nennenswerten Steigungen auf dem Weg zu bewältigen sind. Der Rückweg ist identisch mit dem Hinweg.

25 Schirmeck – Sainte-Marie-Aux-Mines

 Mont-Sainte-Odile – Kloster hoch über der Rheinebene
Nicht nur wegen des Klosters lohnt sich der Abstecher auf den Odilienberg. Bei einer Wanderung in den dichten Wäldern stößt man immer wieder auf die Heidenmauer. Wuchtige Steinblöcke umfriedeten auf einer Länge von rund 10 km das Gipfelplateau. Teilweise sind ihre Reste, die die natürlichen Geländeformationen ausnutzen, noch mehrere Meter hoch. Dass Sainte Odile die Schutzpatronin des Elsass ist, liegt auf der Hand, denn von dem Feldsporn, auf dem das Kloster erbaut wurde, liegt ihr die Rheinebene zu Füßen. Ein einmaliger Ausblick!
Top-Tipp für Frühaufsteher: Übernachten sie im Klosterhotel und genießen sie den Sonnenaufgang über der Rheinebene

ⓘ +33/388958053, www.mont-sainte-odile.com

Fährt man nicht zum Mont-Sainte-Odile, dann geht es am Kreisverkehr scharf rechts ab Richtung „Le Hohwald". Bis wir den Urlaubsort auf rund 600m Höhe erreichen, können wir uns weiter den Fahrtwind auf der Abfahrt um die Nase wehen lassen. Neben einem Campingplatz gibt es hier diverse Übernachtungsmöglichkeiten. An der T-Kreuzung mit der D425 biegen wir rechts ab Richtung „Col Du Kreuzweg, Villé". Der lang gezogene Ort liegt idyllisch in einem dicht bewaldeten Tal. Zum Col Du Kreuzweg sind wieder einige Höhenmeter zu erklimmen, doch dann folgt eine lange Abfahrt bis Villé. Die breite Straße lässt sich hervorragend fahren, doch wir sollten den Abzweig nach links Richtung „Breitenbach 5m, Villé 8km" nicht verpassen.

St Odile wacht über das Elsass

4 Spitzkehren weiter haben wir den dichten Wald verlassen und kommen nach Breitenbach. Als Alternative zur Landstraße geht es am Ecole des Filles am Schild „Gite Aux Suppendorf" links ab. Direkt danach, an der Kirche, nehmen wir den Abzweig nach rechts. Die schmale Straße führt durch den Ort ins Tal hinab. Hinter einem kleinen Bolzplatz folgt man nicht der Straße nach links, sondern radelt geradeaus an einer Fabrik vorbei. Immer weiter geradeaus landen wir später wieder auf der Landstraße. Kurz vor der Einmündung in die lebhaft befahrene D424 nach „Villé, Selestat", nehmen wir die schmale Straße nach links. Parallel zur Hauptstraße

geht es durch den alten Ort. Um nicht aus der Richtung zu geraten biegt man am zweiten Abzweig rechts ab und folgt der Straße bis zur Einmündung in die D424. Nach 500m bietet sich der Abzweig der „Rue Weber" nach rechts an, um die Durchgangsstraße zu verlassen. In Villé, an der Kreuzung mit der D39, geht es rechts durch den netten Stadtkern. Am Ortseingang von „Bassemberg" können Camper übernachten. Bis „Fouchy" bleiben wir auf der zweispurigen Straße durch das breite Tal. Hier nehmen wir links den „Col de Fouchy" in Angriff. Eine tolle Passstraße, die nach jeder Spitzkehre neue Aussichten bietet.

Auberge de Irrkrut- Rast mit Aussicht
Bei schönem Wetter bietet sich die Auberge de Irrkrut für eine Rast mit Aussicht am Col de Fouchy an.

Bei gut 600m über Meereshöhe haben wir die Passhöhe erreicht und rollen durch den dichten Wald ins Tal des Rombachs. In der gleichnamigen Ortschaft erreichen wir die D48. Hier links nach „Lièpvre" abbiegen. Dort, kurz vor dem Logis Hotel „Auberge-Aux-Deaux-Clefs", verlassen wir die Landstraße und fahren rechts auf den Radweg nach „Sainte-Marie-Aux-Mines". Anfangs rollt man durch eine ruhige Wohnstraße. Hinter einem Kreisel an der D459 steht uns der neue Bahntrassenradweg, der uns bis nach St-Coix-Aux Mines bringt, zur Verfügung. An der Kreuzung mit der „Rue de la Côte Saint-Blaise" biegen wir rechts ab, und an deren Ende geht es links über die Landstraße weiter. Am Ortsrand wird uns der weitere Weg nach Sainte-Marie-Aux-Mines gewiesen. Als Einbahnstraße führt die Hauptstraße durch die Kleinstadt, die durch den Silberbergbau zu Wohlstand gekommen ist. Eine zweite Blüte erlebte sie durch die Textilindustrie. Diese welkt vielfach schon, doch ist das Städtchen immer noch sehr ansehnlich.

In Sainte-Marie ist immer was los –
Fêtes du Tissu- Patchworkfestival- Mineralienbörse
Auch wenn die Zeiten, in der die Stadt 15000 Textilarbeiter beherbergte, vorbei sind, so ist Sainte-Marie immer noch eine Textilstadt. Auf der Fêtes du Tissu, die Stoffmesse, im März und Oktober gibt es alles für Schnäppchenjäger und Modeinteressierte. Auch das Patchworkfestival im September bietet Interessantes. Ein Relikt aus der Bergbauepoche ist die große Euro Mineralienbörse im Juni.

ⓘ www.modetissus.com, http://patchwork-europe.com
www.sainte-marie-mineral.com

Es geht geradeaus durch die Stadt bis zum Rathaus in der Innenstadt und der markanten Pharmacie de la Tour, mit ihren zwei Türmen.

26 Sainte-Marie – Col de Calvaire

Aufstieg zur Vogesenhöhenstraße und der Lingenkopf

	48 km		1646 m		875 m
	+++		+++		++

Colmar – Mulhouse - Bale, IGN, ISBN: 978-2-7585-1517-3

Office du Tourisme de la Vallée de Kaysersberg, Lac Blanc 1200, col du Calvaire, +33/389782278, info@kaysersberg.com, http://www.lac-blanc.com

Hôtel Les Terrasses du Lac Blanc, 348 Lac Blanc 68370 Orbey, +33/389865000, accueil@les-terrasses-du-lac-blanc.com, www.les-terrasses-du-lac-blanc.com/

B&B Betty Mansuy et Christophe Bergamini, 312 Noirupt, 68370 ORBEY PAIRIS, +33/389713014, mobil +33607041962, www.noirupt.com/

Auberge-Refuge Le Blancrupt, Station du Lac Blanc +33/389712711, info@blancrupt.com, www.blancrupt.com

Die Route Des Crêtes, die Höhenstraße über den Vogesenkamm, ist ein ganz besonderer Leckerbissen. Leider ist dieser auch bei den motorisierten Zweiradfahrern bekannt. So ist an schönen Wochenenden mehr los, als dem Radfahrer lieb ist. Man sammelt einige Höhenmeter ein, bevor man das Tagesziel auf dem Col de Calvaire erreicht. Mit nur 26 Kilometer ist die Etappe sehr kurz, so dass genug Zeit für einen Abstecher zum Lingenkopf bleibt. Auf dem jahrelang umkämpften Bergrücken, sind die Befestigungsanlagen aus dem ersten Weltkrieg in einem interessanten Feilichtmuseum zu besichtigen. Darüber hinaus sieht man die herrlich gelegenen Lac Blanc und Lac Noir.

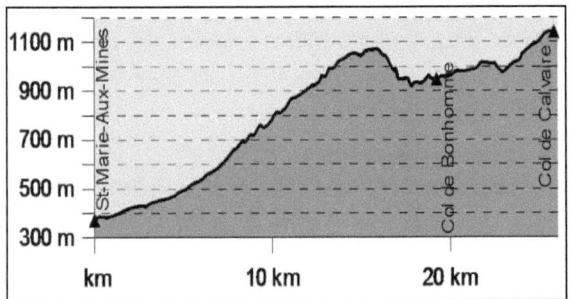

Wir starten in Sainte-Marie-Aux-Mines am Rathaus und folgen der Hauptstraße. Vorbei an der schlossähnlichen „Pharmacie de la Tour"

26 Sainte-Marie – Col de Calvaire

und der Touristinfo kommen wir an eine Ampelkreuzung. Nach links führt die D48 Richtung „Le Bonhomme".

Col de Ste-Marie – Stellungskrieg auf dem Vogesenkamm.

> **Alternativ**

Wer mit dem Mountainbike unterwegs ist, kann alternativ geradeaus die D459 zum Col de Sainte-Marie fahren. Der Fernwanderweg GR532, mit den rot-weißen Markierungen, kreuzt die Straße auf der Passhöhe. Hier links dem Wanderweg folgen. Auf dem Kamm hatte sich die Deutsche Armee festgesetzt. Man findet entlang des Wegs noch etliche Unterstände, Tunnel, Bunker und Gräben, die von der Kämpfen im Gebirge zeugen. Der GR531 stößt am Col Du Pré de Raves wieder auf die Route des Cretes.

26 Sainte-Marie – Col de Calvaire

Blick zurück ins Silbertal

Wir fahren weiter durch das Tal und kommen an einen Kreisel mit dem Hinweis „Camping". Der Abzweig nach links ist eine gute Alternative zur Hauptstraße. Wir folgen dieser Straße, die nach einem Rechtsknick parallel der Hauptstraße verläuft. Auf dem „Camping Les Reflets" stehen auch Mobilheime zur Vermietung bereit. Am Ende der Straße fährt man auf das Gericht der Bergleute, die „Caisse des Mineurs" zu. An dem mittelalterlichen, turmähnlichen Bau biegen wir rechts ab und fahren nach links auf der D48 weiter.

⚠ **Caisse des Mineurs & Musee des Argent - Bergbauerbe**

Schon der Zusatz im Ortsnamen von Sainte-Marie weist auf den Bergbau hin, der fast 1000 Jahre im „Silbertal" betrieben wurde. Im Turm der Bergleute war Gericht, Gefängnis und auch die Sozialkasse der Kumpel untergebracht. Schon im sechzehnten Jahrhundert wurde die Caisse des Mineurs erwähnt, die von einem hundertsten des Lohns der Bergleute Lehrer, Kirche, Pfarrer und die Behandlung von Kranken bezahlte. Im Silbermuseum kann man sich ein Bild vom Leben der Mineure jenes Jahrhunderts machen. Dazu gehört auch eine Besichtigung der Mine St-Louis-Eisenthür, eine von ehemals 450 Bergwerken. In den 850 m langen Stollen sieht man, welche Knochenarbeit die Bergleute in den 8 Grad kalten, feuchten und engen Stollen verrichteten. Darüber hinaus können Abenteuertouren unter Tage gebucht werden.

ℹ	+33/321451580 www.tellure.fr	🎟	Erw. : 6,80 €, Jgl.: 3,10 €, Abenteuertouren teurer
🕐	Apr.-Jun. & Sep.-Nov.: Di.-So 10:00-18:00, Jul.-Aug.: tgl. 10:00-20:00		

26 Sainte-Marie – Col de Calvaire

Das Tal wird zunehmend enger, und die dicht bewaldeten Hänge rücken immer weiter an den Talgrund heran. Auf der zweispurigen Straße herrscht nicht viel Verkehr, und es geht spürbar bergan. In einem modernen Bau ist das Silberminenmuseum untergebracht. Kurz vor dem Ende des lang gezogenen Tals wird die Straße nach einer Kehre steiler und zieht sich die bewaldeten Hänge hinauf. Eine schöne Schutzhütte mit Fernblick an der nächsten Kehre lädt zum verschnaufen ein, bevor man die letzten 2,6km zum „Col Des Bagenelles" in Angriff nimmt. Auf dem Pass ist die Steigung noch nicht geschafft, denn wir biegen rechts ab. Zum „Col de Bonhomme" sind es noch 7 km. Kurz darauf haben wir einen umwerfenden Blick über das Tal und zurück auf unser bisheriges Tagwerk. Die Route Des Crêtes verschwindet im Wald und passiert den „Col Du Pré de Raves". Nachdem

Blick auf den Lac Noir

man kurz an der 1070 m Marke gekratzt hat, geht es wieder bergab zum Col de Bonhomme, an dem zwei Hotels und ein Bioladen auf Kunden warten. Die „Route Des Crêtes" führt weiter geradeaus zum „Lac Blanc" und dem „Col de la Schlucht". Bis zum „Col de Calvaire" sind es noch 6,5 km, wobei es der Schlussanstieg noch einmal in sich hat. Die Downhill-Mountainbiker auf dem Col de Calvaire machen es sich dabei allerdings leicht. Sie lassen sich vom Skilift wieder nach oben tragen. Zu dem kleinen Skigebiet von Lac Blanc, in dem neben Abfahrtspisten auch etliche Loipenkilometer entdeckt werden wollen, gehören einige Unterkünfte.

26 Sainte-Marie – Col de Calvaire

⚠️ **Abstecher zum Denkmal auf dem Lingenkopf.**
Wer auf dem Col de Calvaire Quartier macht, der kann befreit von Gepäck einen insgesamt 24km langen Abstecher zum Lingenkopf unternehmen. Dazu geradeaus weiter Richtung „Lac Blanc" fahren. Wir rollen die Passstraße hinab und legen einen Zwischenstopp am See ein, hinter dem sich eine beeindruckende Felswand erhebt.

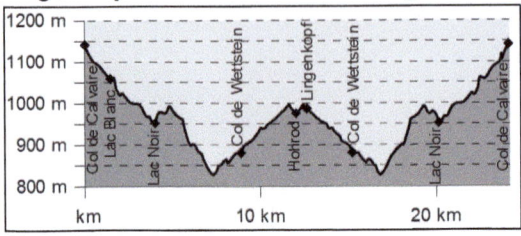

Er gibt ein schönes Fotomotiv und einen guten Startpunkt für eine Wanderung ab. Nach 1,2km zweigt die schmale D48.3 rechts zum „Lac Noir" ab. Dieser ist klein, aber traumhaft gelegen. Eine Auberge lädt zur Rast ein. Das Turbinenhaus des Wasserkraftwerks wirkt kaum störend, sondern bereichert das idyllische Bild. Wir folgen weiter dem

Wege nach Les Hautes Huttes

asphaltierten Weg durch den Bergwald. Dieser weicht den Weiden rund um „Les Hautes Huttes". Es eröffnen sich schöne Fernblicke, bevor wir dem Straßenverlauf hinunter ins Tal folgen. An der Einmündung in die zweispurige D48 geht es scharf nach rechts und wieder moderat bergan. Mitten im dichten Wald ruhen auf dem französische Soldatenfriedhof am „Col des Wettstein" die Opfer der Kämpfe am Lingenkopf. Die Straße nach links Richtung „Hohrodberg" führt ständig leicht bergan. Kurz vor dem Museum gibt es in den Chambre d`Hôtes des Combes ein Quartier. Von der Gedenkstätte sind es noch knapp 600m bis zum deutschen Friedhof Hohrod. Der Rückweg ins Skiresort von Lac Blanc ist identisch mit dem Hinweg.

ℹ️ +33/389772997   www.linge1915.com   🎫 ≥ 16 Jahre: 3,50 €
🕘 11.Apr. – 11.Nov. : 9 :00-12:30 & 14:00-18:00

26 Sainte-Marie – Col de Calvaire

[History] **Lingenkopf- Der Krieg im Gebirge**

Zwischen dem 20. Juli und dem 15. Oktober 1915 tobten auf dem Lingenkopf heftige Kämpfe, bei denen 17000 Soldaten ihr Leben ließen. Geländegewinne erbrachten diese nicht. Bis zum Waffenstillstand am 11. November 1918 ging der Grabenkrieg in 1000m Höhe weiter, und besonders die Deutschen befestigten ihre Stellungen immer wieter. Zurück blieb eine kahle Mondlandschaft. Heute kann man das Gelände besichtigen. Auf dem Freigelände der Gedenkstätte sind die deutschen und französischen Gräben und Unterstände erhalten. Nur 10 bis 15 Meter trennten die Soldaten. Langsam geht man durch die deutschen Stellungen. Zwei Reihen gemauerte Gräben, verstärkt mit betonierten Unterständen und Schützenkuppeln aus Fertigbetonteilen, befestigten den Höhenzug. Dazwischen markieren weiße und schwarze Holzkreuze die Fundstellen von Gefallenen. Nur wenige Meter unterhalb befinden sich die französischen Gräben, die weit weniger stark befestigt waren. Man kann sich unschwer vorstellen, wie groß die permanente Anspannung bei den Soldaten durch diese Nähe war.

Unterstand am Lingenkopf

Französischer Friedhof am Col de Wettstein

Gräben & Bunker am Lingenkopf

27 Col de Calvaire – Le Markstein

Radeln auf hohem Niveau – Route Des Crêtes

⛰	35 km	📈	515 m	📉	458 m
🌲	++	🏠	+++	History	+
🗺	Colmar – Mulhouse - Bale, IGN, ISBN: 978-2-7585-1517-3				
🛏	Hotel Wolf, Route des Crêtes, 68610 Markstein, +33/389826436, hotelwolf@aol.com, www.hotelwolf.info				
	Chalet Hôtel Du Grand Ballon, 68760 Willer-sur-Thur, +33/389487799, http://chalethotel-grandballon.com				
	Chambres de Monsieur André SPECKBACHER/ Le petit Chamois, Route des Crêtes, 68610 Le Markstein, +33/389370907, http://gitepetitchamois.jimdo.com				

Die schönste Vogesenetappe verbindet die Skiresorts von Lac Blanc und Le Markstein. Mit nur gut 500 Höhenmeter sind die 35km erstaunlich einfach zu fahren. Wir pendeln die ganze Zeit zwischen

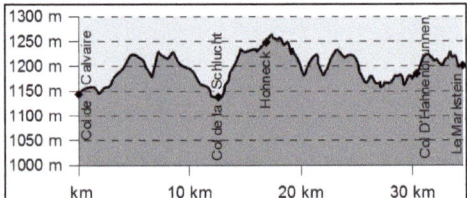

1150 und 1250 Metern Höhe und radeln auf einer echten Panoramastraße. Bergwald, Hochmoore und Hochweiden wechseln sich ab. Etliche Auberges bieten sich zur Rast an, und bei gutem Wetter hat man eine grandiose Aussicht. Man sollte sich Zeit nehmen für dieses einmalige Stück der Route Des Crêtes.

⚠ **Wandern - Alternativprogramm zur Genussverlängerung**

Lassen sie das Rad für ein paar Stunden stehen und unternehmen sie eine kleine Wanderung, z.B. zum Lac Vert Ou de Soultzeren oder auf einen der Gipfel entlang des Weges.

Die Strecke ist in wenigen Sätzen beschrieben. Vom Col de Calvaire schlagen wir die Richtung zum „Col de la Schlucht" ein. Jetzt befinden wir uns auf der Route des Cretes, der wir den ganzen Tag folgen.

27 Col de Calvaire – Le Markstein

 Route Des Crêtes – Traumstraße geboren aus einem Alptraum der Geschichte

Die Vogesenhöhenstraße, vom Col des Bonhomme bis nach Cernay, gibt es erst seit dem Ersten Weltkrieg. Sie wurde von den Franzosen angelegt, um Truppen und Material an die Front zu schaffen. Da sie fast immer auf der Westseite des Kamms verläuft, war sie vor direktem Beschuss geschützt.

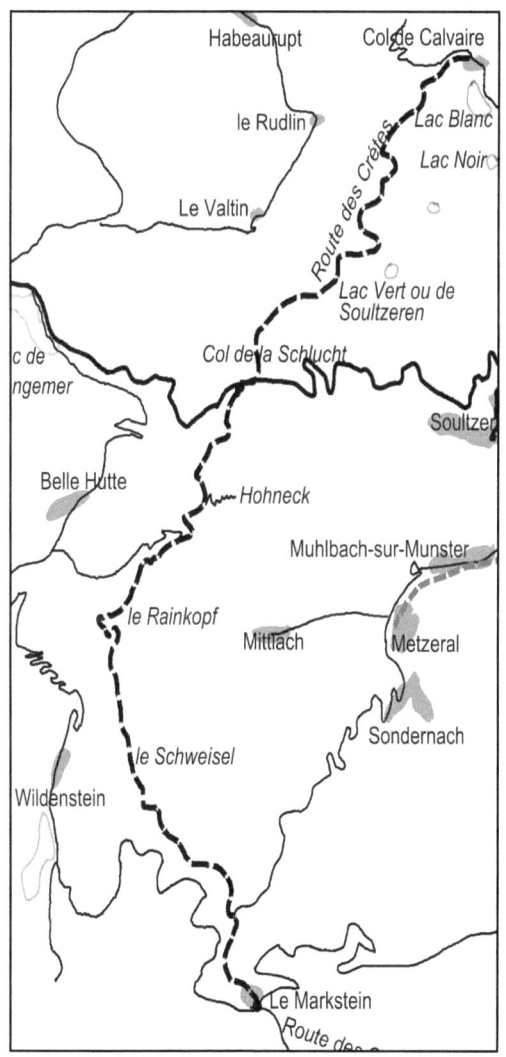

12,5km weiter erreichen wir den Col de la Schlucht und können im Souvenirladen etwas Verpflegung kaufen. Es geht ein paar Meter nach rechts Richtung „Epinal", bevor man links wieder auf die „Route Des Crêtes" nach „Le Markstein" abbiegt. Ab jetzt geht es wieder nur geradeaus zu unserem Tagesziel.

⚠️ **Grand Ballon**
Wer nach 35km noch voller Tatendrang ist, für den ist der Grand Ballon, der höchste Berg der Vogesen, ein lohnendes Tagesziel. Auch hier, auf 1350m Höhe, gibt es ein Hotel. Wer noch höher hinaus will, der bezwingt zu Fuß weitere 70 Höhenmeter und steht auf dem Gipfel. Bei klarem Wetter liegen die Alpen zum Greifen nah vor uns.

Da der Weg so einfach zu finden ist, können wir uns ganz auf die Landschaft konzentrieren. Schon kurz nach dem Start radeln wir

27 Col de Calvaire – Le Markstein

durch ein großes Naturschutzgebiet. Uriger Tannenwald wechselt sich ab mit Hochmooren, die locker mit Birken und Preiselbeerbüschen bewachsen sind. Zwischendurch öffnet sich der Wald und wir können die mit Büschen und Gras bewachsene Kammlinie sehen. An einem Parkplatz im Wald beginnt ein schöner Wanderweg zu Lac Vert oder zum Gipfel des Ringbuhl. Bis zum Col de la Schlucht geht es weiter durch dichten Wald. Es gibt Möglichkeiten einzukehren, eine Sesselbahn und eine Sommerrodelbahn. Mit einer Rast sollte man allerdings noch warten, denn es kommen noch etliche Refuges und Auberges in ruhigerer Lage und mit einer herrlichen Aussicht.

Strahlende Sonne über dem Nebel

⚠ **Jardin D'Altitude de Chitelet – 2500 Planzen des Gebirges**
Nachdem man die Serpentinen hinter dem Pass genommen hat, kommt man an den Jardin D'Altitude de Chitelet. Weit über die Gebirgsflora der Vogesen hinaus, bekommt der Besucher 2500 Gebirgspflanzen aus der ganzen Welt zu sehen.

ⓘ +33/329633146 www.jardinbotaniquedenancy.eu	💰 ≥12J.: 4,20€
🕐 Jun. & Sep.: 10:00-12:00 & 14:00-18:00 Uhr Jul.-Aug.: 10:00-18:00	

Unsere Straße verlässt immer häufiger den Wald und es eröffnen sich herrliche Ausblicke. Die nächste Ferme Auberge lässt selten lange auf sich warten. Die meisten sind urig und bieten die regionale Küche.

⚠ **Hohneck – Höchster Gipfel für Radler**
Keine Straße führt höher hinaus als der Abstecher zum Hohneck. Auf mehr als 1360m über dem Meer schraubt sich die Serpentinenstraße. Oben angekommen gibt es nicht nur einen grandiosen Rundumblick. In der Brasserie oder dem Restaurant kann man die Gipfelankunft feiern. Wer sich von dem Panorama gar nicht mehr trennen möchte, der checkt im Hotel ein.

ⓘ +33/329631147, www.hotel-hohneck.com

Wie Hohneck ist auch der nächste Ort, den wir erreichen, ein Skigebiet. In Le Markstein bieten mehrere Hotels auch im Sommer Übernachtungsmöglichkeiten an. Hier können wir den Tag in Ruhe ausklingen lassen.

1387km – Darf es etwas weniger sein?
Tourenvorschläge von Wochenende bis Kurzurlaub

1387km lang sind die Zeitreise. Nicht jeder hat Zeit und Lust die Strecke am Stück unter die Räder zu nehmen. Hier kommen Tourenvorschläge von Wochenendtour bis zum Kurzurlaub

🚂 Will man die komplette Strecke in Angriff nehmen, dann sollte man das Auto in Köln stehen lassen und von hier die Bahn nach Oostende nehmen. Dadurch lassen sich die An- und Abreisezeiten bei ca. 6 Stunden pro Strecke halten.

🚂 Startet man in Oostende, so kann man sehr flexibel planen. Bis Albert bieten alle Tagesziele eine Rückfahrtmöglichkeit per Bahn. Allerdings muss man bis zu zweimal umsteigen und 2-3 Stunden Reisezeit einplanen. Somit sind Touren zwischen 37 und 253 km Gesamtlänge im Radlerparadies Belgien möglich.

🚂 Für die Bergfahrer sei die Tour von Saarebourg nach Mulhouse über die Vogesen empfohlen. 258km gespickt mit 5285 Höhenmetern. Zurück fährt mit dem Zug über Strasbourg

🚂 Will man in Reims Champagner trinken, so startet man am besten in Compiegne. Durch eine Rundfahrt im Weinbaugebiet kann die 160km lange Tour um 53km verlängert werden.

🚂 Eine schöne Wochenendrundtour startet in Verdun oder Les Eparges nach St Mihiel und dem Lac de Madine (Etappen 19 & 20). Zurück geht es über die „Tour de Lac" um den Lac de Madine nach Heudicourt und das pittoreske Hattonchatel, sowie die waldreiche Höhenstraße D331. Am Ende hat man mindestens 95 km abwechslungsreiche Kilometer auf dem Computer

Mehr Möglichkeiten bieten sich, nutzt man den TGV oder ICE. Leider muss man dazu die Fahrräder als Handgepäck verpacken, oder ein Radler holt das Auto nach und seine Mitreisenden ab. Hört sich sehr umständlich an, ist aber bei der Geschwindigkeit der Züge durchaus interessant. Günstige gelegene TGV Stationen sind Basel SBB, Strasbourg, Meuse (bei Verdun), Reims/Champagne-Ardenne, Haute-Picardie (zwischen Peronne und Albert), Lille-Flandres (als Umsteigebahnhof für alle Etappenziele im Norden bis Albert.

28 Le Markstein – Mühlhausen

Die lange Abfahrt - vom Vogesengipfel in die Rheinebene

	53 km		609 m		1557 m
	++		+++	History	++

Colmar – Mulhouse - Bale, IGN, ISBN: 978-2-7585-1517-3

Office de Tourisme Mulhouse, 1 Avenue Robert Schuman, 68100 Mulhouse, +33/389354848, www.tourisme-mulhouse.com

B&B Hôtel Mulhouse centre, 38 avenue de Colmar 68100 Mulhouse, +33/389316961, direction-4518@hotelbb.com, www.hotel-bb.com/fr/hotels/mulhouse-centre.htm

Gîte Les Ecuries, 11 rue Laederich 68100 Mulhouse, +33/615284348, saklesage@gmail.com, www.lesecuries-mulhouse.com

Auberge de jeunesse Mulhouse, 37 rue de l'Illberg 68200 Mulhouse, +33/389562362, responsable@aubergejeunesse-mulhouse.com, www.aubergejeunesse-mulhouse.com

Camping de l'Ill, 1 rue Pierre de Coubertin 68200 Mulhouse, +33/389062066, campingdelill@wanadoo.fr, www.camping-de-lill.com

Eine zweigeteilte Etappe wartet auf uns. Den größten Teil des Tages rollen wir von den Vogesengipfeln zurück in die Rheinebene. Dabei sind noch zwei Berge zu bezwingen. Am Grand Ballon erreichen wir mit 1343m den höchsten Punkt der Tour. Der Vieil Armand ist zwar nicht einmal mehr 1000m hoch, markiert aber das historische Highlight dieses Abschnittes. Ab Cernay stehen bis Mühhausen keinerlei Steigungen mehr auf dem Programm.

An der Kreuzung in Le Markstein folgen wir geradeaus weiter der „Route Des Crêtes". Aussichtsreiche Passagen über die Wiesen auf dem Bergkamm wechseln sich mit Strecken durch den dichten Wald ab. Bis

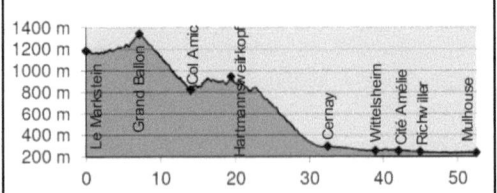

zum Fuß des Großen Belchen, wie der Grand Ballon auf Deutsch heißt, geht es nur verhalten bergan und bergab. Der letzte Kilometer hat es dann aber doch in sich. Dafür ist der Blick vom Restaurant auf der Passhöhe frei bis zu den Alpen. Nach Osten blickt man über die Rheinebene bis zum Schwarzwald. Zum Gipfel ist es von hier nur noch ein kurzer Fußmarsch, wobei man sich den Gipfel mit einem Funkturm teilen muss. Leider ist man auch auf der Straße nur selten alleine unterwegs. Gerade die, am Wochenende oft sehr zahlreichen, Motorradfahrer kündigen sich teilweise schon aus großer Entfernung akustisch an.

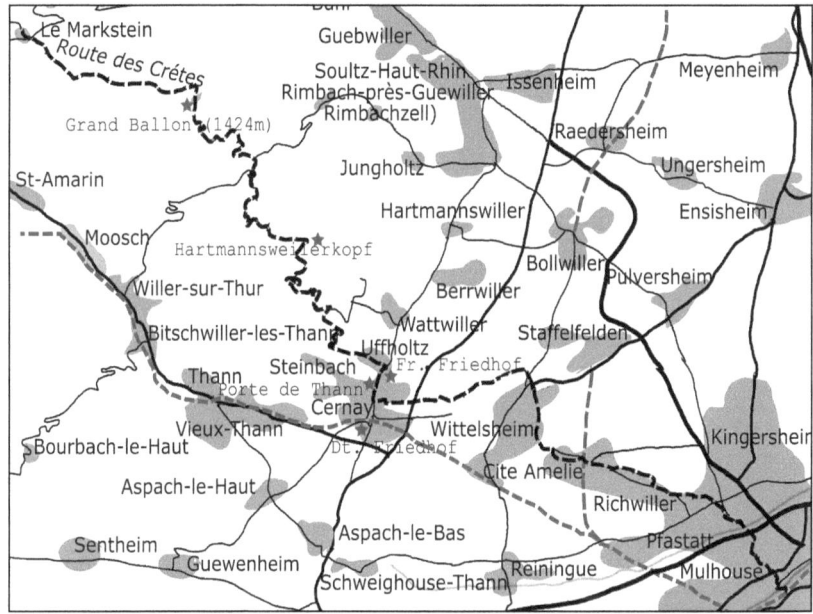

⚠ **Morgenstund hat Gold im Mund.**
Um dem Trubel zu entgehen, empfiehlt sich ein früher Aufbruch. Neben der friedlichen Morgenstimmung gibt es gerade im Herbst phantastische Ausblicke, wenn man von oben auf einen dichten Nebelteppich im Tal hinunterblickt.

Auf den nächsten 7 km bis zum Col Amic verlieren wir auf einer rasanten und kurvenreichen Abfahrt 500 m Höhe. Das Gebimmel der Kuhglocken vermittelt das Gefühl in den Alpen zu sein. Hat man den Pass geradeaus Richtung „Cernay" und „Uffholtz" überquert, hört man nur noch das Rauschen des Blutes in den Ohren, denn bis zum Hartmannsweilerkopf sind noch einmal 100 Höhenmeter zu bewältigen. Hinter der „Ferme-Auberge Freundstein" ist der steilste Anstieg geschafft, und auch das Almfeeling ist vorbei. Wir radeln durch dichten Wald zum Hartmannsweilerkopf. Die frisch renovierte Gedenkstätte und der französische Soldatenfriedhof deuten auf heftige Kämpfe um den Gipfel.

28 Le Markstein – Mühlhausen

⚠️ **Hartmannsweilerkopf- Schicksalsberg für Tausende.**

Da man von hier oben die Rheinebene kontrollieren konnte, war der Gipfel heftig und über Jahre umkämpft. Lässt man nach dem Besuch der Gedenkstätte seinen Blick über den Friedhof schweifen, sieht man im Wald auf dem davor liegenden Hügel ein weißes Kreuz. Das französische Nationaldenkmal ist eins von vieren, die zum Gedenken an den ersten Weltkrieg errichtet wurden. 2014 eröffnete ein Lehrpfad über das Schlachtfeld und 2015 ein deutsch-französisches Museum. Für einen Abstecher zu den schweren deutschen Befestigungsanlagen und den französischen Gräben auf dem Hügel sollte man auf jeden Fall Zeit einplanen. Man kann diese mit dem Rad erreichen, in dem man direkt hinter der Gedenkstätte vor den Häusern rechts in einen anfangs asphaltierten Weg fährt. Unterhalb des Friedhofs folgt man den Weg halbrechts hinauf auf den Hügel. Am Ende wird er recht steil.

Höhepunkt Grand Ballon 1343m

ℹ️ +33/389755035	① kostenlos
⏰ Tgl.: 8:30 – 12:00 & 14:00 – 18:30	

📖 History **Hartmannsweilerkopf- der Menschenfresser**

Einer der schönsten Ausblicke aus den Vogesen in die Rheinebene war der Grund für 25.000 bis 30.000 Tote und 60.000 Verwundete rund um den Hartmannsweilerkopf. Der Ausblick ist auch heute noch phantastisch. Der Wald hat sich in knapp 100 Jahren den kahlgeschossenen Berg zurückerobert, und doch sieht man überall noch die Befestigungen und Gräben. Bis Ende 1914 war es ruhig auf dem HK genannten Gipfel. Die Franzosen unternahmen eine weitere Offensive gegen Mühlhausen

Stacheldrahtträger

28 Le Markstein – Mühlhausen

und versuchten nordwärts zu drängen. Die Kämpfe erfassten dabei auch diesen Gipfel und hielten bis zum Kriegsende an. Anfangs konnten sich französische Scharfschützen noch, getarnt in Körben, in den Baumwipfeln verstecken. Später waren von den Bäumen nur noch Stümpfe übrig. 1915 tobten die heftigsten Kämpfe und der Gipfel wechselte viermal den Besitzer. Auch danach kehrte keine Ruhe ein, so dass der Berg Beinamen wie „Menschenfresser", „Berg des Todes" oder „Grab der Jäger" bekam.

Gräben und Unterstände

In etlichen Kehren schlängelt sich die Straße durch den dichten Wald hinab nach Uffholtz. Vorbei an alten Häusern aus Sandstein und der schönen Kirche passieren wir den „Abri de guerre 14-18", ein kleines Museum mit angeschlossenem Cafe. Am Ende der Straße biegt man rechts ab Richtung „Cernay". Wir sind jetzt auf der D5 und der elsässischen Weinstraße. Auf dem Soldatenfriedhof am folgenden Kreisel halten sich moslemische Grabsteine und christliche Grabkreuze fast die Waage. Viele der Gräber datieren aus dem Zweiten Weltkrieg. Die erste Ausfahrt aus dem Kreisverkehr führt uns nach „Vieux Thann" und „Thann". Dieser Richtung folgen wir auch am folgenden Abzweig nach rechts. Die zweispurige Straße endet am Stadttor von Cernay, an einer T-Kreuzung. Wer nicht das Heimatmuseum neben der „Porte de Thann" besuchen möchte, der fährt links die D35 in die Stadt hinein.

Seit Sainte-Marie-des-Mines ist die hübsche Kleinstadt der erste Punkt an dem man richtig „shoppen" gehen kann. An der Kirche knickt die Straße nach links ab. Geradeaus, vorbei am Hotel de Ville, geht es in eine Einbahnstraße hinein. Am zweiten Abzweig nehmen wir die „Avenue Albert Schweitzer" nach rechts und passieren die Gendarmerie. Hier verschwenkt die Straße erst nach rechts und dann wieder nach links. Man überquert die Thur. Wir wenden uns nach links und folgen dem Radweg am Fluss entlang. Der neu gestaltete Park entlang des Ufers ist sehr gelungen und lädt zu einer kurzen Rast ein. In der Unterführung unter der D83 zieht man automatisch den Kopf ein. Der Radweg entfernt sich vom Fluss und die zahlreichen Schwallstufen sind eher zu hören als zu sehen. Gut 3

28 Le Markstein – Mühlhausen

km folgen wir seinem Verlauf und passieren einen gesprengten Bunker, der, zur Seite gekippt, in der Gegend herum liegt. 500m danach nehmen wir den abzweigenden Radweg nach rechts und überqueren die breit ausgebaute D2 auf einer Fußgängerbrücke. Die Wohnblocks am Ortsrand von Wittelsheim sind kein Aushängeschild des Ortes, der abgesehen von diesem Schandfleck mit gewachsener Bebauung aufwarten kann. Bis an die T-Kreuzung am Ende der „Rue de la Thur" geht es geradeaus. Hier geht es nach links auf die Kirche zu. An dem folgenden Kreisverkehr muss man rechts fahren. Leider gibt es an der belebten Straße anfangs keinen Radweg. Schon nach 250m gabelt sich die Straß an einem Kreisel mit einem Kriegerdenkmal. „Richwiller" ist unser nächstes Ziel. Von der Mine Amelie sind nur eine unscheinbare Halde und ein Industriegebiet übrig geblieben. Dafür hat sie einem Vorort ihren Namen gegeben. So können wir am Kreisel die verkehrsreiche Landstraße verlassen und halbrechts den Weg durch die Wohnsiedlung der „Cite Amelie" nehmen. Der Bergbauepoche ist am nächsten Kreisel mit einem Förderturmmodell und einer Grubenlore ein Denkmal gesetzt.

Rasante Abfahrt

Ein breiter Radweg verläuft hier neben der Straße nach „Richwiller Zentrum" und „Pfastatt". Knapp einen Kilometer später folgen wir dem Radwegweiser halblinks nach „Pfastatt". Der teils missverständlich beschilderte Radroute führt über ruhige Wohnstraßen und mündet im Zentrum von Richwiller wieder in die Durchgangsstraße. Glücklicherweise können wir den Radweg nehmen, der nach links die Hauptstraße flankiert. Auf Höhe eines „Super-U" weist ein Radwegschild nach links. Wieder radeln wir über eine ruhige Wohnstraße bis zu deren Ende, an einem Schulzentrum. Rechts und am Ende der Straße links, in die stärker frequentierte „Rue de Kingersheim", führt der weitere Weg. An einer Apotheke am Ortseingang von Mühlhausen biegt man rechts in die „Rue Robert Meyer" ab. Eine weitere Wohnstraße mit wenig Verkehr. Ein paar Kreisel später kommen wir an eine Stoppstraße, an der man quasi geradeaus einen Radweg gegen die Einbahnstraße nehmen kann.

Der Radweg Richtung „Illzach" und „Sausheim" verlässt nach 300m die Straße und führt über einen geschotterten Weg bis an eine vierspurig ausgebaute Einfallstraße, die nach rechts die Autobahn und die Bahnanlagen überquert. Zum Glück können wir weiter auf einem Radweg fahren, der Richtung „Centre Ville" ausgeschildert ist. Die Schlumpf-Sammlung ist nicht das wonach es sich anhört, sondern das größte Automobilmuseum der Welt.

Cité de l'Automobile – das nationale Automobilmuseum

Die Keimzelle des weltweit größten Automobilmuseums war die mehr als 400 Fahrzeuge umfassende Oldtimersammlung der Textilfabrikanten Fritz und Hans Schlumpf. Schon die 87 Bugattis lohnen einen Besuch. Doch auf 25.000 m² gibt es noch weit mehr zu sehen. Die Herren Schlumpf hätten sicher noch weiter gesammelt, wenn sie durch ihre Sammelleidenschaft und die Textilkrise in den Siebzigern nicht ihre Unternehmen in den Ruin getrieben hätten. Dabei blieben 2.000 Arbeiter auf der Strecke, doch die ehemaligen Fabrikhallen beherbergen heute das Museum.

ℹ️ http://citedelautomobile.com	①	Erw.: 11,50 € Jgl.: 9,00 €
🕐	12.Nov. – 11.Apr.: 10:00 – 17:00	
	12.Apr. – 11.Nov.: 10:00 – 18:00	

Wir folgen weiter der Hauptstraße, bis wir an einer Kreuzung von 5 Straßen halbrechts in eine Nebenstraße Richtung „Centre Historique" und „Place Franklin" fahren. Der Radweg ist gut ausgeschildert und bringt uns abseits des Autoverkehrs in die City. Am Rathaus stoßen wir wieder auf eine Hauptstraße und die Tramlinie. Hier links dem Radwegweiser folgen. An der „Passage Cuvelliers", nur 50m danach und leicht zu übersehen, denn sie ist kaum mehr als eine Toreinfahrt, nach rechts abbiegen. Es geht hinein ins „Kiefergangla" und wir halten uns geradeaus bzw. rechts. Es gibt weitere Hinweise ins „Centre Historique". Kurz darauf stehen wir auf dem großen „Place de la Reunion" mit der Stefanskirche.

Rund um den Platz ist das kleine historische Stadtzentrum zu finden. Ein paar Fotos oder einen Cafè später fahren wir rechts am bunt bemalten alten Rathaus vorbei, und folgen danach dem Radweghinweis „Rehberg", „Gare Centrale" und „6 Euro Velo" nach rechts. Am nächsten Abzweig halten wir uns links in die „Avenue Auguste Wicky". Wir kommen an einen runden Gebäudekomplex, den die beschilderte Radroute gegen den Uhrzeigersinn halb umrundet. Auf der anderen Seite ist es nur noch ein Katzensprung bis zum Bahnhof und dem Rhein-Rhone-Kanal, dem wir bis zum Rhein auf der finalen Etappe folgen.

Mulhouse - Stefanskirche

29 Mühlhausen – Weil am Rhein

Kanalradtour ins Dreiländereck und an den Rhein

	38 km		43 m		28 m
	+		++	History	+
	25 min	Umsteigen	Ab Saint-Louis		
	Colmar – Mulhouse - Bale, IGN, ISBN: 978-2-7585-1517-3				
ⓘ	Stadt Weil am Rhein, Rathausplatz 1, 79576 Weil am Rhein, +49/7621704-0, stadt@weil-am-rhein.de, www.weil-am-rhein.de				
⌂	Hotel Dreiländerbrücke, Hauptstraße 435 79576 Weil am Rhein – Friedlingen, +49/76217080, info@hd-weil.de, www.hd-weil.de Hotel Central, Hauptstraße 216, 79576 Weil am Rhein, +49/76211610990, hotel.central.weil@t-online.de, www.weil-hotel-central.de Ott's Hotel-Restaurant Leopoldshöhe, Müllheimer Straße 4, 79576 Weil am Rhein, +49/762198060, leo@ottshotel.de, www.ottshotel.de Gästehaus Am Weiher, Unterbaselweg 38, 79576 Weil am Rhein, +49/7621163326, mobil: +49/1705864727, gaestehaus.amweiher@googlemail.com				

Die finale Etappe zurück nach Deutschland endet am Bahnhof in Weil am Rhein. Sie hält keine besonderen Schwierigkeiten bereit. Wir folgen fast ausschließlich den Radwegen am Rhein-Rhone-Kanal und dem alten Canal de Huningue. Hier sollten wir den lohnenswerten Abstecher in die Petit Carmargue de Alsace nicht versäumen.

Wenn wir den Bahnhof von Mühlhausen verlassen, kann man direkt

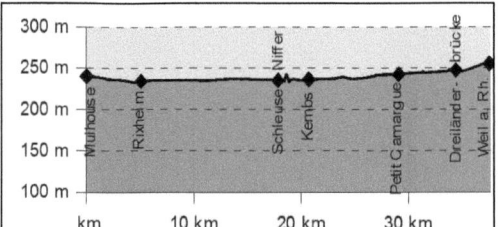

der Beschilderung des Europaradwegs 6 Richtung „Bale" (Basel) folgen. Man fährt auf einem neuen und breiten Radweg am Kanal entlang. Kurz hinter einer Bogenbrücke kommen wir an einen Kanalabzweig und verlassen das Ufer, um rechts der Radroute 6 Richtung „Rixheim" zu folgen. Eine

29 Mühlhausen – Weil am Rhein

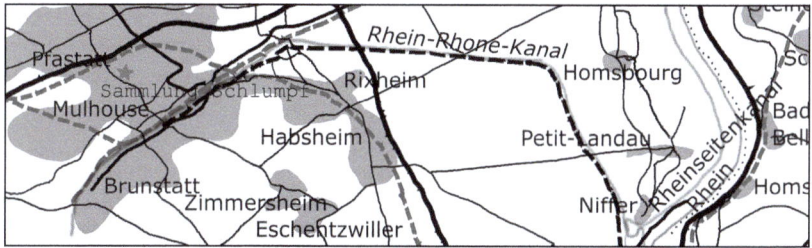

kurze Rampe führt zur Straße und oben angekommen geht es scharf nach rechts und auf die andere Straßenseite. Die Radroute 6 nach „Rixheim" wendet sich dort nach links und der Radweg hört für ein kurze Stück auf. Nach 150m gabelt sich die Straße. Die Radroute überquert nach rechts eine Bahnstrecke. Kurz darauf können wir wieder auf einen Radweg wechseln, um dem starken Verkehr auf der Straße zu entgehen. Nach nur 300m weist der Radwegweiser links in eine wenig befahrene Straße durch ein Wohngebiet.

Nachdem wir ein Eisenbahnviadukt und ein Industriegebiet durchfahren haben, kommen wir an den Ortseingang von „Illzach". Am Ende einer Brache müssen wir links in die „Avenue Bartholdi" abbiegen und dem Radweghinweiser „Euroradweg 6 Illzach Kemps Bale" folgen. Man folgt dem Straßenverlauf einer ruhigen Siedlungsstraße, bis der Ort hinter uns liegt, und ein sehr schön angelegter Radweg entlang des Rhein-Rhone-Kanals beginnt. Anfangs sind die Kanalufer noch mit hässlichen Betonwänden befestigt, doch die Fahrt über den parkähnlich angelegten Uferstreifen macht wirklich Spaß. Hinter der Autobahnbrücke sind die Ufer ursprünglicher. Totwasserarme lockern das Bild des schnurgeraden Wasserbandes auf. Kurz vor einer Straßenbrücke erinnert rechts ein Denkmal an die Schlacht an der Hardt im Jahre 1944.

Klappbrücke bei Kemps

Hier verlassen wir den Europaradweg 6 und radeln weiter am Kanal entlang Richtung Kemps. Eine gute Möglichkeit für eine kurze Rast bietet die auf einem kleinen Hügel gelegene Schutzhütte mit Aussicht nach gut 5 km. Von hier sind es nur noch 3km zur futuristisch aussehenden Schleuse von Niffer, an der Mündung des Rhein-Rhone-Kanals in den Rheinseitenkanal. Ein Fußgänger- und Radfahrerbrücke bringt uns auf die andere Kanalseite. An der Schleuse biegt man scharf links Richtung „Kemps" ab, anstatt nach Niffer hinein zu fahren. Hinter dem kleinen Yachthafen halten wir uns halblinks und fahren auf eine Straße zu, die durch eine röhrenartige Unterführung gekreuzt wird. Der Radweg beschreibt eine Linkskurve und führt parallel der Straße, bis man diese unterquert und den alten Canal de Huningue erreicht. Diesem ersten Rheinseitenkanal folgen wir bis zu seiner Mündung in den Rhein. Deutlich schmaler als heute üblich, war er für lange Zeit eine wichtige Wasserstraße. Zeitweise säumen Obstbäume seinen Rand, und der fein geschotterte Weg lässt sich bequem fahren. Der Radweg führt um den charmanten kleinen Yachthafen von Kemps herum und überquert eine alte, stählerne Zugbrücke. Ein Wegweiser Richtung „Huningue 12 km", „Loechle 2,5km" und „Basel 14km" weist nach links am Kanal entlang.

⚠ **Kemps- Zwischenstopp für alle Fälle.**

Ein kurzer Abstecher geradeaus führt ins Zentrum von Kemps. Hier gibt es an der Kreuzung mit der Hauptstraße einen Fahrradladen, das Restaurant und Hotel „Le Petit Kemps", aber auch eine Boulangerie bietet der Ort. Perfekt um für eine Halbzeitstärkung zu sorgen. Der Ort selber leidet allerdings unter seiner Durchgangsstraße.

> Alternativ Bei Loechle kann man links nach „Weil am Rhein" und zum Flußkraftwerk und der Schleuse abbiegen.

Radweg am Canal de Huningue

Wir folgen weiter unserem schmalen Kanal und wechseln bei Rosenau die Seite. Die Wildnis des Naturparks „le Petit Camargue de

Alsacienne" können wir auf der anderen Kanalseite bereits erahnen. An der nächsten ehemaligen Schleuse ist im Schleusenwärterhaus das Besucherzentrum des Schutzgebiets untergebracht.

⚠ **Ausflug in die kleine Carmargue des Elsass.**

Das Feuchtgebiet rund um die ehemalige kaiserliche Fischzuchtanstalt ist als Naturpark geschützt. Der Rundweg durch die von Altarmen des Rheins gebildete Landschaft mit herrlichen Bruchwäldern, Schilfrohrdickichten und Heidegebieten, bringt uns zum Museum in den Räumlichkeiten der ehemaligen Fischzuchtanstalt. Zwei Ausstellungen, über den Lachs im Rhein und über den „Baumeister" dieser wunderbaren Landschaft, den Rhein selbst, erwarten uns hier. Die kleine Rundtour beginnt am Besucherzentrum, an dem wir den Kanal überqueren. Anstatt nach links weiter der ehemaligen Wasserstraße zu folgen, geht es geradeaus. Nach gut 100m muss man rechts in einen schmalen Fußweg abbiegen. Direkt tauchen wir in die abwechslungsreiche Landschaft des Schutzgebiets ein.

Idylle in der Petit Carmargue

Es sind nur ein paar hundert Meter, bis man sich von einem Aussichtsturm einen Überblick verschaffen kann. Hochlandrinder fungieren als natürliche Rasenmäher. Kurz darauf führt der Weg in den Bruchwald hinein. Der nächste Abzweig nach links bringt uns zu den hübschen Fachwerkgebäuden aus Kaiserzeiten, die das Museum beherbergen. Nach dem Besuch nimmt man den Weg zwischen den beiden kleinen Häusern zurück in den Bruchwald. Es ist nicht weit bis zur Straße. Hier links zurück bis zum Kanal. Radfahren ist nicht verboten. Wegen der Spaziergänger sollte man sich aber besser per pedes auf den Weg machen.

ⓘ +33/389897859, www.petitecamarguealsacienne.com

	Nov. – Feb.:	So 13:30 – 17:30,
	Okt. & Mär. - Mai:	So 10:00 – 12:30 & 13:30 – 17:30,
		Sa. 13:30 – 17:30;
✓	Jun. & Sep.:	So 10:00 – 12:30 & 13:30 – 17:30,
		Mi. & Do. & Sa. 13:30 – 17:30;
	Jul. & Aug.:	So 10:00 – 12:30 & 13:30 – 17:30,
		Mi. - Sa. 13:30 – 17:30;

29 Mühlhausen – Weil am Rhein

Wir wechseln mal wieder die Seite und folgen dem Kanal weiter bis zu seiner Mündung. Der Blick hinüber zum Dreiländereck Deutschland-Frankreich-Schweiz ist wenig malerisch, da industriell verbaut. Deshalb nehmen wir kurz vorher den Abzweig nach links über den Kanal und fahren ein Stück rheinabwärts. Luftig schwingt sich hier die Dreiländerbrücke für Fußgänger und Radler über den breiten Fluss.

Wer seine Reise am Bahnhof von Weil am Rhein beenden möchte, überquert die Brücke und genießt den Blick rheinabwärts. In Deutschland angekommen, wird man direkt vom Rheinpark auf der einen, und einem großen Einkaufszentrum auf der anderen Seite empfangen. Wir radeln immer geradeaus, unterqueren die Autobahn und überqueren die Bahnschienen. Direkt hinter der Brücke müssen wir nur noch links zum Bahnhof hinunter rollen, und mehr als dreizehnhundert Kilometer auf den Spuren eines der tragischsten Kapitel europäischer Geschichte sind zu Ende.

> Alternativ: Um zurück nach Mülhausen zu kommen, fährt man an der Brücke nach links in die „Rue de France". Wir fahren weiter vorbei am Justizpalast von Hunigue und an der rechten Seite des Marktplatzes entlang. An dessen Ecke geht es halbrechts in die „Rue Abbatucci". Die Straße macht Linksknick und an dem großen Kreisel radelt man halblinks an einem alten Wasserturm vorbei. Kurz darauf überqueren wir den Kanal, an dem wir eben noch entlang gefahren sind. Die Straße ist recht stark befahren und leider ist die Zeit der schönen Radwege auf den letzten Kilometern der Etappe vorbei. 1,4km geht es geradeaus durch Saint Louis auf der D469, bis wir knapp 100m vor einer Eisenbahnunterführung rechts Richtung „Mairie" abbiegen. Bis zum Bahnhof folgt man dem Straßenverlauf.

Über die Dreiländerbrücke kommt man zurück nach Deutschland

Was bleibt?

Spuren der Vergangenheit & Gedanken der Gegenwart

EUROPA 1918: Ein Kontinent der Verlierer. Millionen Menschen sind tot, verstümmelt oder psychisch am Ende. Weite Landstriche sind zerstört, von Chemiewaffen verseucht. Die Zarenfamilie verliert nicht nur Ihre Macht, sondern auch ihr Leben. Die Teilung Europas durch die Kommunisten beginnt. Deutschlands und Österreichs Kaiserdynastien danken ab. Hitlers Machergreifung, eine Spätfolge des verlorenen Krieges?

Niemand hat dies 4 Jahre zuvor erwartet, aber aus politischem Kalkül und gekränkten nationalen Eitelkeiten, wird ein Krieg als kurzes reinigendes Gewitter in Kauf genommen. Im nationalen Selbstverständnis sind alle Verteidiger, keiner der Angreifer.

Waffen von nie da gewesener Zerstörungskraft werden eingesetzt. Maschinengewehre und Granaten bringen millionenfach den Tot. Terrorwaffen wie Giftgas und Flammenwerfer, sowie das Trommelfeuer zerstört die Psyche der Soldaten. Die Stärke der Industrie entscheidet über den Sieg. Menschen sind Kanonenfutter.

Keiner der großen Schlachtpläne der Strategen geht auf. Immer mehr Staaten werden in den Krieg hinein gezogen. Weltweit bleiben nur 14 Länder neutral. Erst das Eingreifen der Amerikaner, mit über einer Million Soldaten und unbegrenzten Nachschub an Kriegsgerät, bringt die Entscheidung.

EUROPA, 2017: Am Ende dieser ungewöhnlichen Radreise bleibt mehr als Muskelkater und die Genugtuung eine Herausforderung gemeistert zu haben. Man hat Landstriche gesehen, die auch nach einem Jahrhundert unübersehbare Narben tragen. Das Leid der Opfer ist noch immer greifbar.

Viele Bilder haben sich eingegraben in mein Gedächtnis, die Schützengräben, Krater und Friedhöfe zwischen Flandern und den Vogesen. Ein von uns wenig beachtetes Kapitel europäischer Geschichte ist plötzlich wieder da. Auch wenn die Fragen nach dem Warum und den Lehren, die die Welt aus dieser Katastrophe gezogen hat, offen bleiben. Auch wenn viele wieder „great again" werden wollen, und Grenzzäune wieder in Mode kommen, so bin ich umso dankbarer, heute ohne Schlagbäume quer durch Europa zu radeln und dabei offene Menschen zu treffen, die sich ein Jahrhundert zuvor noch gegenseitig erschossen hätten.

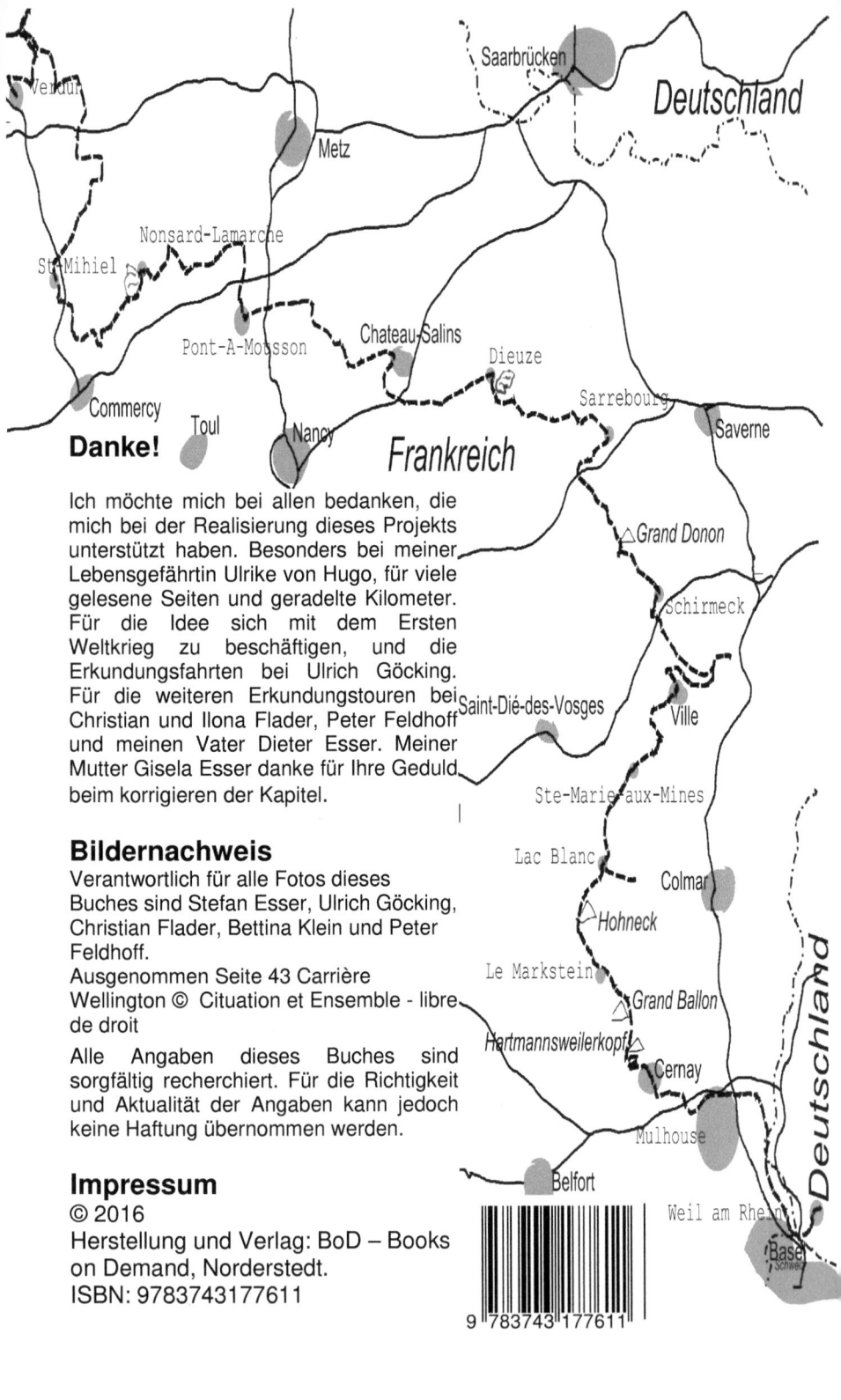

Danke!

Ich möchte mich bei allen bedanken, die mich bei der Realisierung dieses Projekts unterstützt haben. Besonders bei meiner Lebensgefährtin Ulrike von Hugo, für viele gelesene Seiten und geradelte Kilometer. Für die Idee sich mit dem Ersten Weltkrieg zu beschäftigen, und die Erkundungsfahrten bei Ulrich Göcking. Für die weiteren Erkundungstouren bei Christian und Ilona Flader, Peter Feldhoff und meinen Vater Dieter Esser. Meiner Mutter Gisela Esser danke für Ihre Geduld beim korrigieren der Kapitel.

Bildernachweis

Verantwortlich für alle Fotos dieses Buches sind Stefan Esser, Ulrich Göcking, Christian Flader, Bettina Klein und Peter Feldhoff.
Ausgenommen Seite 43 Carrière Wellington © Cituation et Ensemble - libre de droit

Alle Angaben dieses Buches sind sorgfältig recherchiert. Für die Richtigkeit und Aktualität der Angaben kann jedoch keine Haftung übernommen werden.

Impressum

© 2016
Herstellung und Verlag: BoD – Books on Demand, Norderstedt.
ISBN: 9783743177611